Die Zukunft der Arbeit

2021
DER ZUKUNFTSNAVIGATOR

»EINE GESELLSCHAFT LEBT NIEMALS NUR AUS STAAT UND POLITIK. DIE GROSSEN ENTWICKLUNGEN FÜHRT SIE SELBST, ALS GANZES, HERBEI.«

ROMAN HERZOG

Deutschland mitten in der Corona-Pandemie: Ein Virus verändert Wirtschaft, Gesellschaft und unser aller Leben – was geht davon vorüber, was bleibt? Infektionszahlen laufen bedrohlich über den Ticker. Menschen blicken gebannt auf Krisen. Es herrscht große Verunsicherung. In dieser Semantik ließe sich ganz leicht eine negative Erzählung weiterstricken, die uns alle bedroht. Kein Entrinnen. Es ließe sich aber auch eine andere Erzählung starten, ein Gegenentwurf. Über die Stärken, die in Wirtschaft, Gesellschaft und in jedem Einzelnen stecken, diese Pandemie zu überwinden und den besonderen Wert unserer Gemeinschaft zu betonen. Jetzt. In dieser Stunde. Stark bleiben.

Seit 2002 bitten wir jedes Jahr Expert*innen aus Wirtschaft, Politik, Zivilgesellschaft und Wissenschaft, mit uns über die Zukunft nachzudenken. Dieses Jahr waren wir zum ersten Mal mit Rahmenbedingungen konfrontiert, die zunächst bedrohlich wirkten. Keine Präsenzveranstaltungen vor Ort. Aber dann haben wir uns schnell den neuen Chancen zugewendet. Online- und Videoformate. Wir waren wie viele in diesem Land fasziniert von den neuen Kommunikationsformen. Ja, in jeder Krise schlummert auch ein Strauß von neuen Möglichkeiten und Chancen.

Liebe Leser*innen! Es wird Sie nicht verwundern, dass wir das Thema »Stark sein – stark bleiben« in den Mittelpunkt dieses Zukunftsnavigators gestellt haben. Es ist Ausdruck unserer gemeinsamen Haltung im Roman Herzog Institut. Robust, widerstands- und anpassungsfähig bleiben. Und sich nicht ins Bockshorn negativer Zukünfte jagen lassen. So wie es der frühere Bundespräsident Roman Herzog einst formuliert hat: »Wir brauchen die Bereitschaft zu einem neuen Denken.« Richtig, ein kraftvolles Denken, das voller Optimismus und Zuversicht ist. Trotz pandemischer Bedrohungen von Arbeitslosigkeit über Lethargie bis Depression und Tod.

Wenden wir uns lieber den starken Gegenwartsfragen zu:

- **Starke Gesellschaft:** Wie können Demokratie und Politik Kraftspender für eine neue Aufbruchstimmung werden? Als Partei, als Regierung, als Quelle sozialer Gerechtigkeit und inneren Friedens?
- **Starke Wirtschaft:** Wie können Unternehmen robust bleiben? Als Organisation, als System, als Quelle unseres Wohlstands?
- **Starkes Ich:** Wie können Bürger*innen und Menschen selbstverantwortlich leben und arbeiten? Mit dem Ziel, ihr Leben in Eigenregie und nicht fremdbestimmt gestalten zu können.

Sie sehen, diese Fragen haben nicht unmittelbar zwingend direkt mit der Corona-Pandemie zu tun. Es sind die Selbstvergewisserungsfragen in modernen Gesellschaften mit sozial-marktwirtschaftlicher Prägung. Die Antworten darauf sind allerdings nicht letztgültig, sie müssen immer wieder neu ausgehandelt werden. Ein Prozess, der nie stillsteht. Und von gegenseitiger Toleranz geprägt ist. Denn er setzt die Fähigkeit voraus, die Möglichkeit vernünftiger anderer Alternativen oder zukünftigen Revisionsbedarfs anerkennen zu können. Das ist der starke Eckpfeiler, auf dem unser gesellschaftliches Leben basiert: Verantwortung und Wissen müssen mit Ungewissheit, Vorläufigkeit und Ambiguität operieren. Das wiederum verlangt von jedem Akteur eine gewisse Unsicherheitstoleranz. So öffnen sich auch starke Türen ins nächste Jahr.

2021. Wir sind dabei.
Randolf Rodenstock

6 DER ZUKUNFTSNAVIGATOR

STARKE WIRTSCHAFT

STARKES ICH

VERSCHWÖRUNGSMYTHEN. DIGITALE BILDUNG. PFLEGE. WIE UNGLEICH IST DEUTSCHLAND? UND WELCHE ROLLE SPIELEN DATENKOMPETENZ UND FÖDERALISMUS IN EINER ZEIT, IN DER ES MEHR DENN JE UM VERNETZUNG UND ZUSAMMENHALT GEHT. ACHT AUTORINNEN, ACHT DEBATTEN.

STARKE GESELL- SCHAFT

WIDERWORTE!

EIN AKTIONSPLAN GEGEN VERSCHWÖRUNGSERZÄHLUNGEN

Als ich im März 2020 an Covid-19 erkrankte, war ich 34, gesund, ohne Vorerkrankungen – und die Welt stand erst am Anfang der globalen Pandemie. Ich war mir nicht bewusst, was diese Krankheit auslösen würde – bei mir und bei uns allen. Ich konnte mir nicht vorstellen, wie sehr mich wechselnde Corona-Maßnahmen verunsichern und vor welche Herausforderungen mich ganz persönlich eine Zeit stellen würde, in der wenig als sicher gilt. Ganz sicher hätte ich nicht gedacht, dass in meiner Heimatstadt Berlin mehrere Zehntausend Corona-Leugnerinnen und -Leugner auf die Straße gehen würden. Und dass dies nicht die ersten und vielleicht auch nicht die letzten Demonstrationen ihrer Art sein würden, bei denen Menschen Plakate mit Verschwörungsmythen, antisemitischen Inhalten und rechtsextremem Gedankengut in die Luft halten, sich weigern, Masken zu tragen und den Mindestabstand einzuhalten, während sie lautstark gegen die angebliche Corona-Verschwörungslüge skandieren und den Irrglauben verbreiten, Covid-19 sei ein Hoax, den ihnen »die da oben« vorgaukeln wollen. Denn was Corona-Leugner, Rechtsextremisten und Maskenverweigerer eint? Verschwörungsmythen.

Wir befinden uns in einer einmaligen Situation. Eine globale Pandemie und ihre Bekämpfung stellen unser gewohntes Leben infrage, gefährden Menschenleben und wirtschaftlichen Wohlstand. Der beste Weg aus der Krise hinaus muss erst noch gefunden werden – dabei können wir Irr- und Umwege nicht ausschließen. Wie auch? Das verunsichert, macht Angst, weckt Bedrohungsgefühle. Aus der Wissenschaft wissen wir, dass Menschen in Krisenzeiten dazu neigen, Verschwörungserzählungen eher zu glauben als in normalen Zeiten. Denn: Sie liefern einfache Erklärungen für ungemein komplexe Situationen. Sie simulieren Antworten, wo Politiker*innen, Wissenschaftler*innen, Arbeitgeber*innen und viele weitere erst Lösungen suchen, diese manchmal auch wieder verwerfen und neu aufsetzen müssen. Und während die Welt einen Ausweg aus der Corona-Krise sucht, gefährden Menschen, die Verschwörungserzählungen rund um eine mögliche Impfung und »die da oben« und ein angeblich »nicht vorhandenes« Virus verbreiten, unsere wehrhafte Demokratie.

Wir brauchen einen Aktionsplan, um als Gesellschaft gegen diese Mythen vorzugehen, wir brauchen neue Ansätze, um Corona-Verschwörungserzählungen vorzubeugen, und wir müssen mehr Angebote entwickeln, um über diese aufzuklären und eine Gegenerzählung zu schaffen. Das Thema war lange Zeit ein Nischenthema, ob in Forschung, politischer Programmförderung oder in der Mitarbeiterentwicklung bei Unternehmen. Jetzt ist es an der Zeit, aus der Nische herauszutreten und Programm zu machen.

1. WIR MÜSSEN DIE HINTERGRÜNDE UND ZUSAMMENHÄNGE VERSTEHEN

Aktuell entstehen neue Konstellationen, auf Demonstrationen finden bürgerliches Lager, esoterische Hippies und radikale Rechte auf einmal ein gemeinsames Thema: Verschwörungsmythen, die sich um Corona ranken. Man könnte jetzt zugespitzt sagen: Es wurde aber auch Zeit, dass uns auffällt, welches Problem und welche Gefahr Verschwörungserzählungen in sich bergen. Und es ist bitter, dass es dafür erst solche Zusammenschlüsse auf Demos geben musste. Wir können das Problem nicht mehr »auf das Internet« oder »die Aluhüte« schieben. Verschwörungserzählungen und Menschen, die daran glauben, sind nichts Neues. Sie konnten uns auch vor Corona überall begegnen, ob am Arbeitsplatz oder beim Abendessen mit Freunden oder Familie. Schon 2019 kam eine repräsentative Umfrage der Friedrich-Ebert-Stiftung zu dem Ergebnis, dass mehr als ein Drittel der Bevölkerung glaube, »dass Politiker und andere Führungspersönlichkeiten nur Marionetten der dahinterstehenden Mächte seien.«[1] Mehr als ein Drittel!

Auf was zielen solche Erzählungen ab? Sie sollen möglichst einfache Antworten auf unübersichtliche, komplizierte Probleme und Situationen geben. Sie produzieren klare Feindbilder und einfache Erklärungen für komplexe Zusammenhänge. Sie erklären komplizierteste gesellschaftliche, politische oder wirtschaftliche Probleme oder eben eine globale Pandemie lückenlos und präsentieren dabei einen oder gleich mehrere vermeintliche Schuldige. Wer daran glaubt, sammelt alles, was das eigene Weltbild stützt. Was nicht passt: wird weggelassen. Sachliche Argumente kritischer Stimmen werden dabei angezweifelt oder geleugnet. Deshalb ist auch der oft genutzte Begriff »VerschwörungsTHEORIE« mit Vorsicht zu gebrauchen. Theorien sind wissenschaftliche Erklärungen, den Begriff »Verschwörungstheorien« zu nutzen suggeriert also, man befinde sich in der Diskussion mit »Verschwörungstheoretiker*innen« auf wissenschaftlichem Boden. Die Psychologin Pia Lamberty, Co-Autorin des Buches *Fake facts,* nennt die Bezeichnung »Verschwörungstheorie« sogar irreführend: »Eine Theorie lässt sich wissenschaftlich an der Welt testen. Das passiert hier ja eben nicht, weil sich diese Theorien wissenschaftlichen Kriterien von

---

1   Vgl. Katharina Nocun/Pia Lamberty: *Fake Facts. Wie Verschwörungstheorien unser Denken bestimmen.* Köln 2020, S. 25. Siehe dazu auch: Jonas Rees/Pia Lamberty: »Mitreißende Wahrheiten: Verschwörungsmythen als Gefahr für den gesellschaftlichen Zusammenhang«. In: Andreas Zick/Beate Küpper/Wilhelm Berghan: *Verlorene Mitte – Feindselige Zustände. Rechtsextreme Einstellungen in Deutschland 2018/19.* Friedrich-Ebert-Stiftung, Bonn 2019, www.fes.de/mitte-studie

Widerlegbarkeit entziehen.« Und schlägt stattdessen zwei andere Begriffe vor: »Zum einen den Verschwörungsmythos, also ein abstraktes Narrativ, das bereits lange existiert und modifiziert immer wieder erscheint – etwa die jüdische Weltverschwörung. Zum anderen die Verschwörungserzählung, also eine konkrete Verschwörungsgeschichte, die sich häufig aus einem älteren Verschwörungsmythos speist – also etwa Verschwörungsgeschichten um Prinzessin Diana.« Zudem spricht Lamberty »von einer Verschwörungsmentalität, die wir als generelles Misstrauen gegenüber als mächtig wahrgenommenen Personen beschreiben.«

Auch die Basis für solche Verschwörungsmythen sind selten wirklich neue Gewächse. So verbreitet Attila Hildmann, ehemals bekannt als Star-Vegankoch, jetzt bekannt als gefährlicher Verschwörungsguru, zum Beispiel klare antisemitische Hetze. Dass Verschwörungsmythen und -erzählungen oftmals eine antisemitische Grundlage beinhalten, ist – leider – kein neues Phänomen, eher das Gegenteil. Antisemitische Verschwörungsmythen sind uralt, die »jüdische Weltverschwörung« gilt als die Urmutter der Verschwörungserzählungen. Hinter der angeblichen Verschwörung steht die Vorstellung, »alle Jüdinnen und Juden« hätten sich gegen die nichtjüdische Welt verschworen und würden im Geheimen daran arbeiten, die Welt zu beherrschen.[2] Und auch bei Verschwörungserzählungen, die auf den ersten Blick nicht direkt »die Juden« nennen, findet sich beim Nachhaken oft doch eine antisemitische Grundlage.

Wenn wir uns die letzten Monate ansehen, finden wir viele Ansätze, warum die aktuelle Pandemie Menschen in die Hände von Verschwörungserzählungen treibt: Wir bekommen jeden Tag neue Informationen, die sich teilweise auch widersprechen. Die Verantwortlichen

---

2 Vgl. Franzi von Kempis: *Anleitung zum Widerspruch*, S. 108, 109.

müssen Entscheidungen treffen, die sie teilweise wieder revidieren, sie machen Fehler, sie irren sich. All das verunsichert und macht uns empfänglicher für »leichte Antworten«, die das anbieten, was wir vielleicht ohnehin hören wollen. Während uns Verschwörungserzählungen erst mal eine einfache Erklärung (»Corona gibt es nicht, das ist eine Lüge«) liefern, teilen sie die Welt außerdem in Gut und Böse ein (»Das wollen uns die da oben nur einreden – aber wir durchschauen ihre hinterlistigen Absichten«). Weil Corona als Krankheit eher schwer greifbar ist, machen es diese Erzählungen einem einfacher, sich an einem Feindbild abzuarbeiten.[3] Und natürlich ist Covid-19 furchteinflößend. Wie viel leichter ist es da, einem Mythos anzuhängen, »das sei doch alles gar nicht so schlimm und nur eine harmlose Grippe«? Auf eine perfide Art und Weise kann ich das verstehen. In Deutschland gibt es 403 291 Fälle (Robert Koch-Institut, Stand 23.10.2020[4]) – das bedeutet, dass die allermeisten von uns wahrscheinlich wirklich niemanden kennen, die oder der am Virus bislang erkrankt ist. Bis heute ist die Reaktion, wenn ich jemandem erzähle, dass ich tatsächlich Corona hatte und, ja, auch tatsächlich ziemlich krank war, in 90 Prozent der Fälle: »Ach, echt? Du bist die erste Person, die ich kenne, die das wirklich hatte.« Oft folgt: »Aber SO schlimm war es ja nicht, oder?«

2. WIR MÜSSEN WIDERSPRECHEN (LERNEN)

Corona-Verschwörungsmythen tauchen überall auf: In Familien-WhatsApp-Chats, im Kolleg*innenkreis, in den Kommentarspalten unter Videos und Artikeln. Und weil sie eben überall auftauchen, muss es auch überall Menschen geben, die solchen Falschmeldungen wider-

---

3   Vgl. Franzi von Kempis: *Anleitung zum Widerspruch*, S. 100–104.

4   Siehe dazu auch: https://www.rki.de/DE/Content/InfAZ/N/Neuartiges_Coronavirus/Fallzahlen.html

sprechen, antidemokratischen und antisemitischen Inhalten Einhalt gebieten und »Stopp« sagen. Wir müssen dabei bei denen ansetzen, bei denen das Weltbild noch nicht verfestigt ist – denn ab einem bestimmten Punkt werden Menschen immer schwerer erreichbar. Das ist im eigenen Familien- und Bekanntenkreis natürlich einfacher: Wir sind einander verbunden, man will sich nicht verlieren. Offen auf jemanden zugehen, Menschen nicht abwerten und alleine lassen, gerade in der unsicheren Situation, in der wir uns gemeinsam befinden. Was hilft: nachfragen, sich erkundigen, warum die Person aus dem eigenen Umfeld genau dieser Verschwörungserzählung glaubt. Dissonanzen aufzeigen, Unregelmäßigkeiten erklären. Hinterfragen, woher die Quellen für die Erzählung stammen. Und manchmal gilt es dabei auch, krude Theorien auszuhalten. Denn man muss sich auch die Frage stellen, ob reines Fakten-Gegenschleudern wirklich etwas bringt. Warum sollte ich dem *Tagesschau*-Artikel vertrauen, wenn ich nicht an die Lügenpresse glaube? Warum sollte ich staatlichen Statistiken glauben, wenn ich der Regierung nicht traue? Wer Medien und Politik misstraut, den erreicht man eventuell besser durch konkretes Nachfragen: »Warum dieses Video? Was erscheint dir daran glaubwürdig und warum?«

Im privaten wie im beruflichen Kontext gilt es dabei, für sich selbst rote Linien zu definieren. Wie weit bin ich bereit zu gehen? Bitte nicht vergessen: Verschwörungsmythen und -erzählungen beinhalten oft antidemokratische oder antisemitische Thesen, auch wenn sie vorgeben, die Demokratie hochzuhalten. Wenn wir menschenfeindlichen Aussagen begegnen, sollten wir darauf hinweisen und gegen sie einstehen. Was dabei hilft:

- Sich selbst ein Ziel für eine solche Diskussion setzen (ob mit den eigenen Eltern oder der Arbeitskollegin) und sich klar werden, wen man eigentlich erreichen möchte – die Person, die an einen Verschwörungsmythos glaubt? Oder Menschen, die danebenstehen? Oder Betroffene von Verschwörungsgläubigen?

- Sich klar werden, ob man inhaltlich für eine Diskussion gewappnet ist. Es kann helfen, sich in bestimmte Mythen und Erzählungen einzulesen, damit man nicht argumentearm und ermüdet abbrechen muss.

- Sich Unterstützung holen und auf die eigene mentale Gesundheit achten: Idealerweise zieht man nicht alleine in eine Diskussion rund um Verschwörungserzählungen. Und immer gilt: nur das tun, was einem selbst mental guttut beziehungsweise was man selbst aushält.[5]

Nicht hilfreich: pauschal diffamieren. Andere als #Covidioten oder Aluhüte zu betiteln ist einfach, klingt lässig, man steht auf der vorgeblich »sicheren« Seite. Dabei geht es doch eigentlich darum: Dinge differenziert zu betrachten. Einsicht zu gewinnen. Diejenigen mitzunehmen, die sich rational bewegen, die kritisieren, aber nicht vernunftswidrig handeln und für Argumente nicht mehr zugänglich sind. Und wir sollten auch nicht vergessen: Es ist absolut gerechtfertigt und notwendig, politische, wirtschaftliche und gesellschaftliche Prozesse und Vorgehensweisen kritisch zu hinterfragen. Das gilt ebenso für uns selbst. Jeder sollte in der Lage und offen dafür sein, seinen eigenen Standpunkt wieder und wieder zu beleuchten und eigene Argumente auf den Prüfstein zu stellen – es ist erlaubt und manchmal zwingend notwendig, die eigene Meinung zu ändern. Disclaimer: Als Autorin eines Buches, in dem es ein eigenes Kapitel zum Umgang mit verschwörungsideo-

---

5 Siehe dazu auch: Franzi von Kempis: *Anleitung zum Widerspruch*, S. 101–103.

NICHT NUR MYTHEN
SIND IMMER NUR EINEN
KLICK WEIT ENTFERNT,
SONDERN AUCH FAKTEN-
CHECKS, VERIFIZIERTE
INFORMATIONEN UND
INHALTLICHE AUFKLÄRUNG
– SOMIT SCHAFFT DAS
INTERNET KONTEXT UND
EINORDNUNG, DIE VOR
INTERNETZEITEN GAR
NICHT MÖGLICH GEWESEN
WÄREN.

logischen Inhalten gibt, habe ich dort selbst zum Beispiel den »Verschwörungstheorie«-Begriff durchgängig genutzt. Ein Jahr später würde ich das heute anders machen, ich bin durch die Corona-Epidemie und ihre verschwörungsideologischen Auswüchse sowie neue Literatur zu dem Thema nun eines Besseren belehrt worden.

Zudem sollte man im Kopf behalten: An solche Inhalte zu glauben löst hohe psychische Belastungen aus, gerade wenn der Verschwörungsglaube immer stärker Teile des eigenen Alltags dominiert. Auch für die Familien von Betroffenen kann das eine immense Herausforderung darstellen. Nicht selten kommt es zum Bruch.

3. WIR MÜSSEN DIE ROLLE DES INTERNETS EINORDNEN

Das Internet spielt eine bedeutende Rolle bei der Verbreitung von Verschwörungsmythen und Falschmeldungen – auch in Corona-Zeiten. Natürlich, denn hier treffen und finden sich Gleichgesinnte, stoßen manche Menschen das erste Mal auf bestimmte Mythen und Fake-Infos. Verschwörungsideologen sind nicht mehr wie früher auf klassische Medien angewiesen, sondern können im Netz eigene Welten kreieren und via digitalen Plattformen ihr Publikum aufbauen und hohe Reichweiten erzielen. Hinzu kommt: Weil im Netz sowohl Pro- als auch Contra-Informationen vorhanden sind, stößt man beim Googeln zu einem bestimmten Thema, Beispiel »Impfen«, schnell auch auf Anti-Seiten. Im Netz zeigt sich außerdem, dass einige wenige oftmals ausreichen, um für Falschmeldungen und Verschwörungsmythen hohe Reichweiten zu erzielen.

Sowohl Twitter als auch Facebook wollen stärker gegen die Verschwörungserzählung von QAnon vorgehen und Nutzerkonten sperren, die diese Mythen verbreiten. Facebook hat außerdem seine Regeln, was Hatespeech gegen Jüdinnen und Juden angeht, verschärft. Allerdings: In den Ländern, in denen die Leugnung des Holocaust nicht unter Strafe steht und somit auch nicht geahndet wird, ändert sich nichts. Anders auf YouTube – sonst eher bekannt als Hort der endlosen Verschwörungsvideo-Loops, in denen man dank des Algorithmus, der einem ähnliche Videos vorschlägt, hängen bleiben kann: Hier ist Holocaustleugnung seit 2019 verboten.[6] Trotzdem bleibt YouTube einer der Ursprungsorte für verschwörungsideologische Inhalte: Das Rechercheportal Correctiv fand heraus, dass Verschwörungsmythen über WhatsApp und Facebook zwar verbreitet werden, ihren Ursprung zumeist aber auf YouTube haben.[7] Auch das ist eine Information, die wir im Hinterkopf behalten sollten, wenn in einem Chat ein verdächtiger Link auftaucht.

Das alles ist die eine Seite. Andererseits müssen wir, bevor wir das Internet als Quell allen Übels und Schuldigen für verschwörungsideologische Inhalte verteufeln, auch in Betracht ziehen, dass es dank des Netzes eben auch mehr Möglichkeiten denn je gibt, sich zu informieren. Nicht nur Mythen sind immer nur einen Klick weit entfernt, sondern auch Faktenchecks, verifizierte Informationen und inhaltliche Aufklärung – somit schafft das Internet Kontext und Einordnung, die vor Internetzeiten gar nicht möglich gewesen wären. Außerdem weisen Studien nach, dass Verschwörungsmythen schon vor der Existenz von YouTube, Facebook, Twitter und Co. weit verbreitet waren –

---

6 Vgl. zu diesem Absatz auch: »Was Facebook gegen Antisemitismus tut – und was nicht«, https://www.br.de/nachrichten/netzwelt/was-facebook-gegen-antisemitismus-tut-und-was-nicht,S8HzFGn, abgerufen am 3.9.2020. »Facebook blockiert Gruppen von ›QAnon‹-Verschwörungstheoretikern«, https://www.wiwo.de/social-media-facebook-blockiert-gruppen-von-qanon-verschwoerungstheoretikern/26111218.html, abgerufen am 3.9.2020.

7 Vgl. »Datenanalyse: Nutzer finden fragwürdige Corona-Informationen vor allem auf Youtube und verbreiten sie über Whatsapp«, https://correctiv.org/faktencheck/hintergrund/2020/05/12/datenanalyse-nutzer-finden-fragwuerdige-corona-informationen-vor-allem-auf-youtube-und-verbreiten-sie-ueber-whatsapp, abgerufen am 3.9.2020.

und auch über klassische Medien gestreut wurden (und heute noch werden).[8]

Welche Verantwortung haben die sozialen Plattformen? Nocun und Lamberty verweisen darauf, dass Maßnahmen wie das Twitter-Verbot für politische Werbeanzeigen auf der Plattform und die Einführung von Faktenchecks auf Facebook nur ein Anfang sein können und die Wirksamkeit dieser Maßnahmen noch nicht bewiesen sei. Sie fordern einen ausführlichen Faktencheck auf YouTube – statt des aktuellen Wikipedia-Verweises.[9] In Zeiten ausufernder Verschwörungsideologien, die irrationale Ängste vor einer globalen Pandemie bedienen und damit nicht nur die Gläubigen selbst, sondern uns alle betreffen (zum Beispiel durch Verweigerung der Corona-Maßnahmen, die uns alle schützen), halte ich einen solchen Ansatz für zutreffend – wir brauchen mehr Transparenz und einfachere Formen der Aufklärung, die dort greifen, wo Menschen im Netz auf bestimmte Aussagen treffen.

4. WIR MÜSSEN FLÄCHENDECKENDE NEUE ANGEBOTE SCHAFFEN

Nicht nur im Internet brauchen wir für verschwörungsideologische Inhalte neue Angebote. Wir brauchen sie auf vielen unterschiedlichen Ebenen: politisch, gesellschaftlich, in der Wirtschaft ebenso wie in Schulen, für Jugendliche genauso wie für Erwachsene. Denn diese Inhalte sind eine Gefahr für den Zusammenhalt unserer Demokratie, sie werden genutzt, um politisch Stimmung zu machen, gegen PoCs,[10] Ge-

---

8   Siehe hierzu auch: Katharina Nocun/Pia Lamberty: *Fake Facts. Wie Verschwörungstheorien unser Denken bestimmen*. Köln 2020, S. 38.

9   Katharina Nocun/Pia Lamberty: *Fake Facts. Wie Verschwörungstheorien unser Denken bestimmen*. Köln 2020, S. 151.

10   People of Color.

flüchtete, LGBTQ+, gegen Jüdinnen und Juden, überhaupt gegen marginalisierte Gruppen und auch gegen Frauen. Wir müssen aufhören mit dem »Das betrifft mich ja nicht«-Denken, denn die Auswüchse dieser politischen, antidemokratischen Stimmungsmache treffen uns alle.

Wir brauchen also flächendeckende, gesellschaftlich integrierte und, ja, auch staatliche Programme, die sich der Aufklärung widmen. So gibt es aktuell einige Beratungsangebote für Betroffene und/oder Familien von Verschwörungsgläubigen – zum Beispiel Sektenberatungsstellen in einigen Bundesländern. Expert*innen wünschen sich hier den weiteren Aus- und Aufbau spezialisierter Beratungsstellen für Angehörige mit psychologischer Expertise in genau diesem Bereich. Aktuell zögerten nämlich noch viele, sich an Stellen zu wenden, die den Fokus eher auf Sekten oder zum Beispiel Rechtsextremismus legten, da sie sich hier nicht »passend« fühlten.[11] Ganz abgesehen davon, dass auch die aktuellen Angebote nicht alle darauf ausgerichtet sind, verschwörungsideologische Inhalte in der wachsenden Anzahl und aktuellen Dimension aufzufangen. Um so etwas aus- und weiter aufzubauen, braucht es klare finanzielle Zugeständnisse und Förderprogramme.

Neben (weiteren) Beratungsstellen wäre es ebenfalls an der Zeit, spezifische Aussteigerprogramme aufzusetzen und ärztliche Unterstützung anzubieten – beziehungsweise die Ärzteschaft zu sensibilisieren, zu schulen und zu unterstützen. Denn wenn Menschen an einen Verschwörungsmythos glauben und deshalb sich oder ihr Kind nicht adäquat behandeln oder impfen lassen wollen, schlägt dieses Problem in allererster Linie bei der Hausärztin oder dem Hausarzt auf. Um überhaupt eine Chance zu haben, richtig zu reagieren, Zugang zu den Patien-

---

11 Siehe dazu auch: Katharina Nocun/Pia Lamberty: *Fake Facts. Wie Verschwörungstheorien unser Denken bestimmen.* Köln 2020, S. 239–297 und S. 303. Kirsten Dietrich: »Gefährlicher Verschwörungsglaube – Sinnsuche zwischen Gut und Böse«, https://www.deutschlandfunkkultur.de/gefaehrlicher-verschwoe rungsglaube-sinnsuche-zwischen-gut.1278.de.html?dram:article_id=478069, abgerufen am 3.9.2020.

ten zu finden, braucht es auch hier Aufklärung und Informationen über aktuelle Verschwörungsdiskurse und gängige Argumentationslinien.[12]

Es gibt auch im deutschsprachigen Raum viele kluge Menschen aus den unterschiedlichsten Bereichen, sei es Zivilgesellschaft, Journalismus, Wirtschaft, Politik, die sich schon heute dem Thema »Verschwörungsmythen« stellen. Darunter viele Personen, die dies in ihrer Freizeit tun, unentgeltlich oder für sehr wenig Geld und – weil sie in den Fokus bestimmter Verschwörungsideolog*innen und deren Anhänger geraten – vermehrt auch unter persönlicher Bedrohung. Wir müssen uns überlegen, wie wir diese Menschen besser schützen können. Wie auch in anderen Bereichen, zum Beispiel der Rassismusbekämpfung oder dem Kampf gegen Antisemitismus, stellt sich die Frage, welchen Preis Menschen bereit sein sollen, freiwillig zu zahlen, um sich füreinander und gegen antidemokratische Meinungsmache einzusetzen. Wer Angst haben muss, die eigenen Partner*innen oder Kinder zu gefährden oder dass die eigene Adresse aufgrund der aktuellen Impressumspflicht in die falschen Hände fällt, überlegt es sich in Zukunft vielleicht zweimal, ob sich der eigene Einsatz wirklich lohnt. So weit dürfen wir es nicht kommen lassen.

Giulia Silberberger vom Goldenen Aluhut, einer gemeinnützigen Organisation, die sich seit Jahren mit dem Monitoring verschwörungsideologischer Inhalte beschäftigt, wünscht sich mehr Grundlagenforschung und vor allem auch einen ganzheitlichen Ansatz zu diesem Thema: »Wir müssten alle Berufsgruppen besser vernetzen, um Erkenntnisse aufeinander aufzubauen und miteinander die richtigen Ansätze zu finden und zu entwickeln. Dafür braucht es gesicherte Finanzierung für die Beforschung dieser Szenen, die Auswertungen und

---

12 Christian Röther: »Warum Verschwörungsideologien die Demokratie gefährden«, https://www. deutschlandfunk.de/proteste-gegen-corona-massnahmen-warum.724.de.html?dram:article_ id=482935, abgerufen am: 3.9.2020.

das Monitoring. Genauso benötigen wir auch Pädagogen, die anhand dieser Forschung eigene medienpädagogische Angebote für unterschiedliche Zielgruppen entwickeln. Nur wenn wir die Grundlagen des Verschwörungsglaubens verstehen, können wir für Menschen Alternativangebote schaffen und sie dort abholen, wo sie stehen.«

Beim Thema Medienkompetenz wandert unser Blick schnell zu den Schulen. Sicher: Wir brauchen nicht nur Lehrer*innen, die in Krisenzeiten wie diesen in der Lage sind, »Fernunterricht per Internet als adäquaten Ersatz zum Schulunterricht anzubieten«.[13] Sondern auch Lehrer*innen, die verstehen, wo sich junge Menschen informieren oder schlicht unterhalten lassen (sei es TikTok oder die Lieblings-Youtuberin oder ein Musiker, der auf Instagram krude Infos zum Besten gibt), und diese Themen dann aufgreifen, integrieren und hinterfragen. Das Wissen über die Funktionalität von Onlineplattformen und darüber, wie unser neues soziales Mediensystem funktioniert, ist unerlässlich, um einen kritischen Umgang mit Informationen – off- wie online – zu erlernen.

Doch angesichts der Tatsache, dass in Deutschland 95 Prozent aller Haushalte einen Internetanschluss haben,[14] ist es nicht schwer, sich auszumalen, wer für einen Großteil der Verschwörungsmythen und -erzählungen im Netz verantwortlich ist: nicht die knapp elf Millionen Schüler*innen, sondern, genau, wir Erwachsenen, ja, auch wir Eltern. Insofern braucht es neben den Weiterbildungsprogrammen von Lehrer*innen ganz generell einen neuen, verantwortungsvollen Kommunikationsumgang mit dem Thema Verschwörungserzählungen.

---

13 Zitat aus: Umfrage bei Lehrern: Schulen digital kaum gewappnet, https://www.tagesschau.de/inland/corona-lehrer-101.html, abgerufen am: 3.9.2020.

14 Vgl. dazu: https://de.statista.com/statistik/daten/studie/153257/umfrage/haushalte-mit-internet zugang-in-deutschland-seit-2002/#:~:text=Im%20Jahr%202019%20waren%20rund,von%2016% 2D74%20Jahren%20aufweisen, abgerufen am: 3.9.2020.

Genauso wenig wie wir von allen Bürgerinnen und Bürgern eine ständige automatische Weiterentwicklung in technologischer Hinsicht erwarten können, müssen wir begreifen, dass demokratische (Weiter-) Bildung auch jenseits der Schule gefragt ist. Und zwar dort, wo Erwachsene sich aufhalten: in Vereinen, im Job, an den Hochschulen et cetera. Es ist einerseits Aufgabe des Staates, deutlich mehr Finanzierung in Projekte, Programme, medizinische und faktenbasierte Aufklärung zu lenken und so die Bekämpfung von verschwörungsideologischen Inhalten aus der finanziell prekären Nische zu holen. Ebenso sind Politikerinnen und Politiker gefragt, hier kluge Ansätze zu entwickeln, gute Programmförderung aufzubauen, unsere Gesetzgebung auf verschwörungsideologische Lücken hin zu überprüfen und angesichts Zehntausender Menschen, die gegen Corona-Maßnahmen demonstrieren, neue Ansätze für unser Bildungssystem zu entwickeln.

Die Verantwortung für das Thema liegt aber andererseits genauso bei Wirtschaftsunternehmen, die davon profitieren, in einem demokratisch befriedeten und stabilen Land ihre wirtschaftlichen Tätigkeiten ausüben zu können. Auch sie können zu der Bekämpfung ihren Teil beitragen. So sollten wir über Demokratie-Siegel für Unternehmen nachdenken, Antiverschwörungsformate für Mitarbeitende, aber auch für CEOs, die sich gegen Verschwörungsmythen einsetzen wollen, oder auch verpflichtende Antiverschwörungsideologie-Schulungen für interne Kommunikationsverantwortliche und Social-Media-Manager*innen – auch für betriebsinterne Intranets. Vereine könnten Klauseln gegen derartige Inhalte in ihre Satzungen aufnehmen, um diejenigen zu ahnden, die sie verbreiten. So wie jeder in Deutschland laut Grundgesetz seine freie Meinung äußern darf, haben Mitarbeiterinnen und Mitarbeiter auch das Recht, am Arbeitsplatz nicht mit verschwörungsideologischen Thesen konfrontiert zu werden. Weshalb Betriebsräte zu diesen Themen in Zukunft stärker gefragt sind und damit der Schulungsbedarf hier höher sein dürfte. Gerade weil verschwörungsideologische Inhalte sich oft politisch gegen marginalisierte Gruppen richten und menschenfeindliche Thesen beinhalten, haben Unternehmen die Pflicht, präventiv gegen möglicherweise daraus resultierende Diskriminierungen vorzugehen. Und in Pandemie-Zeiten ist es ebenso wichtig, potenziell gesundheitsgefährdende Theorien zu unterbinden und in unternehmenseigenen Bereichen eigene Ansätze dagegen zu entwickeln.

Ich hatte Glück: Meine Corona-Infektion verlief, wie man so schön sagt, »mittelschwer«, ohne Krankenhausaufenthalt, nach vier Wochen konnte ich wieder arbeiten gehen. Nicht allen geht es so – und auch wenn ich meine Geschichte erzähle, sind viele baff, da sie wirklich davon ausgehen, dass es sich bei dieser Krankheit höchstens um eine symptomlose Grippe handelt. Es sollte in unser aller Interesse liegen, Falschmeldungen und Verschwörungsmythen, die diese Pandemie verharmlosen oder ganz grundsätzlich Menschenleben gefährden, zu unterbinden. Nicht nur, weil ganz offensichtlich Tausende bereit sind, Seite an Seite mit Rechtsextremisten zu demonstrieren. Aber eben auch und gerade deshalb. Ich schlage vor: Fangen wir an. Mit besserer Finanzierung, einem Ausbau der Beratungsangebote, konkreter Vernetzung, mit aktiver Prävention, neuen Bekämpfungsansätzen und einem »Endlich raus aus der Nische«. Noch können wir verhindern, dass verschwörungsideologische Inhalte unsere Demokratie langfristig gefährden oder gar beschädigen. Wir müssen es aber jetzt endlich angehen. ●

JENSEITS DER DATEN

ODER WIE DATA LITERACY DIE SELBSTBESTIMMUNG STÄRKT

DATEN IN DER KRISE

Die enorme Bedeutung von Daten und Statistik zur Unterstützung schwieriger politischer Entscheidungen zeigte sich selten so deutlich wie in der Corona-Krise. Dringend benötigen wir Handlungs- und Steuerungswissen, das sich aus einem stetigen Fluss qualitativ hochwertiger und vertrauenswürdiger Daten und Statistiken speist. Daten seien das zentrale Mittel zur Entscheidungsfindung unter Unsicherheit, erklärte die United Nations Statistics Division schon im Jahr 2017 im »Cape Town Global Action Plan for Sustainable Development«: »Qualitativ hochwertige und aktuelle Daten sind von entscheidender Bedeutung, um Regierungen, internationale Organisationen, die Zivilgesellschaft, den Privatsektor und die breite Öffentlichkeit in die Lage zu versetzen, fundierte Entscheidungen zu treffen und die Rechenschaftspflicht der Vertretungsorgane zu gewährleisten.«[1]

Doch obgleich Daten im Zeitalter der Digitalisierung sprudeln wie das viel beschworene »Öl des 21. Jahrhunderts«, ist noch lange nicht garantiert, dass sie auch nutzbar sind. Oftmals laufen wir Gefahr, in einem Ozean von nutzlosen Daten und deren Derivaten zu ertrinken: Daten, die aus nicht repräsentativen Erhebungen stammen; Kennzahlen und Visualisierungen, die eine scheinbare Sicherheit suggerieren,

---

1   United Nations Statistics Division: »Cape Town Global Action Plan for Sustainable Development«. Online: https://unstats.un.org/sdgs/hlg/Cape-Town-Global- https://unstats.un.org/sdgs/hlg/Cape-Town-Global-Action-Plan/Action-Plan/. Zugriff: 01.09.2020.

statt zum vernünftigen Umgang mit Unsicherheit zu motivieren; Analysen, die wahlweise dramatisieren oder verharmlosen, aber selten zwischen Fakten und Interpretationen differenzieren.

Gute Daten und die Kompetenz, mit ihrer Hilfe kluge Entscheidungen zu treffen, sind in einer globalisierten und digitalisierten Gesellschaft mit ihren hochkomplexen Herausforderungen unverzichtbar für nachhaltige Entwicklung und soziale Teilhabe. Um Daten in Steuerungswissen zu transformieren, müssen sie bereinigt, verknüpft, analysiert, kontextualisiert und interpretiert werden. Die dazu nötige Kompetenz ist das, was wir unter Data Literacy verstehen.

VERÄNDERUNG DER BEDEUTUNG VON DATA LITERACY

Das Arbeitspapier 37 des Hochschulforums Digitalisierung nennt Data Literacy eine »zentrale Kompetenz für die Digitalisierung und die globale Wissensgesellschaft in allen Sektoren und Disziplinen«.[2] Dass ausgerechnet die Corona-Krise den Wert von Data Literacy so deutlich machen würde und so viele Menschen dafür begeistern würde, sich selbst an der Analyse von Daten zu versuchen, hätte sich wohl niemand träumen lassen. Auch wenn der Anlass ein unerfreulicher ist, so liegt hierin eine große Chance.

Gerade zu Beginn der Krise standen Datenexpert*innen vor einer großen Herausforderung. Von ihnen wurde erwartet, Zahlen zu analysieren und Prognosen daraus zu erstellen, aber die Corona-Fallzahlen waren dafür nicht geeignet, weil sie zu wenige Informationen enthielten, etwa über die mögliche Dunkelziffer. Der Knackpunkt war und ist,

---

2 Jens Heidrich et al.: *Future Skills – Ansätze zur Vermittlung von Data Literacy in der Hochschulbildung.* Hochschulforum Digitalisierung, Nummer 37, Berlin 2018, S. 14.

dass die Fallzahlen erheblich davon abhängen, wie getestet wird. Dies geschieht nach wie vor nicht einheitlich auf Grundlage einer repräsentativen Auswahl von Testpersonen, sondern nach regional wie international verschiedenen Strategien, die sich im Zeitverlauf auch noch verändert haben. Das hatte mit der Verfügbarkeit von Tests zu tun, war aber auch eine Kostenfrage. Die registrierten Fallzahlen erlauben somit keine belastbaren und zeitlich beziehungsweise räumlich vergleichbaren Aussagen über die Gesamtsituation.

Ein möglicher Weg der Stellungnahme als Experte wäre die ehrliche und transparente Kommunikation des Mangels an gesichertem Wissen. Aber das birgt die Gefahr, dass zahlreiche Rezipienten die Botschaft empfangen, dass die Modellrechnungen falsch sind (weil die Wahrscheinlichkeit, dass es genauso abläuft wie im Modell, praktisch null beträgt), und daraus ableiten, dass die empfohlenen Maßnahmen wie beispielsweise Ausgangsbeschränkungen dann auch falsch sein müssen (obwohl sie wahrscheinlich notwendig und richtig waren und sind).

Das ist ein großes ethisches Dilemma. Ist es besser, bei der Wahrheit zu bleiben und zu hoffen, dass Experten trotzdem geglaubt wird bei der Interpretation von Unsicherheit? Oder sollte man mehr Sicherheit suggerieren, um das Richtige zu erreichen, auch wenn man im strengen Sinne nicht »beweisen« kann, dass es richtig ist?

In einer Krisenphase wie der jetzigen, in der mit unvollständigen Daten Szenariorechnungen erstellt werden, ist Data Literacy eine Schlüsselkompetenz. Mit der zunehmenden Bedeutung von Datenkompetenzen in nahezu allen Disziplinen wächst und vereinheitlicht sich an deutschen Hochschulen die Auffassung davon, was unter Data Literacy zu verstehen ist. Bei der Beförderung eines solchen gemeinsamen Verständnisses setzt der Stifterverband seit knapp zwei Jahren nicht nur in Deutschland Maßstäbe durch viel beachtete Publikationen zur fächerübergreifenden Etablierung von Data Literacy Education. Im Zentrum steht der Data-Literacy-Kompetenzrahmen des Hochschulforums Digitalisierung, der in seiner aktuellen englischsprachigen Fassung den Forschungsstand für die internationale Lehre zugänglich macht.

Wenn Daten als Ausgangsbasis für Wissens- beziehungsweise Wertschöpfung und somit als Grundlage für bessere Entscheidungen verstanden werden, dann ist Data Literacy »das Cluster aller effizienten Verhaltensweisen und Einstellungen für die effektive Durchführung sämtlicher Prozessschritte zur Wertschöpfung beziehungsweise Entscheidungsfindung aus Daten.«[3] Dieser Prozess der Wissensschöpfung umfasst mehrere Schritte: (A) Datenkultur etablieren – (B) Daten bereitstellen – (C) Daten auswerten – (D) Ergebnisse interpretieren – (E) Daten interpretieren – (F) Handeln ableiten. Data Literacy ist weit mehr ein breites und tiefes Detailwissen über sich laufend verändernde Methoden und Technologien. Datenethik, Motivation und Werthaltung spielen eine zentrale Rolle, um zukünftig mit Daten erfolgreich und souverän umgehen zu können.

In der Corona-Krise zeigte sich deutlich das Risiko einer (zu) starken Fokussierung auf technische Aspekte der Datenanalyse. Mit teilweise äußerst komplexen Algorithmen wurden Fallzahlen aus den Monaten März, Mai und August zu Kurvenverläufen und Kennziffern verrechnet. Dass sich die Auswahlkriterien für die Stichprobenziehung, also die getesteten Bevölkerungsgruppen, laufend veränderten, fand praktisch keine Berücksichtigung. Eine Aufschlüsselung der durchgeführten und positiven Tests nach Anlass und Subgruppen sowie nach Testwiederholungen an denselben Personen blieb weitgehend aus. Die Ergebnisse der Datenanalysen wurden von zahlreichen Medien unmittelbar zu Trends mit teilweise täglichen Richtungswech-

---

3   Katharina Schüller et al.: *Future Skills – ein Framework für Data Literacy*. Hochschulforum Digitalisierung, Nummer 47, Berlin 2019, S. 26.

seln erklärt und dabei mit einer Bedeutung aufgeladen, die in den Daten höchstens ansatzweise enthalten war. Dies im Blick zu behalten ist wesentliches Element des Interpretierens von Daten (nicht: Ergebnissen).

Data Literacy umfasst hier, dass genau verstanden werden muss, wie ein Datum entsteht und welcher räumliche, zeitliche und sachliche Bezug daraus resultiert, um die aufbereiteten Informationen zielgerichtet und handlungsleitend interpretieren zu können. Als im Mai 2020 die Debatte über regional unterschiedliche Lockerungsstrategien in Deutschland geführt wurde, sollten Kenngrößen wie die Reproduktionszahl R und die 7-Tage-Inzidenz dafür die Entscheidungsgrundlage liefern. Doch derartige Kenngrößen, die sich erst mit erheblichem Zeitverzug berechnen lassen und noch dazu auf Daten beruhen, die alles andere als präzise Aussagen erlauben, können Entscheidungen nicht im Voraus stützen. Sie liefern kein Steuerungswissen, sondern ähneln eher dem Autofahren mit Blick in den Rückspiegel. Solange die Straße gerade verläuft, mag das noch angehen, aber nicht, wenn die Straße – bildlich gesprochen – durch die ergriffenen Maßnahmen verändert wird.

Handlungs- und Steuerungswissen erfordert die Interpretation von Daten und ihre Einbindung in einen Kontext. Den Gedanken, dass Wissen aus Daten erst entsteht, formuliert die deutsche Bundesregierung in ihrem Eckpunktepapier zur Datenstrategie folgendermaßen: »Im digitalen Zeitalter sind Daten eine Schlüsselressource für gesellschaftlichen Wohlstand und Teilhabe, für eine prosperierende Wirtschaft und den Schutz von Umwelt und Klima, für den wissenschaftlichen Fortschritt und für staatliches Handeln. Die Fähigkeit, Daten verantwortungsvoll und selbstbestimmt zu nutzen, zu verknüpfen und auszuwerten, ist gleichermaßen Grundlage für technologische Innovation, für das Generieren von Wissen und für den gesellschaftlichen

Zusammenhalt.«[4] Die Nähe dieser Formulierung zur hier verwendeten Definition von Data Literacy ist unverkennbar.

HALTUNG ALS KOMPETENZDIMENSION

In einer als lebensbedrohlich wahrgenommenen Krise verschieben sich Maßstäbe. Im Zusammenhang mit Daten wiegt das Schutzbedürfnis der Gesellschaft unter Umständen schwerer als das Recht auf informationelle Selbstbestimmung. Auch Grundregeln guter wissenschaftlicher Praxis geraten auf den Prüfstand. Dies gilt insbesondere dort, wo der bisherige Konsens – so er denn existiert – nicht kodifiziert ist, etwa weil die Chancen und Risiken neuer Technologien wie Big Data in Zusammenhang mit künstlicher Intelligenz bei weitem nicht erschöpfend verstanden sind. Selbst wenn sich alle darüber einig sind, dass es etwas wie Datenethik braucht, bleibt diffus, wie eine solche Datenethik im konkreten Fall zu operationalisieren sein könnte.

So kommt es beispielsweise zu Diskussionen darüber, ob Mobilfunkdaten zur Überwachung von Corona-Infizierten genutzt werden dürfen, aber auch über die Zulässigkeit einer Corona-App. Während in China eine rigorose Überwachung der Bevölkerung mithilfe von Kameras, fiebermessenden Sensoren und einer verpflichtenden App wohl maßgeblich zur raschen Eindämmung der ersten Pandemie-Welle beitrug, schien ein derartiger Ansatz in Europa ein nicht durchsetzbarer Eingriff in die verfassungsrechtlich garantierten Freiheitsrechte des Individuums. Dass die Abwägung individueller Freiheitsrechte und des gesellschaftlichen Schutzbedürfnisses jedoch keineswegs zu klaren und zeitlich unveränderlichen Ergebnissen führt, belegen die durch-

---

4 Deutsche Bundesregierung: »Eckpunkte einer Datenstrategie der Bundesregierung«. Online: https://www.bundesregierung.de/resource/blob/997532/1693626/e617eb58f3464ed13b8ded65c 7d3d5a1/2019-11-18-pdf-datenstrategie-data.pdf, S. 1. Zugriff: 01.09.2020.

aus scharf geführten Debatten über die Registrierungspflicht beim Besuch von Gaststätten oder einen möglichen Immunitätsausweis.

Gleichfalls bezweifelt kaum jemand, dass wissenschaftliche Datenerhebung und -auswertung einen zugrunde liegenden Wertekanon benötigt. Darunter fallen der Verzicht auf unnötige Studien, das wissenschaftlich integre und korrekte Arbeiten und die Interpretation der Ergebnisse unabhängig von persönlichen Vorlieben oder Wünschen. Dem entgegen stehen politische und gesellschaftliche Erwartungen in einer Krise, etwa wenn recht offensichtlich Ergebnisse generiert werden sollen, die bereits getroffene politische Entscheidungen im Nachhinein rechtfertigen. Dem entgegenzutreten erfordert ein hohes Maß an datenethischer Kompetenz.

Dies lässt sich illustrieren an zwei umstrittenen Studien, die hierzulande nicht nur in Fachkreisen, sondern auch in Publikums- und sozialen Medien zahlreich kommentiert wurden. Ein besonders problematisches Beispiel stellt der Zwischenbericht der sogenannten »Heinsberg-Studie« dar, die unter Leitung des Virologen Hendrik Streeck der Universität Bonn in Gangelt im Landkreis Heinsberg (Nordrhein-Westfalen) durchgeführt wurde.[5]

Sein grundsätzlich sehr lobenswerter Ansatz, eine repräsentative Studie in Angriff zu nehmen, um die Prävalenz der Erkrankung im Hotspot Gangelt systematisch zu erheben, wurde durch die Begleitung einer PR-Agentur erheblich beeinträchtigt. Im Nachhinein stellte sich heraus, dass detaillierte Formulierungen zur Kommunikation der Studienergebnisse bereits im Vorfeld von der Agentur erstellt worden waren, mutmaßlich um politische Entscheidungen des nordrhein-west-

---

5 Hendrik Streeck et al.: »Vorläufiges Ergebnis und Schlussfolgerungen der COVID-19 Case-Cluster-Study (Gemeinde Gangelt)«. Online: https://www.land.nrw/sites/default/ files/asset/document/zwischenergebnis_covid19_case_study_gangelt_0.pdf. Zugriff: 01.09.2020.

fälischen Ministerpräsidenten zu legitimieren.[6] Einige der Ergebnisse konnten wertvolle Informationen liefern, etwa die empirische Bestätigung der Letalität von Covid-19, mit der eine Hochrechnung auf die damalige Prävalenz in Deutschland zumindest annähernd möglich gewesen wäre. Dieser Aspekt ging weitgehend unter, weil die Empörung über die Instrumentalisierung der Wissenschaft zu politischen Zwecken eine sachliche Bewertung der Ergebnisse fast unmöglich machte.

Wenige Wochen später inszenierte eine große deutsche Boulevardzeitung einen »Wissenschaftler-Streit« um die Studie des Virologen Christian Drosten zur Viruslast und der damit verbundenen Infektiosität unterschiedlicher Altersgruppen. Der Preprint der Studie[7] wurde teils scharf kritisiert, weil die verwendeten Analysemethoden nicht optimal geeignet waren, um die Ausgangsfrage nach einer möglicherweise geringeren Infektiosität von Kindern zu beantworten. Dass verschiedene Analysemethoden zu verschiedenen Ergebnissen führen konnten, hat die wissenschaftliche Auseinandersetzung mit der Studie eindrucksvoll bewiesen.

Ein methodisches Kernproblem war die Tatsache, dass sehr wenige Testergebnisse von Kindern vorlagen und deshalb durchaus relevante Differenzen zwischen den Gruppen nicht nachgewiesen werden konnten. Die fehlende statistische Signifikanz führte Drosten zunächst als Beweis für das Nichtvorhandensein eines Unterschieds und damit als Argument gegen die Öffnung von Kindergärten und Schulen an. Diese Interpretation wurde zu Recht kritisiert, und die Studienautoren zogen in der folgenden Überarbeitung entsprechend vorsichtigere Schlüsse.

---

6 Thomas Steinmann: »Corona-Studie: der Plan hinter dem ›Heinsberg-Protokoll‹«. Online: https://www.capital.de/wirtschaft-politik/corona-studie-der-plan-hinter-dem-heinsberg-protokoll. Zugriff: 01.09.2020.

7 Terry C. Jones et al.: »An analysis of SARS-CoV-2 viral load by patient age«. Online: https://zoonosen.charite.de/fileadmin/user_upload/microsites/m_cc05/virologie-ccm/dateien_upload/Weitere_Dateien/analysis-of-SARS-CoV-2-viral-load-by-patient-age.pdf. Zugriff: 01.09.2020.

Das Beispiel verdeutlicht die Problematik, dass nicht nur Studien mit zu großen Stichproben ethisch fragwürdig sein können, wenn unnötig viele Patienten durch noch nicht ausreichend erprobte Medikamente und Untersuchungen belastet werden. Auch zu kleine Stichproben können ethische Probleme aufwerfen, denn wenn aufgrund der mangelnden Fallzahl relevante Effekte nicht nachgewiesen werden können, obwohl sie existieren, erlaubt das Ergebnis keine Aussage.

DATA LITERACY DURCH DIVERSITY UND INTERDISZIPLINARITÄT

Die deutsche Bundesregierung hat in ihrem Eckpunktepapier zur Datenstrategie als eines von vier zentralen Handlungsfeldern die Erhöhung der Datenkompetenz und die Etablierung einer Datenkultur definiert. Dafür bietet die Corona-Krise eine große Chance, weil aus dem Bewusstsein der Notwendigkeit heraus zunehmend Menschen und Institutionen zusammenarbeiten, die bisher kaum Berührungspunkte aufwiesen. Dieser interdisziplinäre Ansatz ist der größte Hebel, um Datenkompetenz aufzubauen. Denn der Prozess, in dem aus Daten Wissen geschaffen wird, erfordert zuerst die »Übersetzung« einer fachlichen oder gesellschaftlichen Fragestellung in ein Datenmodell. Hierzu gehört zunächst die Festlegung, was eine solche Fragestellung alles umfasst.

Streeck schreibt in seinem Abschlussbericht zur »Heinsberg-Studie«: »Epidemiologische Modellierung ist dringend nötig, um die angemessensten Vorbeugungs- und Kontrollstrategien zu entwickeln, mit denen die Pandemie bekämpft und der Kollateralschaden für die Gesellschaft minimiert werden kann.«[8]

8　Hendrik Streeck et al.: »Infection fatality rate of SARS-CoV-2 infection in a German community with a super-spreading event«. Online: https://www.medrxiv.org/content/10.1101/2020.05.04.2009007 6v2.full.pdf, S. 3. Zugriff: 01.09.2020.

Offensichtlich ist die Krise also kein rein medizinisches oder epidemiologisches Problem, sondern auch ein gesellschaftliches. Sie ist ein ökonomisches Problem, ein psychosoziales, sie ist ein Bildungsproblem, vielleicht darüber hinaus sogar eine ökologische Chance. Aber »du kannst nicht managen, was du nicht messen kannst«, heißt es. Um alle Dimensionen der Krise zu messen, müssen sie überhaupt als relevant erkannt werden. Dazu können interdisziplinäre Programme an Hochschulen zur Etablierung von Data Literacy Education einen wertvollen Beitrag leisten. In Deutschland beispielsweise fördert das bundesweite Data Literacy Education Netzwerk, an dem der Stifterverband maßgeblich beteiligt ist, seit Herbst 2019 die teilnehmenden Hochschulen bei der Entwicklung und Umsetzung von Good Practices und Data-Literacy-Curricula[9].

Corona bietet die Chance, zukünftige Krisen besser zu messen und zu managen, wenn mehr Vielfalt in den Gremien, die sich mit derart großen Problemen befassen, geschaffen wird.

Es sollten zukünftig verstärkt Menschen in die Expertenräte eingebunden sein, die die Diversität der Perspektiven abbilden. Dabei geht es sicher nicht ausschließlich um die Perspektive von Frauen, aber es fällt auf, wie wenige Frauen in entscheidenden Positionen vertreten sind und an den Strategien zur Bewältigung der Krise mitarbeiten. Dies wiederum spiegelt sich in den Daten, die als Grundlage für Entscheidungen zur Verfügung stehen.

Das Statistische Bundesamt Destatis veröffentlicht alle zwei Wochen ein umfangreiches Dossier mit Statistiken zur Covid-19-Pandemie. Elf Seiten der Ausgabe vom 8. Juni 2020[10] zeigen Statistiken zu den

---

9   Stifterverband: »Data Literacy Education«. Online: https://www.stifterverband.org/data-literacy-education. Zugriff: 01.09.2020.

10 Statistisches Bundesamt (Destatis): »Dossier: Statistiken zur COVID-19-Pandemie« 5. Wiesbaden 2020.

Fall- und Todeszahlen und zur Gesundheitsversorgung. 28 Seiten befassen sich mit Konjunktur, Wirtschaft und Arbeitsmarkt, weitere 15 mit Branchen und Unternehmen. Auf ganzen zwei Seiten geht es um Bildung, was sich beschränkt auf die Darstellung von Tabellen zur Anzahl von Schülern, Lehrern und Kita-Kindern in den einzelnen Bundesländern. Eine einzige Seite beschäftigt sich mit dem Thema Umwelt, und sie wird zu einem Viertel eingenommen von einem Bild der Luftqualität-App des Umweltbundesamtes.

Es ist nichts darüber zu erfahren, wie sich die Schulschließung auf Kinder und Familien auswirkt, insbesondere auf diejenigen aus benachteiligten Verhältnissen. Offen bleibt, was Kurzarbeit und Kündigungen für Menschen unterschiedlichen Geschlechts, unterschiedlicher Qualifikationen und unterschiedlicher Einkommensgruppen bedeutet. Genauso wenig wird thematisiert, ob die Schere zwischen den Hochqualifizierten und denjenigen in prekären Beschäftigungsverhältnissen weiter auseinandergeht oder wie stark das Armutsrisiko steigt für diejenigen, die zuvor schon gerade so über die Runden kamen, jetzt und später, wenn sie in Rente gehen. Schließlich fehlen Zahlen zur Zunahme häuslicher Gewalt, psychischer Erkrankungen und von Suiziden.

Viele Fragen bleiben offen. Denn die Daten, die für eine Antwort benötigt würden, sind in anderen Datenbanken verborgen oder werden gar nicht erst erhoben. Dabei liefert zumindest die Bundesagentur für Arbeit in der monatlich aktualisierten Zeitreihe der gemeldeten Stellen recht klare Hinweise darauf, dass die Jobchancen für Geringqualifizierte sowie in typischen »Frauenberufen« in den Frühjahrsmonaten 2020 deutlich gesunken sind.[11] Statistikprofessor Ulrich Rendtel von der

---

11 Bundesagentur für Arbeit: »Gemeldete Arbeitsstellen – Deutschland, West/Ost, Länder, Kreise, Regionaldirektionen und Agenturen für Arbeit (Monatszahlen)«. Online: https://statistik.arbeitsagentur. de/nn_1751878/SiteGlobals/Forms/Rubrikensuche/Rubrikensuche_Form.html?view=processForm &resourceId=210368&input_=&pageLocale=de&topicId=1601172&year_month=aktuell&year_month. GROUP=1&search=Suchen. Zugriff: 01.09.2020.

FU Berlin sagte in einem Interview:[12] »Menschen im unteren Einkommensdrittel verzeichnen stärkere Einkommenseinbußen durch Kurzzeitarbeit – sozialpolitisch ist das natürlich hochrelevant.« Rendtel ist einer derjenigen, die die Zusammenarbeit zwischen dem Robert Koch-Institut (RKI) und dem Sozio-oekonomischen Panel (SOEP) koordiniert und vorangetrieben haben, um eine repräsentative Panelstudie zu möglichst vielen Aspekten der Corona-Krise zu ermöglichen.

In der verstärkten Förderung der Kooperation zwischen staatlichen Einrichtungen und privaten Partnern liegt die zweite große Chance zur Erhöhung von Data Literacy. Trotz der mittlerweile ausgebauten Testkapazitäten gibt es in Deutschland voraussichtlich erst ab September 2020 eine repräsentative Panelstichprobe für die Gesamtbevölkerung. Selbst für eine Institution wie das RKI scheint diese Aufgabe alleine zu groß, und erst in Kooperation mit dem SOEP am Deutschen Institut für Wirtschaftsforschung Berlin (DIW) und der Universität Bielefeld wird sie lösbar.

Offenbar braucht es gemeinsame Anstrengungen von öffentlicher Hand, Universitäten und privaten Forschungseinrichtungen, um hohe Daten- und Forschungsqualität mit Agilität und der Fähigkeit zur schnellen Datenbeschaffung zusammenzubringen. Genau diese Mischung wird zukünftig benötigt, weil die großen Herausforderungen unserer Zeit – nicht nur Pandemien, sondern auch Migrationsbewegungen, Finanzkrisen, Klimaveränderung, wirtschaftliche Verflechtungen – nur noch von großen interdisziplinären Teams bewältigt werden können.

---

12 Ulrich Rendtel, Leon Holly: »Coronavirus-Pandemie im Fokus der Statistik«. Online: https://www.fu-berlin.de/campusleben/forschen/2020/200711-statistik-interview/index.html. Zugriff: 01.09.2020.

DIE KRISE LEHRT SCHMERZ-
LICH, DASS NICHT JEDE
ENTSCHEIDUNG DURCH
DATEN »VORAUSBERECH-
NET« WERDEN KANN.
DATA LITERACY IST DARUM
VIELMEHR DIE FÄHIGKEIT,
MIT UNSICHERHEIT
UMZUGEHEN UND DIE
VERANTWORTUNG FÜR
ENTSCHEIDUNGEN NICHT
AN DATEN UND ALGO-
RITHMEN ZU DELEGIEREN.

AUSBLICK: DATA LITERACY OHNE GRENZEN

Dies alles führt zu der klaren Erkenntnis, dass derartige Krisen nicht mehr von einzelnen Disziplinen und auch nicht in nationalen Alleingängen gelöst werden können. Das gilt umso stärker, als Daten heute eine unverzichtbare Grundlage möglicher Lösungsstrategien sind. Es braucht ein koordiniertes internationales Vorgehen über Institutionen und Disziplinen hinweg, und das gilt insbesondere für die Frage, mit welchen Daten eine Krise gemessen und gemanagt werden kann. Nur so entstehen verlässliche, vergleichbare Informationen.

Blickt man in die europäische Vergleichstabelle zu den Corona-Fallzahlen im Destatis-Dossier,[13] so erscheint Belgien als das mit Abstand am stärksten betroffene Land. Über 84 Todesfälle auf 100 000 Einwohner weist die Statistik aus, erheblich mehr als in Italien und Spanien (56 beziehungsweise 58) und Deutschland (10). Das liegt aber vor allem daran, dass die belgischen Behörden auch Verdachtsfälle als Corona-Tote zählen. Genauso wenig sind Fallzahlen international vergleichbar.

Deswegen hat sich die Federation of European National Statistical Societies (FENStatS) mit einer eigens geschaffenen Covid-19-Arbeitsgruppe die Harmonisierung der entsprechenden Statistiken zum Ziel gesetzt.[14] Knapp 30 Experten aus 17 Ländern und unterschiedlichen Arbeitsgebieten arbeiten seit Juni 2020 an Vorschlägen, wie zukünftig Daten zum Krisenmanagement besser erhoben und analysiert werden können. Denn nur mit informationsreichen, zuverlässigen, zeitnahen und relevanten Daten lassen sich belastbare Indikatoren für die Anfälligkeitsrisiken und Anpassungskosten der Gesellschaft entwickeln.

---

13 Statistisches Bundesamt (Destatis): »Dossier: Statistiken zur COVID-19-Pandemie« 5. Wiesbaden 2020, S. 4.

14 Federation of European National Statistical Societies: »FENStatS News«. Online: https://www.fenstats.eu/news/COVID-19_WG. Zugriff: 01.09.2020.

Es braucht eine Zusammenarbeit über Grenzen hinweg – Grenzen zwischen Nationen, Grenzen zwischen öffentlicher Hand und privaten Institutionen, Grenzen zwischen unterschiedlichen Gruppen Betroffener, Grenzen zwischen Fachdisziplinen. Nur so wird es zu schaffen sein, große Risiken für unsere Gesellschaft zukünftig schneller und in allen Dimensionen zu verstehen. Hochschulen nehmen hierbei eine Schlüsselposition ein.

Damit sie diese Position kompetent ausfüllen können, fördert das Data Literacy Education Netzwerk in Deutschland den fachlichen Austausch, Peer-to-Peer-Formate sowie kollegiale Beratung. So können die beteiligten Hochschulen von ihren Erfahrungen wechselseitig profitieren und sich so bei der Umsetzung ihrer Data-Literacy-Programme unterstützen.

Das kann dazu führen, dass Daten verstärkt als »Open Data« geteilt werden, damit möglichst viele damit arbeiten und forschen können. Oder dass neue Datenquellen genutzt werden wie in den experimentellen Daten von Destatis. So zeigt etwa die tägliche Auswertung von Lkw-Maut-Daten,[15] dass hieraus ein hoch aktueller und zugleich verlässlicher Konjunkturindikator berechnet werden kann.

Damit ist es aber nicht genug. Data Literacy darf nicht an den Grenzen der akademisch gebildeten Bevölkerung enden.

Das Eckpunktepapier der Bundesregierung kündigt die Prüfung und Initiierung von »Maßnahmen und Instrumenten zur Erhöhung der Datenkompetenz im Sinne einer umfangreichen Data Literacy in allen formalen und non-formalen Bildungsbereichen« an.[16] Die Konferenz der Kantonalen Ärztegesellschaften der Schweiz hat im Juli 2020 einen

---

15 Statistisches Bundesamt (Destatis): »Lkw-Maut-Fahrleistungsindex«. Online: https://www.destatis.de/DE/Service/EXDAT/Datensaetze/lkw-maut-artikel.html. Zugriff: 01.09.2020.

16 Deutsche Bundesregierung: »Eckpunkte einer Datenstrategie der Bundesregierung«. Online: https://www.bundesregierung.de/resource/blob/997532/1693626/e617eb58f3464ed-13b8ded65c7d3d5a1/2019-11-18-pdf-datenstrategie-data.pdf, S. 4. Zugriff: 01.09.2020.

»Appell für eine dringliche nationale Datenkompetenz-Kampagne« lanciert, der die »Schaffung und Förderung von niederschwellig zugänglichem Schulungsmaterial und Ausbildungsprogrammen für das lebenslange Lernen, allenfalls beginnend im Kindergarten« fordert.[17]

Bemerkenswert ist deshalb die Initiative des Deutschen Volkshochschul-Verbandes (DVV), eine innovative Lern-App zum Thema Data Literacy zu entwickeln.[18] Das Projekt wird durch das Bundesministerium für Bildung und Forschung (BMBF) gefördert. Im Kontext von Gesundheit, Smart City, Mobilität, Umwelt, Wirtschaft und Energie sollen die Anwendungsmöglichkeiten aktueller Technologien wie etwa Big Data, Internet of Things und künstliche Intelligenz spielerisch vermittelt werden.

Datenbasiertes Entscheiden als Spiel? Womöglich wird genau dieser Ansatz funktionieren, um möglichst viele Menschen in Deutschland an einen souveränen Umgang mit Daten heranzuführen, denn spielen heißt: gewinnen und manchmal auch verlieren.

Data Literacy ist eben nicht die Fähigkeit, durch möglichst viele Daten und möglichst komplexe Analysemethoden eine Illusion von Sicherheit zu schaffen. Die Krise lehrt schmerzlich, dass nicht jede Entscheidung durch Daten »vorausberechnet« werden kann. Data Literacy ist darum vielmehr die Fähigkeit, mit Unsicherheit umzugehen und die Verantwortung für Entscheidungen nicht an Daten und Algorithmen zu delegieren. Das wäre Statistical beziehungsweise Data

---

17 Monique Lehky-Hagen et al.: »Appell für eine dringliche nationale Datenkompetenz-Kampagne«. Online: https://www.kka-ccm.ch/fileadmin/user_upload/0_Home/AppellDataLiteracy_DE_Juli_ 24_2020.pdf. Zugriff: 01.09.2020.

18 DVV e.V.: »Ausschreibung: Autor*innen für die Erstellung von Übungen im Bereich der digitalen Grundbildung (Digital Literacy/Data Literacy)«. Online: https://www.volkshochschule.de/verbands welt/ausschreibungen/ausschreibung-autoren-digitale-grundbildung.php. Zugriff: 01.09.2020.

Literacy, wie sie der englische Schriftsteller Herbert George Wells sinngemäß vor über hundert Jahren als eine der drei Kernkompetenzen des mündigen Bürgers in einer modernen technologischen Welt gefordert hat: die Fähigkeit zum vernünftigen Umgang mit Risiken und Unsicherheit.[19] ●

---

19 James W. Tankard Jr.: »The H.G. Wells Quote on Statistics: A Question of Accuracy«. In: *Historia Mathematica* 6. Amsterdam 1979, S. 30–33.

GETRÜBTER BLICK

... ODER ALS WIE (UN)GERECHT NEHMEN DIE DEUTSCHEN IHR EIGENES LAND WAHR

Millionen Beschäftigte in Kurzarbeit, Umsatzausfälle bei Unternehmen und steigende Arbeitslosigkeit – bereits jetzt wird über die möglichen Auswirkungen der Corona-Pandemie auf das soziale Gefüge der Gesellschaft und die Verteilung der Krisenlasten debattiert. Wie genau sich die Krise auf die Verteilungsverhältnisse und das soziale Gerechtigkeitsempfinden im Land auswirkt, dazu lassen sich mangels hinreichender Daten zum aktuellen Zeitpunkt noch keine konkreten Aussagen treffen. Bekannt ist hingegen die Einschätzung der Bevölkerung zur sozialen Gerechtigkeit vor der Corona-Krise. Gemäß der Allgemeinen Bevölkerungsumfrage der Sozialwissenschaften (ALLBUS) gaben im aktuell verfügbaren Erhebungsjahr 2018 knapp 75 Prozent der Befragten an, dass sie die sozialen Unterschiede in unserem Land als »eher nicht« oder »überhaupt nicht« gerecht empfinden. Die mehrheitliche Einschätzung ungerechter Verhältnisse ist zwar nicht neu, mit rund drei Vierteln der Bundesbürger reicht die negative Einschätzung jedoch erstmals wieder an den Höchstwert zu Zeiten der Finanzkrise heran. Der Zeitpunkt des neuerlichen Höchststands in der kritischen Wahrnehmung ist insofern überraschend, als er in eine Zeit sehr positiver wirtschaftlicher Entwicklung fällt, die Arbeitslosigkeit auf den Tiefstand seit der Wiedervereinigung gesunken ist und von den steigenden Reallöhnen erfreulicherweise besonders die niedrigeren Lohngruppen profitieren konnten.[1] Da der Blick auf das ge-

---

1   Vgl. Alexandra Fedorets/Markus M. Grabka/Carsten Schröder/Johannes Seebauer (2020): »Lohnungleichheit in Deutschland sinkt«. *DIW Wochenbericht*, Jahrgang 87, Nummer 7, S. 91–97.

sellschaftliche Gefüge gleichwohl überaus pessimistisch ausfällt, stellt sich die Frage, wie überhaupt der subjektive Blick auf die Gesellschaft aussieht und wie die Veränderungen während der letzten Jahre wahrgenommen wurden.

STABILE VERTEILUNGSVERHÄLTNISSE

Wird nicht nach der Verwirklichung der sozialen Gerechtigkeit im Allgemeinen, sondern konkret nach der vermuteten Entwicklung der Ungleichheit gefragt, fällt die Einschätzung der Bundesbürger ebenfalls eindeutig aus. Gemäß einer Civey-Befragung von 5012 Teilnehmern im Frühjahr 2020 im Auftrag von *Spiegel Online* waren beispielsweise 43,9 Prozent der Befragten der Meinung, die Ungleichheit der Einkommen habe in den letzten fünf Jahren »eindeutig zugenommen«, weitere 28,6 Prozent teilten die Auffassung, sie habe »eher zugenommen«.[2] Möchte man diese Einschätzung mit der realen Entwicklung vergleichen, stellt sich zunächst vor allem die Frage, welche Kennziffern herangezogen werden sollen. Da das verfügbare Einkommen nach Abgaben und inklusive Transfers entscheidend für die Konsum- und Sparmöglichkeiten eines Haushalts ist, steht die Verteilung dieser Nettoeinkommen konventionell im Vordergrund von Armuts- und Verteilungsanalysen.

Zwar liegt die heutige Ungleichheit der verfügbaren Einkommen in Deutschland – wie in vielen anderen Industrienationen auch – höher als noch in den 1980er- oder 1990er-Jahren. Seit 2005 hat sich das Niveau der Einkommensungleichheit jedoch nicht mehr wesentlich ver-

---

2   *SPIEGEL Online*, 05.03.2020, https://www.spiegel.de/wirtschaft/soziales/buerger-empfinden-deutschland-als-extrem-ungerecht-a-bed86bc6-aecc-4b00-b0a5-a1519ebfc111, abgerufen am 31.08.2020.

ändert.[3] Die amtliche Sozialberichterstattung der Statistischen Ämter des Bundes und der Länder weist beispielsweise auf Basis des Mikrozensus, der größten Haushaltsbefragung Deutschlands, für jedes Jahr zwischen 2005 und 2019 einen gerundeten Gini-Koeffizienten von 0,29 aus.[4] Zwar werden die Einkommen im Mikrozensus nur klassifiziert und wenig detailliert abgefragt, dafür garantiert die gesetzlich verpflichtende Teilnahme eine weitgehend konsistente und repräsentative Stichprobe im Zeitablauf.

Es lässt sich sicherlich einwenden, dass es Teilgruppen in der Gesellschaft oder alternative Maße gibt, die auf einen Anstieg der Ungleichheit innerhalb der letzten Dekade hindeuten – die also mit der pessimistischen Wahrnehmung der Bevölkerung übereinstimmen. Zieht man jedoch die einschlägigen Indikatoren zur Messung der Einkommensungleichheit der Armuts- und Reichtumsberichterstattung der Bundesregierung[5] oder auch der amtlichen Sozialberichterstattung heran, dann zeigen die Befunde gleichermaßen, dass sich die Einkommensungleichheit seit mittlerweile mehr als einer Dekade nicht mehr wesentlich verändert hat.

Dieser Befund gilt auch für die Entwicklung der Ungleichheit der Nettovermögen. Entgegen weitläufiger Vermutungen, dass insbesondere die seit der Finanzkrise anhaltende Niedrigzinsphase mit den einhergehenden steigenden Immobilien- und Aktienpreisen zu einem

---

3 Vgl. Maximilian Stockhausen/Mariano Calderón: »IW-Verteilungsreport 2020. Stabile Verhältnisse trotz gewachsener gesellschaftlicher Herausforderungen«. *IW-Report*, Nummer 8, Köln 2020.

4 http://www.statistikportal.de/de/sbe/ergebnisse/einkommensarmut-und-verteilung/a12-gini-koeffizient-der-aequivalenzeinkommen, abgerufen am 31.08.2020. Der Gini-Koeffizient stellt ein häufig verwendetes Ungleichheitsmaß dar. Verfügen alle Bürger über gleich hohe Einkommen, liegt der Gini-Koeffizient bei null. Besitzt ein Bürger alles und alle anderen nichts, liegt der Koeffizient bei eins (maximale Ungleichheit).

5 https://www.armuts-und-reichtumsbericht.de/DE/Indikatoren/Gesellschaft/gesellschaft.html, abgerufen am 31.08.2020.

starken Anstieg der Vermögenskonzentration führe, hat sich dieses in den verfügbaren Daten im Zeitraum bis 2017 bisher nicht gezeigt.[6] Gleichwohl ist insbesondere die Messung der Vermögensungleichheit mit großen Unsicherheiten behaftet. Beispielsweise ist bekannt, dass die Untererfassung Hochvermögender in Befragungen eine Unterschätzung der Vermögensungleichheit impliziert. Ebenso hat die zusätzliche Erfassung von Vermögenswerten, die im unteren Vermögensbereich eine relativ größere Bedeutung haben (wie beispielsweise der Wert von Fahrzeugen), einen ungleichheitsmindernden Einfluss. Wie sich die Erfassungsprobleme jedoch auf die Entwicklung der Ungleichheit auswirken, lässt sich insbesondere rückwirkend kaum bestimmen.[7]

Festzuhalten bleibt, dass die Kernindikatoren der Einkommens- und Vermögensungleichheit innerhalb der letzten Dekade eine bemerkenswert stabile Entwicklung aufweisen. Es lässt sich zwar mit Recht kritisch hinterfragen, warum die Ungleichheit trotz der positiven Beschäftigungs- und Wirtschaftsentwicklung der letzten Jahre nicht eindeutig sinkt. In diesem Zusammenhang lassen sich die weiterhin steigende Nachfrage nach hoch qualifizierten Arbeitskräften und dem damit einhergehende Druck auf gering qualifizierte Arbeitsverhältnisse, ein zunehmender Trend zum Alleinleben oder auch die Migrationsbewegungen der letzten Jahre als einordnende Faktoren nennen. Unabhängig von der Bewertung dieser Erklärungsfaktoren verbleibt aber der Befund, dass die Wahrnehmung bezüglich der Entwicklung der Verteilungsverhältnisse deutlich negativer ausfällt, als es die konventionellen Verteilungsindikatoren nahelegen.

---

6   Vgl. Maximilian Stockhausen/Judith Niehues: »Vermögensverteilung: Bemerkenswerte Stabilität«. *IW-Kurzbericht*, Nummer 81, Köln 2019.

7   Vgl. Judith Niehues/Maximilian Stockhausen (2020): »Ungleichheit(en), ein bekanntes Phänomen?«. *ifo Schnelldienst*, Jahrgang 73, Nummer 2, S. 3–6.

REICH SIND IMMER DIE ANDEREN

Gemäß der bereits zitierten Civey-Erhebung im Auftrag von *Spiegel Online* halten 74,8 Prozent der Befragten die Verteilung der Einkommen respektive die Verteilung der Vermögen für eher oder auf jeden Fall für ungerecht.[8] Auch hier stellt sich die Frage, wie die Verteilungssituation überhaupt von den Bürgern wahrgenommen wird. Aufschluss ergibt in diesem Zusammenhang eine Befragung zur subjektiven Wahrnehmung von Armut und Reichtum, deren Ergebnisse im Rahmen des zweiten Symposiums zur Vorbereitung des 6. Armuts- und Reichtumsberichts der Bundesregierung vorgestellt wurden.[9] Bei der Frage, ab welchem persönlichen Nettomonatseinkommen eine Person in Deutschland als arm gilt, liegen die Befragten mit Werten in der Nähe von 1000 Euro nicht nur nahe beieinander, sondern auch in der Nähe der Schwelle, die am häufigsten im Kontext der Berichterstattung über Armut verwendet wird. Im Mikrozensus 2019 liegt die sogenannte Armutsgefährdungs- oder auch Niedrigeinkommensschwelle für einen Alleinstehenden beispielsweise bei 1074 Euro monatlich, in der aktuell verfügbaren Welle des Sozio-oekonomischen Panels (SOEP) bei 1168 Euro im Jahr 2017.[10] Die Werte auf Basis des SOEP liegen trotz des früheren Bezugszeitraumes höher, da bei dem detaillierteren Einkommenskonzept ebenfalls unregelmäßige Einkommenskomponenten und Mietvorteile aus selbst genutztem Wohneigentum berücksichtigt

---

8 *SPIEGEL Online*, 05.03.2020, https://www.spiegel.de/wirtschaft/soziales/buerger-empfinden-deutschland-als-extrem-ungerecht-a-bed86bc6-aecc-4b00-b0a5-a1519ebfc111, abgerufen am 31.08.2020.

9 Vgl. Jule Adriaans et al. (2020): »Einstellungen zu Armut, Reichtum und Verteilung in sozialen Lagen in Deutschland«. Zweites Symposium zum 6. Armuts- und Reichtumsbericht der Bundesregierung, https://www.armuts-und-reichtumsbericht.de/SharedDocs/Downloads/Berichte/zweites-symposium-arb6-praesentation-diw.pdf?__blob=publicationFile&v=1, abgerufen am 31.08.2020.

10 Vgl. Karl Brenke (2018): »Armut: vom Elend eines Begriffs«. *Wirtschaftsdienst – Zeitschrift für Wirtschaftspolitik*. Jahrgang 98, Heft 4, S. 260–266.

werden. Je nach Datensatz und Befragungszeitpunkt lagen in den letzten Jahren zwischen 16 und 17 Prozent der Bevölkerung mit ihrem verfügbaren Einkommen unter diesem Schwellenwert. Die meisten Bundesbürger glauben jedoch, dass in Deutschland mehr als 30 Prozent der Menschen als arm gelten.

Bei den Einschätzungen zum Thema Reichtum gehen subjektive Wahrnehmungen und statistische Messungen noch weiter auseinander. Die Reichtumsschwelle der amtlichen Statistik liegt bei dem Doppelten des Medianeinkommens der Gesamtbevölkerung. Das Medianeinkommen ist genau das Einkommen, welches die Gesellschaft in eine Hälfte mit niedrigerem und eine Hälfte mit höherem Einkommen aufteilt. Auf Basis der höheren Einkommen des SOEP zählte demnach ein Alleinstehender im Jahr 2017 zu den relativ Reichen, wenn er über ein monatliches Nettoeinkommen von mehr als rund 3890 Euro verfügte. Bei einer Familie mit zwei Kindern unter 14 Jahren liegt der entsprechende Schwellenwert zum relativen Einkommensreichtum bei einem monatlichen Haushaltsnettoeinkommen in Höhe von 8170 Euro. Mit mehrheitlichen Nennungen zwischen 7000 und 10 000 Euro liegen die Schwellenwerte, ab denen jemand in der subjektiven Vorstellung der Bundesbürger als reich gilt, deutlich höher.

Wegen der deutlich höheren subjektiven Reichtumsgrenzen ist es wenig überraschend, dass die (mediale) Kommunikation der statistischen Reichtumsschwellen regelmäßig zu Verwunderung führt. In den Reaktionen auf die Berichterstattung werden viele Gründe gefunden, warum man trotz eines Einkommens oberhalb des Schwellenwerts noch nicht als reich gilt. Sicherlich entspricht die amtliche Reichtumsschwelle nicht dem typischerweise kolportierten Bild eines Reichen, der Villen und Luxusyachten besitzt und völlig frei von materiellen Risiken lebt. Man sollte sich jedoch vor Augen führen, dass nur rund sieben Prozent der deutschen Bevölkerung über ein Einkommen oberhalb der zitierten Schwellenwerte verfügen – also bereits zum häufig zitierten oberen Zehntel der Gesellschaft zählen.

In der Wahrnehmung der Bevölkerung gibt es jedoch deutlich mehr Reiche. Die meisten Schätzungen zum vermuteten Anteil Reicher liegen oberhalb der 20-Prozent-Marke – und das, obwohl die Befragten gleichzeitig deutlich höhere subjektive Reichtumsgrenzen zugrunde legen. Zur Einordnung: Würde man beispielsweise nur diejenigen als »wirklich« reich definieren, die mit einem zu versteuernden Einkommen von 265 000 Euro der Reichensteuer unterliegen (bei einem Alleinstehenden entspricht dies monatlich knapp 12 000 Euro netto), dann zählten hierzu im Jahr 2018 nach Schätzungen der Bundesregierung rund 163 000 Personen[11] und somit weniger als 0,2 Prozent der Bevölkerung.

Die meisten Bundesbürger vermuten somit höhere Anteile armer und reicher Menschen, als es die Daten zu der Thematik nahelegen. Auch Abfragen zur vermuteten gesellschaftlichen Form – ohne konkreten Einkommensbezug – deuten darauf hin, dass die Wahrnehmung der Gesellschaft von den konventionellen statistischen Auswertungen abweicht. In unterschiedlichen Erhebungsformaten ist die Mehrheit der Deutschen der Auffassung, dass die deutsche Gesellschaft am ehesten der Form einer Pyramide ähnele.[12] Auch wenn es unterschiedliche Bewertungen darüber gibt, ob die Mittelschicht einer stabilen oder schrumpfenden Entwicklung folgt, sind sich Schichtanalysen einig in dem Befund, dass die Mittelschicht die größte Gruppe der Bevölke-

---

11 Vgl. Bundesregierung: Antwort der Bundesregierung auf Kleine Anfrage – Drucksache 19/8837. Hrsg.: Deutscher Bundestag, Berlin, 29. März 2019, https://dip21.bundestag.de/dip21/btd/19/088/1908837.pdf, abgerufen am 31.08.2020.

12 Vgl. Carina Engelhardt/Andreas Wagener (2018): »What do Germans think and know about income inequality? A survey experiment«. *Socio-Economic Review*, 16 (4), S. 743–767; Judith Niehues (2016): »Ungleichheit: Wahrnehmung und Wirklichkeit – ein internationaler Vergleich«. *Wirtschaftsdienst*, Jahrgang 96, Heft 13, S. 13–18.

rung darstellt. Ähnlich wie bei der Entwicklung der Ungleichheit wird somit auch die gesellschaftliche Struktur wesentlich pessimistischer wahrgenommen, als es Indikatoren zur Schichtabgrenzung für Deutschland nahelegen.

POSITIVE WAHRNEHMUNG DER EIGENEN SITUATION

Neben der tatsächlichen Entwicklung der Verteilungsindikatoren steht häufig die Vermutung im Raum, dass sich bereits vor der Corona-Krise viele Menschen von der positiven wirtschaftlichen Entwicklung abgehängt fühlten und Abstiegsängste weit verbreitet seien. Befragungsdaten können dieses Bild jedoch nicht bestätigen. Im Gegenteil: In der aktuell verfügbaren SOEP-Erhebung des Jahres 2018 machen sich anteilig so wenige Menschen Sorgen um ihre eigene wirtschaftliche Situation wie zu keinem Zeitpunkt seit Beginn der Befragung im Jahr 1984. Die positiven Einschätzungen decken sich mit Beobachtungen aus der Allgemeinen Bevölkerungsumfrage der Sozialwissenschaften. Der Anteil derjenigen, die das Gefühl haben, dass sie weniger als den gerechten Anteil am Lebensstandard erhalten, ist in den vergangenen zehn Jahren kontinuierlich zurückgegangen. Bei der subjektiven Selbsteinordnung sortieren sich immer mehr Menschen in höhere Schichten. Auf einer zehnstufigen Oben-Unten-Skala sortierten sich im Jahr 2018 rund 50 Prozent der Bevölkerung bei einer Sieben oder höher ein. Im Jahr 2006 lag der entsprechende Anteil bei 25 Prozent. Zum damaligen Zeitpunkt fühlten sich deutlich mehr Befragte der Mitte und unteren Mitte der Skala zugehörig. Einhergehend mit der positiven Beschäftigungsentwicklung vor der Corona-Krise zeigt sich auch bei der Entwicklung der Sorgen um den Arbeitsplatz ein überaus positives Bild. Im Jahr 2018 gaben beinahe drei Viertel der Erwerbstätigen an, dass sie sich überhaupt keine Sorgen machen, weniger als fünf

Prozent machten sich große Sorgen um die Sicherheit ihres Arbeitsplatzes.

Es ist wichtig zu betonen, dass diese Befunde keinesfalls implizieren, dass es vor der Corona-Krise keine finanziellen Sorgen gab. Hinter den verbleibenden knapp zehn Prozent der befragten erwachsenen Bevölkerung, die sich im Jahr 2018 große Sorgen um ihre finanzielle Situation machten, steht die substanzielle Zahl von knapp sieben Millionen Erwachsenen, die ihre finanzielle Lage mit großer Besorgnis beurteilen. Im Jahr 2005 teilten jedoch noch knapp 19 Millionen Erwachsene im SOEP diese Einschätzung.

(UN-)GLEICHHEIT UND GERECHTIGKEITSEINSCHÄTZUNGEN – KEIN EINDEUTIGER ZUSAMMENHANG

Die Datenlage zeichnet ein weitgehend positives Bild für die Entwicklung seit 2005 – sowohl bezüglich objektiver Indikatoren von Einkommen und Vermögen und noch stärker bezüglich der subjektiven Wahrnehmung der persönlichen finanziellen Lage. Gleichwohl deuten Einschätzungen zum Zustand der Gesellschaft darauf hin, dass die individuell von vielen als positiv empfundene Entwicklung gesamtgesellschaftlich eher negativ beurteilt wird. Die kritische Beurteilung der sozialen Gerechtigkeit geht gleichzeitig mit dem Wunsch einher, dass der Staat die Unterschiede zwischen Arm und Reich reduzieren möge.[13]

Wenn die Menschen konkret gefragt werden, welche sozialstaatlichen Maßnahmen das Land aus ihrer Sicht gerechter machen, erhalten

---

13 Vgl. Judith Niehues (2019): »Subjektive Umverteilungspräferenzen in Deutschland«. *IW-Trends*, Jahrgang 46, Nummer 1, S. 79–98 und die darin zitierten Quellen für eine weitere Diskussion der Thematik.

diejenigen Maßnahmen besonders große Zustimmung, von denen auch die Mitte und die obere Mittelschicht profitieren. Leistungen, von denen ausschließlich weniger privilegierte Gruppen profitieren würden und durch die die Ungleichheit am stärksten reduziert werden könnte, finden hingegen keine mehrheitliche Zustimmung. Werden Finanzierungsfragen mitberücksichtigt, zeigt sich zudem ein sehr begrenzter Ausgabenspielraum für ungleichheitsreduzierende Politik. Breite Zustimmung erhalten nur Maßnahmen, die einzig eine zusätzliche Belastung »der Reichen« bedeuten. Diese Finanzierungsform lässt sich besonders leicht fordern, da sich nur sehr wenige Bundesbürger selbst in hohe Einkommensbereiche einsortieren, geschweige denn sich selbst »als reich« bezeichnen würden, und somit nicht mit einer eigenen zusätzlichen Belastung rechnen. Beobachtungen aus Survey-Experimenten deuten darauf hin, dass insbesondere Gutverdiener von ihrem zuvor geäußerten Umverteilungswunsch abweichen, wenn sie erfahren, dass sie selbst zu dessen Finanzierung beitragen müssten.[14]

Da gleichzeitig viele Bundesbürger den Anteil der (sehr) Reichen in der Bevölkerung deutlich zu hoch einschätzen, wird zudem auch das Potenzial der Finanzierungsquelle überschätzt. Die Bundesbürger äußern somit zwar mehrheitlich den abstrakten Wunsch, dass die Ungleichheit zwischen Arm und Reich reduziert werden sollte. Mit Blick auf die konkreten Umverteilungswünsche und die Fehleinschätzungen zu den möglichen Finanziers der Maßnahmen ist es jedoch keinesfalls eindeutig, dass die Umsetzung der präferierten Maßnahmen in einer substanziellen Ungleichheitsreduktion resultieren würde.

Zugleich deuten Umfragen darauf hin, dass die Präferenz für Leistungsgerechtigkeit in Deutschland besonders ausgeprägt ist. Mehr als

---

14 Vgl. Carina Engelhardt/Andreas Wagener (2018): »What do Germans think and know about income inequality? A survey experiment«. In: *Socio-Economic Review*, 16 (4), S. 743–767.

80 Prozent der Bundesbürger halten eine Gesellschaft dann für gerecht, wenn hart arbeitende Menschen mehr verdienen als andere.[15] Größere Gleichheit und ein höheres subjektives Gerechtigkeitsempfinden können sich somit durchaus in unterschiedliche Richtungen bewegen.

Vor Corona war die Wirtschafts- und Beschäftigungsentwicklung überaus positiv, die Entwicklung der Verteilungsindikatoren stabil und die Wahrnehmung der individuellen Situation überaus positiv. Gleichwohl fiel der Blick auf die gesellschaftliche Situation sehr kritisch aus. Die Corona-Krise hat der positiven Wirtschafts- und Beschäftigungsentwicklung mindestens temporär ein jähes Ende gesetzt. Ob und wie sich die Einschätzungen zur sozialen Gerechtigkeit infolge der Krise verändern werden, wird die nächste Welle der Allgemeinen Bevölkerungsumfrage zeigen. Unabhängig von der Ungleichheitsentwicklung und anders als bei der Finanzkrise ist es durchaus denkbar, dass die Gerechtigkeitseinschätzungen sogar positiver ausfallen, da die Menschen während der Krise möglicherweise wieder »näher zusammengerückt sind«.

Auf diese Entwicklung deuten zumindest die Ergebnisse einer speziellen SOEP-Cov-Befragung hin, die zeigen, dass die Sorgen um den sozialen Zusammenhalt in der Gesellschaft während der Corona-Krise merkbar gegenüber den Vorjahren zurückgegangen sind.[16] Zudem bleibt zu hoffen, dass die umfangreichen staatlichen Maßnahmen die negativen Krisenwirkungen so gut abfedern, wie es bei der

15 Vgl. Jule Adriaans/Philipp Eisnecker/Stefan Liebig (2019): »Gerechtigkeit im europäischen Vergleich: Verteilung nach Bedarf und Leistung in Deutschland besonders befürwortet«. *DIW-Wochenbericht*, Jahrgang 86, Nummer 45, S. 817–825.

16 Vgl. Kühne, Simon/Kroh, Martin/Liebig, Stefan/Rees, Jonas/Zick, Andreas (2020), »Zusammenhalt in Corona-Zeiten: Die meisten Menschen sind zufrieden mit dem staatlichen Krisenmanagement und vertrauen einander«. *DIW aktuell* Nr. 49.

Finanzkrise gelungen ist. In der Rückschau lassen sich die Jahre vor der Corona-Krise, mit Rekordbeschäftigung, stabilen Verteilungsverhältnissen und sinkenden Sorgen, sicherlich als eine eher »gute Zeit« einordnen – wenngleich die kritischen Gesellschaftsbewertungen der Bürger kaum eine positive Entwicklung erahnen ließen. ●

DER LANGE SCHATTEN DER KRISE

WARUM WIR JUNGE GENERATIONEN MEHR IN DEN BLICK NEHMEN MÜSSEN

Frau Bartels, Sie beschäftigen sich unter anderem mit der Frage, welchen nachhaltigen Einfluss (Finanz-)Krisen auf die Entwicklung von Einkommen und Vermögen haben. Was sagt die Forschung?

Die Auswirkungen sind natürlich von Land zu Land unterschiedlich, eindeutige Muster lassen sich nicht erkennen. Und doch konnten bereits mehrere Studien herausarbeiten, dass nach schweren Finanzkrisen mit wirtschaftlicher Rezession die Wahrscheinlichkeit recht hoch ist, dass die allgemeine Einkommensungleichheit steigt. Reichere Haushalte sind in der Regel gut in der Lage, sich innerhalb der Folgejahre zu erholen, ihre Einkommensverluste sind eher bescheiden und vorübergehend. Ärmere Haushalte sind dagegen nicht nur stark, sondern auch hartnäckig, mitunter über Jahre und Jahrzehnte hinweg betroffen. Das ist jetzt die vertikale Betrachtung.

Und die horizontale?

Krisen wirken sich natürlich auch auf einzelne Personen, Haushalte, Altersgruppen und Generationen unterschiedlich aus. Während beispielsweise Haushalte mittleren Alters bei fallenden Marktpreisen durchaus die Chance haben, Vermögen aufzubauen, indem sie sich eine Immobilie kaufen oder in Aktien investieren, werden Berufsanfänger unverhältnismäßig stark getroffen. Sie finden keine (Lehr-)Stelle, nehmen einen Job an, der nicht ihrem eigentlichen Ausbildungsniveau entspricht, »verkaufen« sich unter Wert, um überhaupt Fuß fassen zu können. Diese Verdiensteinbußen oder gar -ausfälle können sie auch in den Jahren nach der Krise nur schwer ausgleichen. Vor allem nicht, wenn sie Schulden machen mussten. Durch Corona ist die Arbeitslosigkeit bei den 15- bis 25-Jährigen stärker gestiegen als bei der restlichen Bevölkerung, von 4,5 Prozent im März auf 5,9 Prozent im Juni. Vermutlich werden wir hier noch einen weiteren Anstieg sehen.

Gibt es Untersuchungen, die zeigen, wie lange solche Krisen nachwirken?

Gerade in den USA sind in den vergangenen Jahren etliche Studien erschienen, die zeigen, wie persistent Arbeitsmarktschocks für Erwerbsbiografien sind. Menschen, die in schlechten Wirtschaftsjahren mit ihrem Berufsleben beginnen, verdienen auch zehn Jahre später weniger als Menschen, die in guten Jahren starten. Ein Grund: Das Gehaltsniveau eines Jobs orientiert sich in der Regel an dem Gehaltsniveau des Vorgängerjobs. Aus dieser Stringenz kommt man nur schwer wieder raus. Ich denke, wir müssen hier als Gesellschaft genauer hinsehen und uns bewusst machen, was es mittel- und langfristig bedeutet, wenn wir Krisen mitunter dadurch abfedern, dass wir jungen Menschen den Start ins Arbeitsleben erschweren oder gar verwehren, und sie deswegen über ihr Berufsleben hinweg weniger Vermögen, weniger Absicherung aufbauen können.

Ökonomen und Soziologen schlagen seit Jahrzehnten vor, eine Art Startgeld für junge Erwachsene einzuführen – jüngst in Deutschland Giacomo Corneo von der Freien Universität Berlin sowie Steffen Mau. Was halten Sie davon?

Das ist sicherlich ein Instrument, über das man auch hierzulande stärker sprechen könnte. Etwa 50 Prozent unserer Gesellschaft haben kein nennenswertes Vermögen, sie sind also nicht in der Lage, Krisen finanziell zu überbrücken, und müssen dann mitunter Entscheidungen treffen mit erheblichen Auswirkungen auf ihren beruflichen Werdegang: Studium abbrechen, Ausbildung, Job oder Branche wechseln … Nicht zuletzt müssen wir aber auch sehen, dass unabhängig von großen Finanzkrisen die Lebenseinkommen immer weiter auseinanderdriften. Wesentlicher Grund: Statt Beruf auf Lebenszeit wie früher sind heutige Erwerbsbiografien insbesondere beim unteren Viertel der Einkommensverdiener brüchiger, Phasen der Arbeitslosigkeit fast schon normal. Diese Eltern können weniger für die Ausbildung ihrer Kinder zurücklegen. Diesen Trend können wir gesellschaftlich abfedern, solange wir unseren Kindern und Jugendlichen ein Bildungssystem anbieten, das kostenfrei, auf hohem Niveau, chancengleich und durchlässig gestaltet ist.

Sie haben in einer Ihrer Studien festgestellt, dass das absolute Wohlstandsgefälle zwischen jüngeren und älteren Haushalten im Laufe der vergangenen Jahrzehnte gestiegen ist …

Das ist richtig. Ich wollte wissen, woher dieses Gefälle kommt, und habe mir die Vermögensportfolios der einzelnen Generationen angeschaut. Immobilien spielen darin eine wichtige Rolle, daran hat sich nichts geändert. Doch der Immobilienwert bei den Babyboomern, also den heute 50- bis 59-Jährigen, ist wesentlich höher als bei den älteren und jüngeren Generationen. Offensichtlich konnten sich diese Geburtsjahrgänge mehr beziehungsweise wertvollere Immobilien leisten: größer, in begehrter, zentraler Großstadtlage. Sie wissen selbst: Heute ist das selbst für DINK, Double Income no Kids, deutlich schwerer zu stemmen – auch wenn die Zinsen für Kredite gesunken sind.

Was trägt noch zur unterschiedlichen Vermögungsbildung bei?

Die über 40-Jährigen haben mehr Aktien. Bei der Marktentwicklung, die wir in den vergangenen drei Jahrzehnten hatten, konnte diese Gruppe gute Kapitalgewinne erzielen. Bei den 20- bis 29-Jährigen halten weniger als zehn Prozent Aktien. Ihre Ersparnisse liegen, wenn sie welche haben, erschreckend oft auf dem Girokonto.

Was müsste Deutschland aus Ihrer Sicht tun, um die negative Entwicklung abzufedern?

Das Wichtigste wäre für mich erst einmal: noch stärker wahrnehmen und anerkennen, um wie viel gebeutelter Berufsanfänger, aber auch junge Familien mit kleinen Kindern durch Krisen wie diese gehen. Hier werden noch etliche Scheren auseinandergehen. Nicht nur zwischen Reich und Arm, älteren und jüngeren Haushalten, sondern auch zwischen Menschen, die aufgrund ihrer beruflichen, finanziellen und familiären Lebenssituationen ganz unterschiedlich stark getroffen wurden. Ich sehe das auch innerhalb der Wissenschaft: Die allermeisten Covid-19-Paper und -Studien wurden von Kollegen und Kolleginnen verfasst, die nicht von jetzt auf gleich kleine Kinder oder gebrechliche Eltern versorgen mussten. Natürlich hat das auch Einfluss auf Karrieren – zumal sich die Situation noch nicht gänzlich entspannt hat. Besonders Frauen fahren nach wie vor mit angezogener Handbremse, da sie nicht wissen, wie stark sie in diesem Winter geschlossene Schulen und Kitas abfedern müssen. Corona hat gezeigt, dass die Vereinbarkeit von Beruf und Familie bei weitem nicht so ausbalanciert ist, wie wir uns das vielleicht gedacht oder erhofft haben.

Hinzu kommt die Frage: Wie schwer betroffen sind Kinder, die von ihren Eltern während des Lockdowns nicht so gut schulisch unterstützt werden konnten? Welchen Einfluss hat die Krise hier auf Schulabschlüsse und Bildungsverläufe? Wer schafft den Anschluss, wer fällt zurück, wen haben wir verloren? Das sind Kosten, die wir als Gesellschaft noch gar nicht abschätzen können.

Wann wird man diese Folgen sehen?

Nächsten Sommer vielleicht, dann bekommen die Schüler Zeugnisse, und wir können einen ersten groben Eindruck bekommen: Wie hat Corona die Noten verändert? Wie viel mehr Schüler werden zurückgestuft, umgeschult oder verlassen die Schule ohne Abschluss?

Über das Startgeld für junge Menschen haben wir schon gesprochen, gibt es noch andere Ideen?

Nehmen wir zum Beispiel das Bürgergeld in Alaska. Der Bundesstaat hat einen Staatsfonds eingerichtet, der sich vor allem aus Aktiengewinnen speist, die Dividende wird jährlich an die Bürger ausbezahlt. Das Spannende daran: Seit Einführung dieses Fonds sind die Menschen auch privat stärker auf dem Aktienmarkt aktiv, da sie ihre Scheu vor dem bislang unbekannten Terrain verloren haben. Letztlich würde ich mir das auch für unser Land wünschen: Die Deutschen gaben 2017 ungefähr so viel Geld für Blumen aus wie für Aktien.

Damit wären wir beim Stichwort ökonomische und finanzielle Bildung – eine Forderung, die seit Jahren auch an Schulen herangetragen wird ...

Mit dem Thema beschäftigen sich immer mehr empirisch forschende Ökonomen. Zwar ist die Sparquote in Deutschland ziemlich konstant und mit zehn Prozent im internationalen Vergleich recht hoch, doch Sparen ist nicht gleich Vermögensaufbau. Im Gegenteil. Geld auf dem Bankkonto verliert durch Inflation, die höher ist als die Verzinsung, an Kaufkraft. Hier wäre es ein Leichtes, gegenzusteuern, Wissen, Bewusstsein und Fördermöglichkeiten zu schaffen.

Im vergangenen Jahr haben wir ausführlich über das Grundeinkommen diskutiert, und viele haben erwartet, dass Corona die Debatte zusätzlich befeuern wird – wie ist Ihre Einschätzung hier?

Ich halte die Diskussion über das bedingungslose Grundeinkommen für sehr schwierig, da immer noch viele Konzepte, Wünsche und Vorstellungen durcheinanderwirbeln. Zum Beispiel wird meist ausgeblendet, dass ein einigermaßen solides Grundeinkommen letztendlich nur über drastisch höhere Steuern und Abgaben sowie niedrigere Staatsausgaben finanziert werden könnte. Ein Grundeinkommen von 1200 Euro monatlich würde 1,1 Billionen Euro jährlich kosten, was knapp einem Drittel unseres Bruttoinlandsprodukts entspricht. Viele Menschen – und nicht nur die Reichen – müssten also deutlich höhere Steuern zahlen und würden gleichzeitig weniger öffentliche Leistungen bekommen – sei es nun bei der Rente, Bildung oder Kultur. Wenn diese unangenehmen Effekte erläutert werden, schwindet meist die anfängliche Zustimmung zum bedingungslosen Grundeinkommen. Wir bräuchten hier mehr Klarheit in der Debatte.

Wichtiger als die Diskussion über das bedingungslose Grundeinkommen wäre für mich jedoch, jetzt und auch nach der Krise besonders die Jugend in den Blick zu nehmen und sie gezielt zu stärken. Die jungen Menschen dürfen nicht die Verlierer der Krise sein. Denn sie stellen die Arbeitskräfte von morgen und werden letztlich unser aller Wohlergehen mitbestimmen.

ABGESPRUNGEN

UND JETZT? WIE WIR DIE DIGITALE BILDUNG ENDLICH STARK MACHEN

Heribert Hirte ist ein Jurist und Politiker. Er ist Professor an der Universität Hamburg, Abgeordneter im Bundestag und dort stellvertretender Vorsitzender des Rechtsauschusses. Vor allem aber hat Professor Hirte eine ganz klare Meinung zur Frauenförderung. »Wir können das Rad nicht mehr zurückdrehen!«, rief er unlängst im Bundestag. Es ging um einen Antrag der AfD-Fraktion, die aus dem Aktienrecht die Frauenquote wieder streichen wollte – was Professor Hirte empört ablehnte. Es war eine sehr kurze, aber sehr leidenschaftliche Rede, die man sich unbedingt anschauen sollte.[1]

Hirte schien außer sich wegen der Rückständigkeit der Antragsteller, regelrecht verärgert. Für ihn steht außer Frage, dass es eine Quote geben muss, außerdem erwähnte er, zu meiner großen Freude, in seiner Rede unsere Initiative #stayonboard, die sich dafür einsetzt, Frauen wie Männern in Vorstandspositionen eine Auszeit bei der Geburt eines Kindes oder der Pflege von Angehörigen zu ermöglichen – ohne dass der Posten dafür aufgegeben werden muss, wie es bisher der Fall ist. »Für diese Art der Frauenförderung gibt es bereits heute eine Zustimmung von 95 Prozent«, sagte Hirte. Auch er ist der Meinung, die Vorstandsetage müsse nicht nur weiblicher werden, sondern eben auch menschlicher.

---

1   https://www.bundestag.de/dokumente/textarchiv/2020/kw38-de-gleichstellung-791798,
    Minute 27:10 bis 30:07, zuletzt aufgerufen 30.9.2020.

Das alles war sehr erstaunlich: Ein Mann, Heribert Hirte, Jahrgang 1958, geboren in Köln, Katholik und seit Jahrzehnten CDU-Mitglied, setzte sich im Bundestag energisch, leidenschaftlich und mit voller Überzeugung für ein vermeintliches Frauenthema ein – und rechnete mit den vermeintlichen Bewahrern ab, mit denjenigen, die immer noch erfasst sind von einem Früher, von einer vergangenen Zeit, die vor allem eines ist: vergangen.

Für mich war die kurze Rede, die letzte Minute Redezeit schenkte er sogar noch seiner Kollegin Silke Launert, auch aus einem anderen Grund bemerkenswert. Denn mit der Rede wurde etwas deutlich: Es tut sich etwas. Frauen dringen mit ihren Themen durch. Vermeintliche Frauenthemen sind auch auf Bundesebene keine Nebengeräusche mehr, die man irgendwie erträgt. Auch werden Frauen nicht mehr nur wohlwollend angehört und dann geflissentlich übergangen.

Nein, es ändert sich etwas. Und genau diese Haltung, dieses neue Selbstverständnis bestärkt mich in der Idee von einem Neuen Land. Ja, ich bin so vermessen, von einem Neuen Land zu sprechen, von einem Neuen Land, das im Grunde längst da ist, nur endlich sichtbar werden muss. Vor allem, und das zeigte die Rede von Professor Hirte, ist das Neue Land keine Generationenfrage, kein Entscheidung zwischen Jung und Alt, zwischen Mann und Frau – es ist vielmehr eine Frage der Haltung. Es geht um neue Lebensentwürfe, es geht um Diversität, auch um neue Technologien, es geht um Nachhaltigkeit in der Wirtschaft und nicht zuletzt auch um digitale Bildung.

NICHT IN EIN GESTERN ZURÜCKFALLEN

Nun ist der Zeitpunkt gekommen, nicht mehr den Rezepten der Vergangenheit zu vertrauen, sondern vieles neu zu justieren. Vieles, was Menschen meiner Generation schon länger bewegt: Klimaschutz,

Gleichberechtigung, Chancengerechtigkeit, neue Arbeitsformen. Tatsächlich gibt es viele Menschen, die etwas leisten wollen, die gegenseitige Wertschätzung leben, die nicht nach Kriterien wie Herkunft, Religion oder Identität entscheiden. Sondern gemeinsam mit anderen eine gute Zukunft schaffen und vor allem nicht wieder in ein Gestern zurückfallen wollen. Gerade nach einem Einschnitt wie der Pandemie sollten wir nicht unsere gesamte Energie darauf verwenden, das alte Land wiederaufzubauen, sondern viel besser ein neues entstehen zu lassen.

Wir haben uns zu lange auf dem Wohlstand der Vergangenheit ausgeruht – und in den Corona-Monaten haben wir dann erlebt, wie stark die globalen Techkonzerne profitierten, wie stark die traditionellen Unternehmen litten und wie sehr wir in Deutschland und Europa den Anschluss verloren haben: bei der künstlichen Intelligenz, bei der Digitalisierung, bei der Vernetzung. Die Frage »Wann wird es wieder wie früher?« ist unter Umständen nachvollziehbar, aber leider nicht zu beantworten. Mir geht es deshalb weniger um das Früher als um das, was da kommt.

Für ein Neues Land müssen wir bereit sein, uns von etwas zu verabschieden. Für ein Neues Land muss tatsächlich der viel zitierte Ruck von Roman Herzog durch die Gesellschaft gehen. Wir müssen bereit sein, die Dinge aus einer anderen Perspektive zu sehen, die Sichtachse zu wechseln. In gewissem Sinne orientiere ich mich da auch an meinem Urgroßvater, dem dritten Bundespräsidenten Gustav Heinemann – ein sehr pragmatischer Mann, für den das Wechseln, das Verabschieden sozusagen Lebensmotto war.

Gustav Heinemann war der Meinung, wer sich politisch engagiere, wer mit 20 Jahren in eine Partei eintrete, müsse nicht den Ehrgeiz haben, »als 70- oder 80-Jähriger mit derselben Parteifahne beerdigt« zu werden. Alles würde sich finden, Schritt für Schritt. Sich von der

Wiege bis zur Bahre einer Partei zu verschreiben, immer zu reden und zu handeln, wie es die Parteilinie verlangt, sei nicht unbedingt empfehlenswert.

ZUSTÄNDIG FÜR DIE GROSSEN ZUKUNFTSFRAGEN

Gustav Heinemann selbst war in fünf verschiedenen Parteien. Unter anderem war er vor dem Zweiten Weltkrieg Mitglied der Studentenorganisation der linksliberalen DDP, nach dem Krieg Mitbegründer der CDU und schloss sich dann, 1957, der SPD an. Er suchte nicht nach ideologischer Treue, sondern nach Menschen, mit denen er gemeinsam Ziele durchsetzen konnte. Es ging ihm nie um ein »Weiter so!«, sondern immer um ein »Wohin jetzt?«.

1969 wurde er der dritte Präsident der Bundesrepublik Deutschland. Heinemann ist ein bis heute wegen seiner Klarheit und Offenheit sehr geschätzter Präsident. Ich habe ihn zwar nicht kennengelernt, aber er war für mich immer das prägende Beispiel, wie man sich in der Politik selbst treu bleibt, wie man eben nicht ideologisch denkt und handelt, sondern seinem Gewissen und seiner Überzeugung folgt. Und dass das auch die beste Voraussetzung ist, um Verantwortung zu übernehmen, um sich einzumischen – wenn die Zeit gekommen ist. Wenn es darum geht, die wichtigen Zukunftsfragen nicht mehr wegzumoderieren, sondern Antworten zu suchen.

Tatsächlich muss es uns gelingen, dass sich mehr Menschen für die großen Zukunftsfragen zuständig fühlen. Wer Kinder hat wie ich, wer dieses Land liebt, wer die Menschen dieses Landes liebt, wer in diesem Land etwas bewegen will, für den kann Zukunft nicht nur ein gesichertes Auskommen, nicht nur persönlicher Wohlstand, nicht nur Egoismus und Gleichgültigkeit sein. Für den besteht das Morgen in einem positiven Zukunftsbild.

EINFACH DAMIT ANFANGEN

Handlungsfähigkeit von Politik und Gesellschaft sollte sich nicht nur in offensichtlichen Krisen zeigen. Sondern auch in den vermeintlich unscheinbaren, aber gleichermaßen wichtigen Herausforderungen, wenn es um das Ende eines Industriestandorts Deutschlands geht, wenn es um das Wegbrechen einstiger Wirtschaftszweige geht, wenn es um Bildung, Fortschritt, Zukunft geht. Im Neuen Land werden Zukunftsbilder entwickelt. Klare, nachvollziehbare Zukunftsbilder. Der Drang, es gut klingen zu lassen, ist bisher in der Politik meist stärker als die Aufgabe, ein klares Ziel zu definieren und zu sagen, wohin wir wollen. Das Ziel zu erreichen bedarf vieler kleiner iterativer Schritte, vieler Meilensteine und überschaubarer Arbeitspakete. Einfach mal anfangen, statt viel zu lange darüber zu sprechen.

Das ist die neue Haltung. Und wie das gelingen kann, haben viele von uns im Jahr 2020 erlebt.

OHNE CORONA WÄREN WIR NICHT GESPRUNGEN

Stellen Sie sich vor, wir hätten vor Corona vorgeschlagen, Homeschooling einzuführen, als Versuch, als Experiment, und das über mehrere Wochen oder gar Monate. Nichts wäre radikaler gewesen, nichts hätte uns mehr beschäftigt als der geplante Start eines flächendeckenden Homeschooling-Programms.

Es hätte Debatten und Diskussionen gegeben, wie das gehen soll, was Schüler*innen können müssen, wie Eltern das leisten sollen, wie Lehrer*innen sich darauf vorbereiten können, wer das organisiert, wie das technisch machbar ist. Vermutlich hätten wir es uns nicht zugetraut. Weder Lehrer*innen noch Eltern, noch Schüler*innen, noch Bildungspolitiker*innen. Kaum einer hätte den Mut aufgebracht. Und selbst wenn wir uns dafür entschieden hätten, dieses Experiment für ein paar Wochen zu testen – wir hätten Monate, vermutlich Jahre gebraucht, um es vorzubereiten. Viele Bedenken, viele Einwände hätten berücksichtigt werden müssen, Einwände wie der, dass die Schüler*innen zu Hause doch nur *Fortnite* spielen würden, statt Latein zu lernen. In den sozialen Netzwerken wären die Meinungen hochgekocht. Am Ende hätten wir uns doch nicht getraut zu springen.

Und dann sind wir doch gesprungen. Im Corona-Lockdown hatten wir weniger als eine Woche Vorbereitungszeit. Dann waren alle Schülerinnen und Schüler im Homeschooling. Das Virus erwies sich als sehr wirkungsvoller Nachhilfelehrer an unseren Schulen. Ja, man kann sogar sagen: Corona war die effektivste, flächendeckendste Fortbildungsmaßnahme, die unser Schulsystem je erlebt hat – vor allem beim Thema Digitalisierung. Über Nacht waren Eltern, Lehrer*innen und Schüler*innen gezwungen, sich mit digitaler Schule zu beschäftigen. Etwas, über das wir vorher jahrelang nur gesprochen hatten. Etwas, das wie eine ferne Vision erschien. Jetzt haben wir sehr konkrete Bilder im Kopf, wie die Digitalisierung der Schulen aussehen kann. Und diese neue gedankliche Freiheit werden wir im Neuen Land nutzen.

DIE WEIMARER REPUBLIK AUF DEN OHREN

Fangen wir an – auch im Sinne unserer Kinder –, die Schule von morgen zu denken, den Unterricht neu zu denken, die Bildung des Neuen Landes neu zu denken. Im Hinblick auf den Schulunterricht brauchen wir tatsächlich viel weniger, als wir glauben. Wir werden nicht immer mehr Lernstoff unterbringen können. Das Curriculum muss entschlackt werden. Wer werden uns klar vom Lernprinzip entfernen: Buch für Buch, Seite für Seite. Vielmehr wird es ein Unterricht sein, der stärker das Ziel als den Weg vorgibt. Ein Unterricht, bei dem Lehrer*innen zu

WARUM SEHEN WIR CODING
NICHT ALS DAS LATEIN
DER ZUKUNFT? WARUM
VERANKERN WIR DAS
PROGRAMMIEREN NICHT
VIEL TIEFER IM SCHUL-
ALLTAG? NICHT WEIL ALLE
PROGRAMMIERER*INNEN
WERDEN MÜSSEN, SON-
DERN WEIL UNS CODING
ZUKUNFTSKOMPETENZEN
BEIBRINGT: PROBLEMLÖSE-
KOMPETENZ, FEHLERKULTUR,
TEAMFÄHIGKEIT UND ENT-
SCHEIDUNGSFREUDIGKEIT.

Lernbegleiter*innen werden – und zwischen analogem und digitalem Unterricht wechseln können. Nutzen wir dazu die Technologie, die für uns alle längst Alltag ist. Was spricht dagegen, für das Fach Geschichte einen Podcast aufzunehmen? Die Weimarer Republik auf die Ohren? Warum nicht? Jugendliche sind Dauer-Podcasthörer, und es wäre nur konsequent, das Medium auch mit ihren eigenen Gedanken und Inhalten zu füllen. Ermutigen wir unsere Kinder, eigenen Content zu erstellen, statt reine Konsumenten zu sein. Erstellen wir ein E-Book im Sachkundeunterricht über Ozeane. Das ist alles machbar und sicher nicht nur eine nette »Ergänzung« zum »eigentlichen« Unterricht.

In neue Formate sollen einerseits klassische Lerninhalte einfließen, andererseits sollen Schüler*innen ganz selbstverständlich mit Zukunftskompetenzen vertraut gemacht werden. Kompetenzen, die wir im Neuen Land benötigen. Wann, wenn nicht jetzt, wollen wir sie unseren Kindern beibringen? Wir sind ein großes Land – die viertgrößte Volkswirtschaft der Welt –, und das muss auch absolut unser Selbstverständnis sein. Auf dem Rohstoff Bildung muss im rohstoffarmen Deutschland das Hauptaugenmerk liegen – aber eben auch auf der Tatsache, dass Bildung zwingend mit dem verknüpft sein sollte, was einer gegenwärtigen und künftigen Lebens- und Arbeitsrealität entspricht.

IST CODING DAS NEUE LATEIN?

Es gibt beispielsweise sehr gute Gründe, Latein zu unterrichten. Gründe, die nicht unmittelbar erkennbar sind, die aber die Art und Weise des Lernens positiv beeinflussen, die ein Fundament für das Verständnis von Wissen schaffen und logisches Denken schulen können. Aber genau das kann das Programmieren oder Coding auch. Warum sehen wir Coding nicht als das Latein der Zukunft? Warum verankern wir das Programmieren nicht viel tiefer im Schulalltag? Nicht weil alle Programmierer*innen werden müssen, sondern weil uns Coding Zukunftskompetenzen beibringt: Problemlösekompetenz, Fehlerkultur, Teamfähigkeit und Entscheidungsfreudigkeit.

Im Neuen Land werden digitale Geräte in den Unterricht eingebunden. Und zwar nicht als Spielerei oder weil Digitalisierung gerade in aller Munde ist, sondern weil es unser Anspruch an das Bildungssystem sein muss, Kinder zu mündigen Bürgern der Zukunft auszubilden. Und dazu gehört fast schon zwingend der Umgang mit digitalen Geräten, Inhalten, Tools und Kompetenzen. Das ist das Handwerkszeug der Zukunft. Das ist die Lebens- und Arbeitsrealität von morgen. Darin sehe ich auch den Kern des Neuen Landes: Man wagt etwas, bevor man urteilt. Man probiert etwas aus, bevor man es schlechtredet. Es empfiehlt sich generell, einen anderen Blick auf die Dinge zu werfen, vermeintliche Gewissheiten zu hinterfragen. Übrigens auch, wenn es um Haltung und Wahrheit geht. Schule heißt ja auch, das kritische Denken zu schulen, Dinge zu beurteilen, sich nichts vormachen zu lassen.

Dabei geht es um die Frage: Wo liegt die Wahrheit? Wie findet man sie heraus? Bringen wir unseren Kindern in der Schule von morgen bei, Haltung zu zeigen, eine Meinung zu vertreten. Debattierclubs werden Teil des Unterrichts sein. Wie auch die Fähigkeit, Petitionen zu starten, online wie offline, oder Argumente vorzutragen und sie zu verteidigen.

MEHR PRAXIS. MEHR REALITÄT

Lernen wir voneinander – lassen wir Schüler*innen von anderen Schüler*innen lernen, gehen wir an Projekttagen nicht nur ins Museum, sondern besuchen wir andere Schulen, schauen uns dort etwas ab. Arbeiten wir miteinander an neuen kreativen Lösungen, bilden wir schulübergreifende Projektgruppen, trauen wir uns mehr Praxis, mehr Realität zu. Und wenn wir schon dabei sind, Unterrichtsinhalte neu zu denken, denken wir doch gleich den Lernort Schule neu. Denken wir in Kleingruppen, denken wir an mehr Videokonferenzen auch für Schüler*innen. Die Digitalisierung ermöglicht schon längst mobiles, zeit- und ortsunabhängiges Lernen. Und Kinder und Jugendliche können sich besser selbst organisieren, als wir denken, trauen wir ihnen das einfach auch in Zukunft zu – und vermitteln wir ihnen, dass sie es schaffen können. Denn was wir in den vergangenen Monaten auch festgestellt haben: Kein Roboter der Welt wird jemals Lehrer*innen ersetzen können. Es war das soziale Miteinander, das in den Krisenmonaten gefehlt hat, die Interaktion. Nicht die Fülle an Aufgaben, Wissensvermittlung und Lernprogrammen. Gefehlt hat vor allem die Nähe zu den Lehrer*innen. Der Austausch. Natürlich haben Schüler*innen ihre Mitschüler*innen vermisst, aber auch den Menschen, der sie beim Lernen begleitet, im Idealfall motiviert und inspiriert.

LEHRER*INNEN VEREDELN EINEN ROHSTOFF

Wenn Lehrer*innen die Fixsterne unseres Schulsystems sind, die Menschen, um die unsere Kinder in der Schule kreisen, die mithelfen, Talente in unseren Kindern zu entdecken und zu fördern, die maßgeblich dazu beitragen, ob unsere Kinder Spaß am Lernen und damit am Leben haben – warum haben sie dann nicht einen viel größeren Stellenwert in unserer Gesellschaft? Lehrer*innen veredeln den einzigen Rohstoff, den wir in diesem Land haben und nicht importieren müssen. Schenken wir ihnen deshalb mehr Anerkennung und Respekt. Und mäßigen wir unsere Leidenschaft, ständig Defizite bei »den«

Lehrer*innen aufzudecken. Das hätte einen enormen Effekt auf nachfolgende Generationen, die sich entscheiden, Lehramt zu studieren.

Und weil Bildung unser wichtigster Rohstoff ist, sollten wir dafür sorgen, dass keiner mehr durchs Raster fällt, dass alle eine Chance bekommen. Dass wir nicht diejenigen vergessen, die nicht die lauteste Stimme haben. Dass alle Schüler*innen einen Computer zu Hause haben – und dass ein Internetzugang eine Selbstverständlichkeit ist. Eine Selbstverständlichkeit wie Strom, wie Wasser, wie Wärme. Eine Selbstverständlichkeit, die wir allen ermöglichen. Und nehmen wir bei digitaler Bildung besonders die Mädchen mit. Sie sollen in Zukunft mit der gleichen Selbstverständlichkeit Programmiererinnen, Ingenieurinnen, User-Interface-Designerinnen und Astronautinnen werden.

EINE HISTORISCHE CHANCE, BILDUNG NEU ZU DENKEN

Wenn ich Mädchen mit sechs Jahren in unseren Digitalwerkstätten beobachtet habe, wie sie mit Neugier und Begeisterung, sehr selbstbewusst und selbstverständlich an digitale Bildung herangegangen sind, dann war das ein anderes Bild, als wenn sie mit 13 oder 14 Jahren zum Girls' Day kamen.

Mit 13 war das Feuer oft schon erloschen. Es fehlten andere Mädchen, die die Begeisterung teilten. Es fehlte ein Zugang zu technischen Themen, und vor allem fehlte das Selbstbewusstsein, ein weiblicher Nerd sein zu dürfen.

Kurz und gut: Wir haben nach der Pandemie eine einmalige, eine fast schon historische Chance, Bildung völlig neu zu denken. Und aus Bewährtem und Neuem etwas Zukunftsfähiges zu schaffen. Von dem wir alle profitieren.

Und mit alle meine ich alle. Also auch uns.

Viele von uns können keinen WordPress-Blog aufsetzen, können kein Photoshop bedienen, können kein mit dem Smartphone aufgenommenes Video schneiden, keinen Podcast im Netz hochladen. Auch wir haben – wie die Lehrkräfte – Nachholbedarf bei Digitalkompetenzen.

Dann lassen wir uns doch gemeinsam mit oder von unseren Kindern fortbilden. Wir können gemeinsam mit ihnen digitale Anwendungen ausprobieren, Spiele programmieren oder Filme drehen. Entfachen wir diese kindliche Neugier in uns wieder, lassen wir uns von unseren Kindern mitreißen.

Wachsen wir gemeinsam mit unseren Kindern, entwickeln wir den Anspruch, nicht nur Konsument*innen, sondern Gestalter*innen der Welt von morgen zu sein. Gestalten wir dazu die Schule neu, und schaffen wir ein neues Fundament für Bildung. Denn Bildung ist das Fundament des Neuen Landes.

WLAN – SO WICHTIG WIE DER SAUBERE SCHULHOF

Im Neuen Land werden digitale Geräte in den Unterricht eingebunden. Und zwar nicht als Spielerei oder weil Digitalisierung gerade in aller Munde ist, sondern weil es unser Anspruch an das Bildungssystem sein muss, Kinder zu mündigen Bürgern der Zukunft auszubilden. Und dazu gehört fast schon zwingend der Umgang mit digitalen Geräten, Inhalten, Tools und Kompetenzen. Das ist das Handwerkszeug der Zukunft. Das ist die Lebens- und Arbeitsrealität von morgen. Und die muss in der Schule abgebildet werden.

Jetzt wäre es doch ein Leichtes, für die Wartung von WLAN und Geräten eine System-Administrator-Allianz zu gründen. Unternehmen ab einer gewissen Größe verleihen Systemadministrator*innen freiwillig für mindestens einen Tag im Monat an eine Schule in der Umgebung.

In einer Sprechstunde für Lehrkräfte können technische Probleme besprochen und gelöst werden. In einem nächsten Schritt wird es dann einen Pool an technischen »Hausmeister*innen« geben, die mehrere Schulen betreuen.

Denn – und das dürfte inzwischen klar sein: Verlässliches WLAN wird in Schulen so wichtig sein wie die Deckenbeleuchtung und der saubere Schulhof.

In den Bildungseinrichtungen des Neuen Landes braucht es ein Selbstverständnis vom Zusammenspiel analoger und digitaler Bildung.

Das wiederum sorgt für ein Selbstverständnis bei den Schüler*innen, sich für Zukunftsaufgaben zu begeistern – und Zukunft zu gestalten. Also genau das, was Bildung schon immer geleistet hat. Und weiterhin leisten muss. ●

PEPPER ME

PFLEGEROBOTER – EINE ANNÄHERUNG AUS ETHISCHER PERSPEKTIVE

1. ROBOTER IN DER PFLEGE: EINE KURZE VORGESCHICHTE

Mit der Digitalisierung der Gesundheitsversorgung und anderer Lebensbereiche werden Roboter und KI-basierte Assistenzsysteme zunehmend Teil der Routineversorgung pflegebedürftiger Menschen. Bemerkenswerterweise kommt der Begriff der Robotik aus der frühen Science-Fiction-Literatur. *R.U.R. – Rossum's Universal Robots* lautete der Titel des vor ziemlich genau hundert Jahren erschienenen Theaterstücks des renommierten tschechischen Schriftstellers Karel Čapek. Ein Unternehmen stellt künstliche Menschen her und verwendet sie als Arbeitskräfte. Die Roboter rebellieren jedoch und vernichten schließlich die Menschheit. Die Erfindung des Begriffs wird Karels Bruder Josef zugeschrieben und geht auf das tschechische »robota« – harte Arbeit, Zwangsarbeit – zurück. Das Stück wurde innerhalb weniger Jahre in viele Sprachen übersetzt, verfilmt und später, wie auch andere Werke von Čapek, als Oper vertont.[1]

Die Idee des Roboters, vom Menschen erfunden und hergestellt, ihm eine Zeit lang dienend und sich dann gegen ihn wendend, wurde im letzten Jahrhundert intensiv rezipiert. Sie erinnert an die frühmittelalterliche jüdische Legende vom Golem, ein von Weisen aus Lehm gebildetes menschenähnliches Wesen von erstaunlicher Kraft und

---

1   Vgl. https://czechfriends.net/images/RobotsMargoliusJul2017.pdf, zuletzt aufgerufen am 24. August 2020.

Größe, welches Aufträge ausführen kann.[2] Aber auch Parallelen zu Mary Shelleys *Frankenstein oder Der moderne Prometheus* sind unverkennbar.[3]

Autoren wie Isaac Asimov haben sich in der Folge dezidiert von dem als langweilig empfundenen »Frankensteinmuster« verabschiedet. In der bekannten Erzählung *Runaround* (1942) präsentiert Asimov die »Drei Gesetze der Robotik«, die er in der Sammlung *I, Robot* (1950) weiter ausführt. Die Gesetze besagen, dass 1) ein Roboter keinen Menschen verletzen oder durch Untätigkeit zu Schaden kommen lassen darf; 2) ein Roboter den Befehlen eines Menschen gehorchen muss, es sei denn, solche Befehle stünden im Widerspruch zum ersten Gesetz; 3) ein Roboter seine eigene Existenz schützen muss, solange dieser Schutz nicht dem Ersten oder Zweiten Gesetz widerspricht. Interessanterweise hat Asimov später noch ein – von einem fiktiven Roboter formuliertes – »Nulltes Gesetz« hinzugefügt, welches fordert, dass ein Roboter nicht durch seine Untätigkeit gestatten darf, dass die Menschheit zu Schaden kommt; dieses Gesetz darf durch die anderen Gesetze nicht verletzt werden.[4] Dieses Gesetz verändert die Asimov'sche Mensch-Roboter-Beziehung in entscheidender Weise, denn nun sind Roboter aufgerufen, die Menschheit vor ihrer eigenen Unzulänglichkeit zu retten. Asimov hat übrigens auch Gesetze formuliert, die »Gesetze der Humanistik«, die Menschen zu einem pfleglichen Umgang mit Robotern anhalten.

Während Asimovs Roboter nicht in der Lage sind, eigenmächtig zu entscheiden, und kein eigenes Bewusstsein haben, spielt zeitgenössi-

---

2   Vgl. https://de.wikipedia.org/wiki/R.U.R.; https://de.wikipedia.org/wiki/Golem, zuletzt aufgerufen am 24. August 2020.

3   Marry Shelley: *Frankenstein oder Der moderne Prometheus – Die Urfassung 1818.* Manesse, München 2017.

4   Vgl. Isaac Asimov (1950). »*Runaround*«. *I, Robot* (The Isaac Asimov Collection ed.). New York City: Doubleday. https://de.wikipedia.org/wiki/Isaac_Asimov; zuletzt aufgerufen am 24. August 2020.

sche Prosa, wie zum Beispiel der Roman *Maschinen wie ich* von Ian McEwan,[5] mit der Frage, ob Roboter oder Humanoide nicht doch sehr viel mehr können, als wir ihnen zutrauen. McEwans »Adam« ist nicht nur ein guter, vielleicht sogar der bessere Liebhaber, er schreibt auch hervorragende Gedichte und verhindert, dass sein Eigentümer ihn per Notknopf ausschaltet. Adam lernt rasant, hat Gefühle und moralische Prinzipien, denen er auch noch folgt. Die Frage nach dem moralischen Status ist die logische Konsequenz: Ist es erlaubt, Adam zu vernichten? Sind Adam und seine Gefährten Menschen in so vielem überlegen, eine höhere Spezies, die uns Orientierung und Halt bieten könnte? So lässt sich in der fiktiven Literatur des 20. Jahrhunderts ein interessanter Entwicklungsstrang in der Wahrnehmung von Robotern als mensch-gemachte Monster hin zu uns womöglich auch in moralischer Hinsicht überlegenen Wesen ausmachen.

2. PFLEGEROBOTER: AKTUELLE NARRATIVE

In unserer Alltagswelt nehmen wir Roboter heute als von Computer-programmen gesteuerte Maschinen wahr, die in verschiedensten Bereichen eingesetzt werden. Sie können Menschen Arbeit abnehmen, die repetitiv mechanisch (zum Beispiel Industrieroboter oder Serviceroboter, etwa für das Staubsaugen oder Rasenmähen) oder gefährlich (zum Beispiel Erkundungsroboter oder Kampfroboter) ist. Weitere Anwendungsfelder betreffen die Unterhaltung (zum Beispiel Spielzeugroboter), die Medizin (zum Beispiel das Da-Vinci-Operationssystem) oder eben die Pflege.

Wichtige aktuelle Entwicklungen betreffen intelligente Roboter, die über verschiedene Sensoren verfügen und ihre Programmabläufe ge-

---

5 Ian McEwan: *Maschinen wie ich*. Zürich 2019.

messenen Veränderungen anpassen können. Humanoide Roboter haben ein menschliches Erscheinungsbild, was beispielsweise bei den nicht unumstrittenen Sexrobotern von großer Bedeutung ist. Sogenannte »Personal Robots« können sich einer Person anpassen, sie sind zunehmend lernfähig, mit Sensoren ausgerüstet, können auf äußere Reize reagieren, Daten speichern und über Schnittstellen mit Netzwerken oder anderen Maschinen interagieren.

Gerade in der Pflege, einem Bereich, der sich durch ein hohes Maß an interpersoneller, oft intimer Interaktion auszeichnet, rufen Roboter ambivalente emotionale Reaktionen hervor. Während wir den großen, bärenartigen Roboter Robear für das Heben und Tragen vielleicht »cool« und »faszinierend« finden und die haustierähnliche Pflegerobbe Paro als »irgendwie niedlich«, werden viele von uns doch zugleich diese Maschinen als etwas unheimlich empfinden. Diese Ambivalenz schlägt sich auch in der Rezeption dieser Innovationen nieder, die zumindest hierzulande oft verhalten bis kritisch ausfällt.[6]

Der Kontext, in den die aktuelle Diskussion um den Einsatz von Robotern in der Pflege fällt, ist durch einen drastischen Mangel an gut qualifizierten Pflegekräften gekennzeichnet, der durch den demografischen Wandel mit einem höheren Anteil an älteren und oft auch demenzkranken Menschen sowie eine geringere Verfügbarkeit an pflegenden Familienangehörigen noch akzentuiert wird.[7] Es überrascht daher nicht, dass Einsamkeit bei älteren Menschen, insbesondere in Pandemie-Zeiten, ein großes Thema ist.[8]

6 https://robots.ieee.org/robots/careobot/; https://www.flickr.com/photos/56242582@N05/811188 4323, zuletzt aufgerufen am 25. August 2020.

7 Vgl. z.B. https://www.zeit.de/wirtschaft/2018-04/fachkraeftemangel-altenpflege-deutschland-statistik, zuletzt aufgerufen am 25. August 2020.

8 Vgl. z.B. https://www.nhs.uk/conditions/stress-anxiety-depression/loneliness-in-older-people/; https://www.nytimes.com/2016/09/06/health/lonliness-aging-health-effects.html, zuletzt aufgerufen am 25. August 2020.

In dieser Situation lassen sich grob umrissen zwei Narrative hinsichtlich der Pflegeroboter unterscheiden: Das eine Narrativ verspricht sich von Robotertechnologien eine Entlastung von Pflegenden (zum Beispiel durch Unterstützung beim Heben) sowie von Angehörigen (zum Beispiel durch soziale Roboter) sowie insgesamt eine Rettung aus dem Pflegenotstand. Das zweite Narrativ hingegen betont mögliche negative Konsequenzen eines verstärkten Einsatzes von Pflegerobotern: Dabei geht es besonders um den befürchteten Ersatz zwischenmenschlicher Kontakte durch Mensch-Maschine-Interaktionen mit der Konsequenz einer weiteren Vereinsamung und Entfremdung Pflegebedürftiger sowie das Herausdrängen motivierter Pflegender aus der eigentlichen Pflegearbeit. Bevor diese Narrative auf ihren normativen Gehalt untersucht werden, lohnt es sich, einen Blick auf den Status quo der Robotik in der Pflege sowie auf Visionen für die künftige Entwicklung zu werfen.

3. STATUS QUO UND ZUKUNFTSVISIONEN

Es ist unbestritten, dass aus verschiedenen Gründen – Personalmangel, Ressourcenknappheit, überlastete Angehörige, mangelnde soziale Wertschätzung und Vergütung – aktuell eine signifikante Zahl von pflegebedürftigen Menschen unterversorgt ist. Dies betrifft sowohl die körperliche Pflege als auch die soziale Komponente. Doch selbst wenn die Anstrengungen, den Pflegeberuf attraktiver zu gestalten und mehr Pflegende auszubilden, greifen sollten, stellt sich die Frage, inwiefern Roboter eine sinnvolle Ergänzung zur menschlichen Pflege darstellen können.

Es ist also nicht überraschend, dass Robotik in der Pflege als Zukunfts- und Wachstumsmarkt gesehen wird, für den in den nächsten Jahrzehnten sicher eine Reihe von Innovationen zu erwarten ist.

Entsprechend intensiv ist der Wettbewerb bereits jetzt.[9] Dabei ist die Palette der Produkte relativ breit. Vom bewegungsunterstützenden Exoskelett bis zum Kuscheltier sind ganz unterschiedliche Roboter vertreten.

Pflegeroboter und Assistenzsysteme können ein breit gefächertes Spektrum an Funktionen hinsichtlich Gesundheit und der Bewältigung von Alltagsaufgaben abdecken: Sie können körperlich und geistig aktivieren (durch Erinnerungen, Ermunterungen oder das Angebot von Trainingsaufgaben), bei Bewegungsabläufen unterstützen, Aufgaben ausführen (zum Beispiel im Haushalt), Körperfunktionen oder Tätigkeiten überwachen, die Kommunikation (zum Beispiel über integrierte Videotelefonie) erleichtern oder als Begleiter dienen.[10] Entsprechend können Roboter und persönliche Assistenzsysteme ganz unterschiedlich aussehen – manche erinnern an Tiere oder Menschen, manche kommen in ganz abstrahierter Form daher (zum Beispiel ein intelligenter Lautsprecher oder ein Tablet). Eine »Virtual Support Person« zum Beispiel ist ein gestaltbarer Avatar, der nur auf einem Bildschirm zu sehen ist.[11] Häufig wird in der Entwicklung bewusst vermieden, Roboter zu menschenähnlich zu machen, um eine Verunsicherung der Nutzer zu vermeiden.

Die Pflegerobbe Paro, ein Roboter mit haustierähnlichem Verhalten, der besonders für die Aktivierung bei Demenzkranken entwickelt wurde, ist ein gutes Beispiel für eine Innovation im Roboterbereich, die zumindest in Europa zunächst mit großer Skepsis aufgenommen wurde. Als »unmoralisch« und »empörend« wurde der »Zuwendungs-

---

9   Vgl. z.B. https://roboticsbiz.com/top-seven-companion-and-social-robots-for-elderly-people/; https://medicalfuturist.com/the-top-12-social-companion-robots/, zuletzt aufgerufen am 25. August 2020.

10 Oliver Bendel (Hrsg.): *Pflegeroboter.* Wiesbaden 2018.

11 http://www.miraculous-life.eu/index.php/main-goal, zuletzt aufgerufen am 26. August 2020.

roboter« zurückgewiesen.[12] Der Roboter habe keine echten Gefühle und täusche die Menschen, was entwürdigend sei und die Nutzer infantilisiere. Nun hat aber der Mensch die Fähigkeit, sich einer Illusion hinzugeben und dabei zu gewinnen, zum Beispiel beim Besuch eines Theaterstücks. Auch ein simples Kuscheltier oder ein Bild können eine gewisse emotionale Hilfestellung bieten und über die Abwesenheit von Bezugspersonen hinwegtrösten. Solange das Ziel nicht im Ersatz, sondern in der Hilfestellung liegt, scheint die Verwendung von »companion robots« in dieser Hinsicht nicht grundsätzlich problematisch. Und in der Tat zeichnen erste Erfahrungen mit dem Einsatz in Deutschland ein positives Bild.[13]

Während manche Roboter primär auf physische Unterstützung abzielen[14] und andere Assistenzsysteme nur als »social bots« ohne physische Interaktion konzipiert sind,[15] gibt es eine Reihe von Robotern, die diese Funktionen kombinieren, darunter der am Fraunhofer-Institut entwickelte Care-O-bot[16] oder der aus einem Projekt des Bundesministeriums für Bildung und Forschung (BMBF) hervorgegangene soziale Roboter VIVA.[17] VIVA beispielsweise soll »durch eine lebensnahe und sympathische Interaktion ein positives Erlebnis und Vertrauen beim Nutzer« schaffen. »VIVA wird so zu einer aufmerksamen

---

12 https://www.welt.de/gesundheit/article13599509/Kuschelroboter-Paro-empoert-Ethiker.html; https://www.heise.de/tp/features/Die-Pflegerobbe-Paro-ein-unmoralisches-Angebot-3368674.html; https://www.wz.de/ratgeber/familie-und-jugend/sozialroboter-paro-ein-umstrittenes-kuscheltier_aid-30632401, zuletzt aufgerufen am 26. August 2020.

13 https://www.br.de/nachrichten/bayern/kuscheln-mit-der-roboter-robbe-paro,RoKLFxa, zuletzt aufgerufen am 26. August 2020.

14 Vgl. z.B. https://www.innovations-report.de/html/berichte/medizin-gesundheit/robear-robo-teddy-als-altenpfleger.html, zuletzt aufgerufen am 26. August 2020.

15 Vgl. z.B. den »ageing companion« ElliQ, https://elliq.com/, zuletzt aufgerufen am 26. August 2020.

16 https://robots.ieee.org/robots/careobot/, zuletzt aufgerufen am 26. August 2020.

17 https://www.technik-zum-menschen-bringen.de/projekte/viva, zuletzt aufgerufen am 26. August 2020.

empathischen Mitbewohnerin. Sie nimmt den Gemütszustand des Gegenübers wahr und reagiert einfühlsam darauf. VIVA kann ›Small-talk‹ und initiiert aktiv einen Dialog, um durch Nachfragen das Wohl-befinden zu steigern. Sie möchte die soziale Struktur des Nutzers kennenlernen und ermutigt dazu, diese zu pflegen.« Im BMBF-Projekt gab es frühzeitig einen Austausch von Ingenieuren und Ethikern, um den Roboter so zu gestalten, dass er den Menschen wirklich dienlich ist.[18] Bei Robotern und Assistenzsystemen heute handelt es sich nicht mehr nur um automatisierte Systeme, die einem vorgegebenen Hand-lungsablauf folgen (Input-Output-Schema), sondern um »selbstler-nende Systeme, die sich das Wissen für den besten Handlungsablauf selbständig aneignen, also induktiv lernen.« Das bedeutet jedoch auch, dass für den Menschen nicht immer vorhersehbar beziehungsweise nachvollziehbar ist, wie ein Roboter (re-)agiert und warum.[19]

Der wohl bekannteste humanoide Roboter ist Pepper, der nach sei-nem Launch in Japan, so wird berichtet, innerhalb von Minuten aus-verkauft war.[20] Der 120 Zentimeter große Pepper ist mit Sensoren, einer Kamera und einem neuronalen Netzwerk ausgestattet. Er kann, so die Berichterstattung, Gesichter erkennen und in 15 Sprachen kommuni-zieren. Durch Mimik, Gestik, Wortwahl und Lautstärke der Stimme Emotionen beim Gegenüber wahrnehmen und eigene entwickeln. Und seine Interaktion dem Gesichtsausdruck und den verbalen Reaktionen seines Gegenübers anpasssen. Was Pepper wahrnimmt und wie er re-agiert, ist über eine Plattform programmierbar, inzwischen kann aus

---

18 https://www.deutschlandfunk.de/technikethik-in-der-pflege-ein-roboter-zum-reden.886.de.
html?dram:article_id=448612, zuletzt aufgerufen am 26. August 2020.

19 Hans-Florian Zeilhofer/Sabina Heuss: »Roboter am Bett und Ärzte am Computer?«.
In: *Schweizerische Ärztezeitung* 2018, 99(47): 1670–1673.

20 https://edition.cnn.com/2015/06/22/tech/pepper-robot-sold-out/index.html, zuletzt aufgerufen
am 26. August 2020.

Hunderten Apps ausgewählt werden. Auf diese Weise kann der Roboter »personalisiert«, also den Bedürfnissen des Nutzers angepasst werden und anhand dessen Reaktionen lernen.

Roboter sind häufig in den Kontext eines übergreifenden Assistenzsystems, zum Beispiel eines mit weiteren oft miteinander vernetzten Sensoren und Steuerungselementen (zum Beispiel für Beleuchtung oder Raumtemperatur) ausgestatteten Smart Homes, eingebettet. Oft kommt eine Verbindung zu externen Dienstleistern wie einem ambulanten Pflegedienst, telemedizinischen Anbieter oder Sicherheitsunternehmen dazu. Beispiele hierfür sind mit Notrufzentralen vernetzte Rauchmelder oder Bewegungssensoren in der Wand oder im Boden, die registrieren, wenn der Bewohner gestürzt ist, und ein Signal an den ambulanten Pflegedienst übermitteln. Die Intention ist, älteren und pflegebedürftigen Menschen möglichst lange ein Leben in ihrer gewohnten Umgebung zu ermöglichen.[21] Dieses Feld wird auch unter dem Begriff der Geriatronik gefasst, der »Einsatz von Robotik, Mechatronik und Informationstechnik, hier insbesondere von maschineller Intelligenz und 3D-Technologie, in der Geriatrie, Gerontologie und in der medizinischen Versorgung älterer Menschen« mit dem expliziten Ziel des Erhalts und der Verbesserung eines selbstbestimmten Lebens im Alter.[22] In dieses neue Technologiefeld ist also bereits ein normativer Anspruch hineingewoben, der im Folgenden genauer betrachtet werden soll.

---

21 Vgl. z.B. http://www.aal-europe.eu/, zuletzt aufgerufen am 26. August 2020.

22 Vgl. z.B. https://geriatronics.msrm.tum.de/de/concept, zuletzt aufgerufen am 26. August 2020.

4. ETHISCHE RAHMENBEDINGUNGEN FÜR DEN EINSATZ VON PFLEGEROBOTERN

Pflegeroboter und Assistenzsysteme adressieren grundlegende menschliche Bedürfnisse, etwa nach Gesellschaft, Berührung, Unterstützung, Kommunikation. Ihr Einsatz kann durch Aktivierung, Stressreduktion durch Kontakt, Notruf und Ortung, Monitoring und frühe Diagnostik ohne Zweifel einen gesundheitlichen Nutzen bewirken. Zugleich zielen Disziplinen wie Robotik und Geriatronik darauf, mit ihren Entwicklungen Unabhängigkeit und Selbstbestimmtheit von fragilen und/ oder pflegebedürftigen Personen zu stärken. Auch kann die zwischenmenschliche Interaktion durchaus gefördert werden, zum Beispiel, indem Pflegende mehr Zeit für Kommunikation gewinnen, weil sie von anderen Aufgaben entlastet sind oder weil die Aktivierungsprogramme (zum Beispiel auf Seniorentablets) die Unterhaltung erleichtern und fördern (zum Beispiel durch gemeinsame computergestützte Spiele).

Jedoch kann der Einsatz von Pflegerobotern auch durch Observation und Gängelung (zum Beispiel durch Aufforderungen zu trinken, Gymnastik zu machen, die Medikamente einzunehmen) zu einem Verlust an Freiheit führen. Es können neue Abhängigkeiten entstehen, möglicherweise verbunden mit einem wahrgenommenen oder tatsächlichen Kontrollverlust, da das System für den Gepflegten nicht durchschaubar und beherrschbar scheint oder ist. Ein weiterer wichtiger Punkt betrifft die Daten, die gesammelt werden, von der Schlafdauer über die Pulsfrequenz, die angesehenen Filme bis hin zu Kameraaufnahmen. Diese Daten können unwissentlich gespeichert, weitergegeben, kommerzialisiert oder zu sonstigen Zwecken genutzt werden, denen die pflegebedürftige Person nicht zugestimmt hat. Es ist auch nicht ausgeschlossen, dass soziale Kontakte reduziert werden, da man den Betroffenen ja nun versorgt glaubt oder dieser selbst weniger

Wert auf zwischenmenschlichen Umgang legt. Schließlich kann vorgebracht werden, dass Pflegeroboter und Assistenzsysteme sowieso nur einer privilegierten Klientel vorbehalten bleiben werden. Pepper ist mit 20 000 Euro Anschaffungskosten in der Tat für viele nicht erschwinglich – auch wenn zu erwarten ist, dass die Preise mit der weiteren Verbreitung sinken werden.[23]

Beim Einsatz von Pflegerobotern sind verschiedene »schiefe Ebenen« vorstellbar: von Datensammlung und -weitergabe zum Wohle der pflegebedürftigen Person hin zum Ausspionieren und sonstigem Datenmissbrauch; von der gewünschten Aktivierung hin zu Manipulation und Zwang; von der hilfreichen Unterstützung in der Organisation und Bewältigung des Alltags hin zu Abhängigkeit und Unselbstständigkeit.

Die Rahmenbedingungen des Einsatzes von Pflegerobotern und Assistenzsystemen sind also von entscheidender Bedeutung. Allerdings sollte der Blick nicht alleine auf die pflegebedürftige Person gerichtet sein. Auch für Pflegende können Roboter sowohl Entlastung und Aufwertung des Berufsbilds als auch Verdrängung und Abwertung bedeuten. Und auf gesellschaftlicher Ebene können die Anstrengungen der Geriatronik in zweierlei Hinsicht interpretiert werden: »Für das Wohlbefinden unserer pflegebedürftigen Mitmenschen scheuen wir keine Investition und setzen unseren Erfindergeist daran, um innovative Lösungen zu finden« oder »Weil wir nicht genug Menschen finden können, die bereit sind, die mit der Tätigkeit verbundenen Mühen auf sich zu nehmen, versuchen wir es eben mit einer technischen Lösung«.

Je nachdem, wie gut es uns gelingt, den Robotereinsatz mit menschlicher Pflege zu integrieren und das Erleben aller Beteiligten zu

---

23 Noel Sharkey/Amanda Sharkey: »The rights and wrongs of robot care«. In: Patrick Lin/Keith Abney, George A. Bekey (Hrsg.): *Robot Ethics. The Ethical and Social Implications of Robotics.* Cambridge 2011, S. 267–282.

optimieren, werden wir uns ex post wohl die eine oder andere Interpretation zu eigen machen. Vorläufig lassen sich folgende Rahmenbedingungen skizzieren:[24]

- Die Sicherheit muss gewährleistet, Risiken müssen minimiert sein.
- Der Einsatz muss freiwillig, in keinem Fall jedoch gegen den Willen der pflegebedürftigen Person erfolgen (kein Monitoring ohne Kenntnis/Zustimmung, keine Verhaltensanweisungen ohne Zustimmung, kein Drängen oder Drohen).
- Ein Roboter soll als solcher erkennbar sein.
- Datenschutzstandards müssen gewährleistet sein.
- Kontinuierliches Monitoring von Nutzen und Schaden (Health Technology Assessment).
- Kein Crowding-out von menschlicher Zuwendung.
- Die Kosten – beziehungsweise deren Übernahme – sind so zu gestalten, dass möglichst viele pflegebedürftige Menschen Zugang haben können, falls ein Zusatznutzen klar erwiesen ist.
- Klärung von Haftungsfragen und Zuständigkeitsfragen im Falle eines technischen Versagens.

Die Erfüllung der Rahmenbedingungen ist nicht unmöglich, aber sehr anspruchsvoll aus mindestens drei Gründen: 1) Pflegebedürftige Menschen sind oft vulnerabel, bisweilen sogar in mehrfacher Hinsicht. Dies kann den technischen Informationsstand betreffen, eine körperliche Fragilität oder eine kognitive Beeinträchtigung oder auch eine

---

24 Regina Ammicht Quinn: »Zwischen Fürsorge und Kontrolle: Ethische Überlegungen zu Techniken für ein gutes Altern.« In: *EthikJournal*, 5. Jahrgang, 1. Ausgabe 2019, S. 1–20; Tijs Vandemeulebroucke/Bernadette Dierckx de Casterlé/Chris Gastmans: »The use of care robots in aged care: a systematic review of argument-based ethics literature«. In: *Archives of Gerontology and Geriatrics*, 2018, 74, S. 15–25; Deutscher Ethikrat: *Robotik für gute Pflege. Stellungnahme.* Berlin 2020.

Abhängigkeit von anderen Personen. All diese Faktoren führen dazu, dass pflegebedürftige Menschen oft weniger in der Lage sind, wirksam auf Missstände aufmerksam zu machen und ihre Rechte einzuklagen. 2) Pflegeroboter und weitere Assistenztechnologien finden ihren Einsatz im Spannungsfeld pflegebedürftige Menschen – Angehörige – Pflegende – Umfeld/Institution. Dadurch werden die Einschätzungen von Nutzen, Risiken und Belastungen komplex, da die Beurteilung je nach Perspektive unterschiedlich ausfallen kann. Auch hängt das Auftreten von Problemen oft auch entscheidend vom Zusammenspiel der verschiedenen Akteure ab. 3) Die Entwicklung von Pflegerobotern und Assistenzsystemen erfolgt in einem dynamischen Marktumfeld, in dem Profit ein entscheidender Faktor für die Weiterentwicklung einer Firma ist. Dies kann sich auf Prioritäten auswirken, von der Produktentwicklung über die Herstellung bis hin zum Vertrieb.

Es ist daher von besonderer Bedeutung, dass ethische, soziale und rechtliche Fragen bereits in der Entwicklungsphase berücksichtigt werden. Konzepte wie das »care-centered value sensitive design« können dabei hilfreich sein.[25] Roboter und Assistenzsysteme sollen schon gleich mit Blick auf die Frage entwickelt werden, wie sie bestmöglich zu guter Pflege beitragen können. Doch auch nach der Entwicklungsphase ist die kontinuierliche Begleitung durch nutzerorientierte Forschung und Reflexion von zentraler Bedeutung, um den notwendigen Lernprozess zu ermöglichen. Dazu sind insbesondere auch empirische Studien erforderlich, die die Erfahrungen der Anwender und die Perspektiven weiterer involvierter Akteure (etwa der Angehörigen) erheben und für künftige Verbesserungen nutzbar machen.

---

25 Aimee van Wynsberghe: »Designing care robots for care: care centered value-sensitive design«. In: *Science and Engineering Ethics*, 2013, 19 (2), S. 407–433.

5. AUSBLICK

Die ethische Dimension der Entwicklung und des Einsatzes von Pflegerobotern ist nicht nur aufgrund der hohen Dynamik der technischen Innovation so faszinierend, sondern auch, weil Erfolg und Misserfolg beide möglich scheinen: Werden Roboter zu mehr oder weniger Selbstbestimmung im Alter führen? Wird die Qualität der Pflege insgesamt besser oder schlechter werden? Um Antworten auf diese Fragen zu erhalten, müssen wir den Blick nicht allein auf die Roboter, sondern auf die Mensch-Maschine-Interaktion richten.

Hier schließen sich weitere Fragen an: Werden Roboter auch in Zukunft nur ein unvollkommener Ersatz für die zwischenmenschliche Beziehung bleiben? Wird der Kompromiss, auf den wir uns nur allzu schnell einigen können – Roboter sollen uns assistieren, uns aber nicht ersetzen –, irgendwann brüchig werden? Werden Roboter Menschen auch in der Pflege und der Zuwendung »outperformen«, wie sie das bereits in manchen diagnostischen Aufgaben tun?[26] Wie real können virtuelle Emotionen sein?[27] Wie würde sich die Beziehung zu einem personalisierten Begleiter gestalten, der mich von Geburt an »kennt« und mehr Daten über mich hat als irgendein Mensch?

Es ist ohne Weiteres denkbar, dass manche Menschen die Gegenwart eines Roboters der eines anderen Menschen vorziehen. Möglicherweise werden, wenn Roboter als Helfer und Gefährten weiter verbreitet sind, menschliche Interaktionen entbehrlicher, sodass eine größere Unabhängigkeit von zwischenmenschlichen Beziehungen entsteht. Vielleicht werden wir statt der Alternative »Mensch oder Roboter«

---

26 Nikola Biller-Andorno/Armin Biller: »Algorithm-Aided Prediction of Patient Preferences –
An Ethics Sneak Peek«. In: *The New England Journal of Medicine*, 2019, 381(15), S. 1480–1485.

27 https://www.nzz.ch/zuerich/pflegeroboter-das-sagt-die-ethikprofessorin-ld.1496283,
zuletzt aufgerufen am 27. August 2020.

auch eine Konvergenz von Mensch, Sensoren, Robotern, wirklichen und virtuellen Umgebungen sehen, eine Art umfassendes Internet, das Geräte und Menschen einschließt. Die Akzeptanz einer solchen Vision mag sich innerhalb weniger Generationen drastisch verändern.

Welche Zukunftsszenarien wir auch immer projizieren, Pflegeroboter und Assistenzsysteme sind in jedem Fall eine hervorragende Gelegenheit, über unsere Erwartungen an gute Pflege nachzudenken.[28] Um die künftigen Entwicklungen diesen Erwartungen möglichst anzunähern, brauchen wir hinsichtlich der technologischen Innovationen ein wertsensitives, nutzerorientiertes, partizipatives Design, permanente Qualitätssicherung, umfassende Begleitforschung auch in ethischer Hinsicht sowie grundsätzliche kulturelle Reflexionen und gesellschaftliche Debatten. Die bisherigen Überlegungen können in dieser Hinsicht nur ein Anfang sein. ●

---

28 Mark Coeckelbergh: »Health care, capabilities, and AI assistive technologies«. In: *Ethical Theory and Moral Practice*, 2010, 13 (2), S. 181–190.

SELBST IST DIE PFLEGE

WIE DIE PFLEGEBRANCHE SELBSTBEWUSST IN DIE ZUKUNFT STARTEN KANN

Frau Halletz, hierzulande arbeiten mit einer Million Beschäftigten mehr Menschen in der Pflege als beispielsweise in der Automobilindustrie. Wie ist es um die Pflege bestellt? Wie ist der Status quo, und was sind die größten Herausforderungen?

Die vergangenen Monate stellten die gesamte Branche natürlich vor ganz besondere Herausforderungen. Von der Schließung ganzer Pflegeeinrichtungen bis hin zu Kontaktverboten zwischen Patienten und Angehörigen. Dazu der starke Druck auf die Mitarbeiter, die sich auch in ihrem Privatleben einschränken mussten, um sich möglichst nicht mit dem Virus anzustecken und dadurch Kollegen und Patienten zu gefährden. Die Notwendigkeit, von jetzt auf gleich genügend Schutzkleidung zu beschaffen – hier gab es lange kein koordiniertes Vorgehen. Sowie die ständigen neuen staatlichen Vorgaben, die es möglichst schnell umzusetzen galt.

Wenn wir etwas aus dieser Zeit mitnehmen wollen, dann ist es sicherlich die Erkenntnis, wie wichtig und systemrelevant eine funktionierende Pflege für unsere Gesellschaft ist. Nicht nur für betroffene Menschen und deren Familien, die sich darauf verlassen müssen, dass die Versorgung ambulant und stationär sichergestellt ist. Sondern beispielsweise auch für die Wirtschaft: Wer seine Angehörigen selbst pflegen muss, weil nicht genügend professionelle Kräfte zur Verfügung stehen, kann nicht gleichzeitig mit vollem Einsatz arbeiten.

Grundvoraussetzungen für eine funktionierende Pflege sind aus meiner Sicht zum einen ein höheres Maß an Selbstwirksamkeit, die

Pflege muss sich aus dem Inneren, aus der Profession heraus, weiterentwickeln dürfen. Zum anderen ein gesamtgesellschaftlicher Dialog darüber, wie wir eine nachhaltige und innovative Pflege zukünftig gewährleisten wollen – wie Sie anfangs richtig gesagt haben, arbeiten derzeit eine Million Menschen in der Pflege, in 30 Jahren werden wir voraussichtlich zwei Millionen Arbeitskräfte brauchen.

Wie kommen Sie zu dieser Einschätzung?

Das Statistische Bundesamt gibt seit 1999 alle zwei Jahre eine Pflegestatistik heraus. Die letzte erschien Mitte Dezember 2018. Demnach gab es 2017 in Deutschland 3,4 Millionen Pflegebedürftige. Mit zunehmendem Alter steigt die Bedürftigkeit. Während es bei den 70- bis unter 75-Jährigen »nur« jeden Zwanzigsten traf, lag die Quote bei den 85- bis unter 90-Jährigen bei 44 und bei den über 90-Jährigen bei 71 Prozent. Angesichts unserer demografischen Entwicklung gehen Hochrechnungen davon aus, dass sich die Zahl der Pflegebedürftigen bis 2050 verdoppeln wird – und damit auch die Zahl der benötigten Pflegekräfte.

Natürlich: Prognosen sind Prognosen – und hängen unter anderem davon ab, wie sich gesetzliche Rahmenbedingungen verändern: Wer gilt hierzulande als »pflegebedürftig« und hat somit das Recht, Leistungen in Anspruch zu nehmen? So ist die Zunahme der Pflegebedürftigen von 2015 zu 2017 um ganze 19 Prozent hauptsächlich dadurch zu erklären, dass die Bundesregierung im Januar 2017 den Begriff der Pflegebedürftigkeit weiter gefasst und auch Menschen, die an demenziellen oder anderen mentalen Krankheiten leiden, in das Pflegesystem integriert hat.

Seit Jahren fordern Experten eine Akademisierung der Pflege. Wie sieht es damit aus, und ist sie der richtige Weg?

Unbedingt. Die Anforderungen an die Pflege werden immer komplexer und anspruchsvoller: Pflegekräfte haben es zunehmend mit Patienten mit gerontopsychiatrischen Erkrankungen zu tun, ausgeprägter Vulnerabilität oder Multimorbidität. Insofern sind wissenschaftliche Erkenntnisse, die Pflegehandlungen legitimieren, immens wichtig. Und es braucht Kräfte, die nach ihrem Studium diese wissenschaftlichen Erkenntnisse in die verschiedenen Einrichtungen und Dienste transferieren und dort auch umsetzen, Routinen kritisch hinterfragen und Verbesserungen vorantreiben.

Wie wichtig solche koordinierenden Schnittstellen zwischen Gesundheitspersonal und Ärzten sind und wie oft sie doch fehlen, konnten wir sehr deutlich in der Hochphase von Corona sehen. Fast täglich mussten neben der täglichen Arbeit neue Entscheidungen getroffen werden: Wo eine Isolierstation errichten? Wie mit Patienten umgehen, die aus dem Krankenhaus oder neu in eine stationäre Pflegeeinrichtung kommen und sich möglicherweise mit dem Virus angesteckt haben? Welche Unterstützung Demenzerkrankten zukommen lassen, die nur schwer verstehen können, warum sie in ihrem Zimmer bleiben müssen? Entsprechen wir den Vorgaben, welche sind für uns überhaupt relevant, in welchen Bereichen besteht Handlungsbedarf?

Die Dringlichkeit ist inzwischen auch in der Politik angekommen, und sie hat mit dem Pflegeberufereformgesetz den Weg frei gemacht für ein primärqualifizierendes Studium mit dem Abschluss zur Pflegefachfrau beziehungsweise zum Pflegefachmann. Der Start könnte kraftvoller sein, nur wenige Hoch- und Fachhochschulen bieten die neuen primärqualifizierenden Pflege-Studiengänge bislang an, doch es geht voran.

WIR BENÖTIGEN AUF ALLEN EBENEN MEHR QUALIFIZIERUNGS-MÖGLICHKEITEN, EINE HÖHERE DURCHLÄSSIGKEIT UND EIN AUFBRECHEN DER TRADIERTEN PFLEGERISCHEN UND MEDIZINISCHEN BERUFE.

Gibt es Erkenntnisse aus anderen Ländern, inwiefern eine stärkere Akademisierung die Pflege verbessert?

Ein höherer Akademisierungsgrad der Pflege geht oft einher mit einer höheren Digitalisierung der Pflege. So sind beispielsweise in Schweden Telemedizin und Telepflege selbstverständlicher als hierzulande. Pflegebedürftige Menschen, die zu Hause leben, können ihre Gesundheitswerte über den Computer eingeben und sie via Liveschalte mit einem Arzt oder Pfleger tagtäglich oder wöchentlich besprechen. Auch hier hat Corona gezeigt, wie wichtig und hilfreich eine schnelle fachliche Beratung auf Distanz gewesen wäre. Von jetzt auf gleich ist beispielsweise die Tagespflege weggebrochen, und Familien mussten sich um die Pflege ihrer Angehörigen ganz alleine kümmern – eine enorm belastende Situation, verbunden mit viel Unsicherheit und Angst.

Es gibt aber auch Kritik an der Akademisierung ...

Das ist richtig. Einer der häufigsten Einwände: Wir haben doch noch gar keine Berufsbilder für die Absolventen, wie und wo sollen wir sie einsetzen? Ich denke, da muss die Pflege selbst einen Schritt nach vorne wagen. Neue Jobprofile und neue Einsatzbereiche definieren und entwickeln, Karriereperspektiven aufzeigen und ermöglichen. Letztlich gilt das aber für die gesamte Branche. Vom studierten Pflegefachmann bis hin zur ungelernten Pflegehilfskraft: Wir benötigen auf allen Ebenen mehr Qualifizierungsmöglichkeiten, eine höhere Durchlässigkeit und ein Aufbrechen der tradierten pflegerischen und medizinischen Berufe. So haben wir in Deutschland beispielsweise mehr als 300 000 Altenpflegerhelfer und -helferinnen, die zum Teil seit vielen Jahren im Beruf tätig sind, aber aufgrund familiärer Verpflichtungen oder fehlender Schulabschlüsse keine dreijährige Fachkraftausbildung in Vollzeit absolvieren können. Ein bundesweit anerkanntes Verfahren zur Teilqualifizierung oder auch Weiterbildungsmöglichkeiten in Teilzeit wären ein wichtiger Schritt, um diese Kräfte systematisch zu professionalisieren, ihre Arbeit aufzuwerten und ihnen attraktive Berufsperspektiven anbieten zu können.

Letztlich natürlich alles auch eine Frage der Finanzierung ...

Richtig. Diese Diskussion müssen wir endlich führen. Wir dürfen uns nicht länger um die Frage drücken, wie gute, nachhaltige Pflege künftig finanziert werden soll, ohne die Pflegebedürftigen, Angehörigen oder auch die junge Generation finanziell immer stärker zu belasten, indem Beitragssätze und Zuzahlungen kontinuierlich erhöht werden – schon heute gibt es Regionen, in denen ein Heimplatz 4000 Euro im Monat kostet – oder auf eiserne Reserven zurückgegriffen wird. Erst kürzlich kam die Meldung, dass der Gesundheitsfonds in seinen Rücklagen so gut wie erschöpft und auf weitere Steuerzuschüsse vom Bund angewiesen ist. Hier einen zukunftsfähigeren Weg einzuschlagen ist – wie bereits gesagt – nicht die alleinige Aufgabe des Gesundheitsministeriums. Auch die Wirtschaft ist davon abhängig, wie professionell und zuverlässig Pflege hierzulande organisiert ist. Insofern brauchen wir einen offenen fach- und ressortübergreifenden Dialog.

Natürlich: Auch wenn es viele Ideen gibt – von Steuerzuschüssen über Bürgerversicherung und private Vorsorge bis hin zur Senkung der Beitragsbemessungsgrenze für Pflegekräfte –, die Frage nach der Finanzierung werden wir nicht in wenigen Monaten lösen. Der Entscheidung zur Etablierung einer Pflegeversicherung Mitte der 90er-Jahre gingen ganze 20 Jahre Diskussion voraus. Doch so lange haben wir definitiv nicht mehr Zeit.

Wir würden gerne auch über das Thema »Rekrutierung von Pflegekräften aus dem Ausland« sprechen. Welche Rolle spielt

sie aktuell und in Zukunft? Wie einfach oder wie schwierig gestaltet sie sich?

Vergleicht man allein die Zahl an offenen Stellen mit der Zahl an arbeitslos gemeldeten Pflegekräften, erhalten wir ein Delta von über 12 000 offenen Stellen, die nicht besetzt werden können. Insofern sind wir auf den Zuzug von Pflegefachkräften aus dem Ausland angewiesen. Schon allein um die gesetzlichen Vorgaben einzuhalten, die die Personalstärke in den Einrichtungen klar definieren. Ich sehe darüber hinaus aber auch eine große Chance und Bereicherung: Deutschland ist ein zunehmend multikulturelles Land mit Zuwanderungswellen nicht erst seit ein paar Jahren, sondern auch schon in den Siebzigern und Achtzigern. Die pflegebedürftigen Menschen profitieren von Pflegekräften, die nicht nur Deutsch mit ihnen sprechen, sondern auch in der Sprache ihres eigentlichen Herkunftslandes – besonders wenn Patienten durch Demenzerkrankungen ihr Kurzzeitgedächtnis verlieren und in die Zeit ihrer Jugend und Kindheit zurückgleiten. Darüber hinaus gibt es auch spannende Entwicklungen, wenn beispielsweise Pflegefachkräfte aus China in deutsche Einrichtungen kommen und sowohl die Kollegen als auch die Bewohner im Umgang mit Tablets schulen.

Leider gestaltet sich die Rekrutierung nach wie vor schwierig, vor allem aus Drittländern. Von der Anwerbung bis zum tatsächlichen Einsatz als anerkannte Pflegefachkraft vergehen bis zu 18 Monate und mehr. Aufgrund der föderalen Strukturen fehlen in Deutschland einheitliche Verfahren und transparente Entscheidungsprozesse, sowohl bei der Anerkennung ausländischer Abschlüsse aus Drittstaaten als auch bei der Erteilung von Aufenthalts- und Arbeitsgenehmigungen. Hinzu kommen noch individuelle Beurteilungen der jeweils zuständigen Sachbearbeiter beziehungsweise Stellen. Das am 1. März 2020 in Kraft getretene Fachkräfteeinwanderungsgesetz will die Einwanderung einheitlicher und transparenter gestalten. Das ist sehr gut, allerdings führen einige

Regelungen eher zur Verschlimmbesserung des ohnehin komplizierten Zuwanderungsprozesses. Ich denke: Wenn wir auch weiterhin Pflegekräfte aus dem Ausland rekrutieren möchten, muss unser Land attraktiver werden und eine Kultur entwickeln, die wirklich willkommen heißt – zumal Deutschland nicht der Nabel der Welt ist. Pflegekräfte aus dem Ausland haben oft eine akademische Ausbildung durchlaufen und entscheiden sich letztlich für das Land, das ihnen das beste Angebot macht.

Die Rekrutierung von Arbeitskräften aus dem Ausland wirft immer auch die Frage auf, welche Problematiken sich dadurch für die Herkunftsländer ergeben ...

Sicher. Das ist ein sehr wichtiger Punkt, mit dem sich auch die Bundesarbeitsgemeinschaft »Ausländische Pflegekräfte« auseinandersetzt: Wie kann eine Rekrutierung nachhaltig organisiert werden, indem Deutschland nicht nur Personal aus der EU oder Drittländern abzieht, sondern gleichzeitig auch Projekte aufsetzt, die für Wissensaufbau und Wissenstransfer stehen. Hier können wir sicherlich von anderen Branchen lernen. Wir sollten aber auch sehen, dass die ausländischen Pflegekräfte mit ihrem Gehalt oft auch ihre Familien daheim unterstützen – Erhebungen zufolge fließt bis zu einem Drittel der Einnahmen in die Heimatländer zurück. Zudem bilden Länder wie die Philippinen, Vietnam, Ägypten oder Indien über Bedarf für den ausländischen Markt aus. Allerdings schreibt die Weltgesundheitsorganisation WHO ganz klar vor, aus welchen Ländern kein Personal abgezogen werden darf, um die medizinische und pflegerische Versorgung der dortigen Bevölkerung nicht zu gefährden.

Das Stichwort »Digitalisierung« ist schon gefallen. Hat die digitale Technik die Pflege bereits erfasst? Inwieweit werden

Roboter beziehungsweise Assistenzsysteme im Pflegealltag eingesetzt? Und wie sieht es mit der Akzeptanz aus?

Obwohl die Pflegebranche gerade in der Corona-Zeit gezeigt hat, wie schnell sie sich anpassen kann, wie agil und flexibel sie ist, hinkt sie in puncto »Digitalisierung« doch noch stark hinterher. Nicht nur weil es Vorbehalte gibt: zu kompliziert, zu zeitaufwendig, nicht nötig. Sondern auch weil Einrichtungen für die Kosten oft selbst aufkommen müssen, besonders wenn es um Assistenzsysteme zum Heben, Drehen und Tragen geht oder Überwachungs- und Alarmsysteme. Das ist sehr schade, denn sie könnten nicht nur Patienten eine gewisse Autonomie verschaffen, sondern auch Pflegekräfte körperlich und mental entlasten. Zum Beispiel durch sensorgestützte Bodensysteme, die nächtliches Stürzen aus dem Bett oder auf dem Weg ins Bad registrieren und Alarm auslösen. Erinnerungssysteme, die Menschen sowohl in Heimen als auch zu Hause auffordern, zu trinken, zu essen, Medikamente einzunehmen, und die Einnahme dann auch dokumentieren. Oder Ortungssysteme, die aufzeichnen, wann Pflegebedürftige ein bestimmtes Areal verlassen und wohin sie gehen – gerade bei Demenzerkrankten mit hohem Bewegungsdrang kann das sehr wichtig sein. Natürlich müssen wir hier die Frage nach der Datensicherheit stellen und ethische Aspekte mitbedenken: Wo liegen die Grenzen, was sollen solche Systeme leisten dürfen, was nicht?

Doch ich bin zuversichtlich. Vor allem während des Lockdowns, aber auch danach haben Pflegekräfte erkannt, dass der Einsatz von Technik viele Aspekte der Pflege erleichtern kann. Sei es für die schnelle Kommunikation mit Patienten und Apotheken. Sei es für die Dokumentation über Spracherkennung gleich während des Pflegeprozesses, da man Tastaturen oder Displays möglichst nicht anfassen sollte. Jetzt gilt es, die positiven Erfahrungen aus der Krisenzeit zu nutzen und in den Regelbetrieb einfließen zu lassen. Auch hier könnten Pflegefachkräfte mit akademischer Ausbildung eine wichtige Rolle spielen, um die Einsatzmöglichkeiten für ihre jeweilige Einrichtung zu eruieren: Was macht Sinn, was macht keinen Sinn? Die Akzeptanz zu erhöhen. Und nicht zuletzt die Arbeit gerade für junge Nachwuchskräfte zeitgemäßer und somit auch attraktiver und spannender zu gestalten.

Ganz wichtig wird der Einsatz von digitaler Technik auch für ländliche und strukturschwache Regionen werden. Dort zeichnet sich der Fachkräftemangel besonders dramatisch ab – nicht nur an Pflegekräften, sondern auch an Ärzten und Fachärzten.

Zum Abschluss: Was wünschen Sie sich für die Zukunft?

Die Pflegebranche hat in den vergangenen Monaten enorm viel geleistet. Jetzt wünsche ich mir, dass wir diese Erfahrung, all die Wertschätzung und Anerkennung dafür nutzen, gestärkt aus dieser Krise hervorzugehen. Und uns nicht wie bisher eher kleinmachen, jammern und wieder in einer vermeintlichen Perspektivlosigkeit versinken.

Noch nie wurde so viel fach- und sektorenübergreifend miteinander kommuniziert: Pflegeeinrichtungen, Hausärzte, Apotheken, Krankenkassen, Kommunen, auch Behörden und Ministerien auf Landes- und Bundesebene. Noch nie wurden Dinge so schnell beschlossen und umgesetzt, selbst gesetzgeberisch. Diese multiprofessionelle Vernetzung und Zusammenarbeit, diesen Tatendrang müssen wir mitnehmen in die Nach-Corona-Zeit. Nicht nur um die angesprochenen Herausforderungen zu meistern: von der Finanzierung über die Akademisierung bis hin zur Digitalisierung. Sondern auch um selbstbewusst die Zukunft der Pflege mitzugestalten und ein großes Stück weit neu zu erfinden. Ganz im Sinne des Dalai-Lama, der einmal sagte: »Jede schwierige Situation, die du jetzt meisterst, bleibt dir in Zukunft erspart.« ●

KOMPLIKATIONSLOS DURCHTUNNELN

WIE DER FÖDERALISMUS ZUKUNFTSFÄHIG WIRD

Viele Jahrhunderte bestand Deutschland aus vielen souveränen Klein- und Kleinststaaten mit jeweils eigenen hierarchischen Herrschafts- strukturen. Dieses föderale Organisationsprinzip fand seine Fortsetzung im Rheinbund von 1806 und dem Deutschen Bund von 1815. Das Deutsche Reich von 1871 und auch die Weimarer Republik waren bundesstaatlich verfasst – und nach dem Zweiten Weltkrieg knüpften die drei westdeutschen Besatzungszonen an die föderale Tradition an. Im Jahre 1949 entstand die Bundesrepublik Deutschland als eine Gründung der Länder. Daraus folgt: Die Länder sind keine unterge- ordneten Verwaltungseinheiten, sie bilden gemeinsam den Bund.

Die föderale Ordnung bietet für die Bürger größtmöglichen Frei- raum, sich an der politischen Gestaltung der Gemeinden, Kreise und Länder zu beteiligen. Sie stärkt die integrative Kraft des ganzen Ge- meinwesens und den Wunsch nach eigenem Engagement. Der Bürger wird in die Problemlösung vor Ort einbezogen und kann somit seine unmittelbare gesellschaftliche Umgebung mitgestalten. Das stärkt den regionalen Zusammenhalt, und man übt sich in der Akzeptanz verschie- dener politischer Richtungen und Meinungen – wobei der machbare Kompromiss stets im Vordergrund stehen sollte.

Im politischen Geschehen stehen die Länder miteinander im Wett- bewerb um die beste Lösung wirtschaftlicher, politischer und gesell- schaftlicher Probleme. Zugleich sind sie aber zu Kooperation und In- tegration als Grundlage jeglichen solidarischen staatlichen Handelns verpflichtet, um das Gemeinwohl der Bundesrepublik Deutschland zu fördern. Doch genau hier beginnt der Spagat des politischen Handelns, denn viele staatliche Aufgaben müssen von Bund und Ländern gemeinsam geregelt werden. Beide Seiten sind in vielen Bereichen rechtlich und politisch aufeinander angewiesen, wie wir in der Corona-Krise deutlich sehen. Auf der einen Seite mäßigt der Föderalismus die politische Zentralgewalt des Bundes, andererseits erweist er sich bei übergeordneten Zielstellungen, die Gesamtdeutschland betreffen, als hemmend. Deshalb bedarf es nach meiner Auffassung in vielen Bereichen der Politik wie in der Bildung, bei der Gesundheit, bei polizeilichen Ermittlungen, bei der Flüchtlingsintegration neuer Instrumente der Zusammenarbeit, die die Ländergrenzen durchlässiger machen. Als Physikerin sage ich: Die Grenzen müssen »komplikationslos durchtunnelt« werden, um mehr gemeinsames Agieren zu ermöglichen.

Ich möchte an dieser Stelle ausdrücklich betonen, dass ich die Vorzüge des Föderalismus besonders zu schätzen weiß, da ich 40 Jahre meines Lebens in der DDR gelebt habe, einem Zentralstaat, der von Berlin aus regiert wurde. Politische, wirtschaftliche, gesellschaftliche Entscheidungen erfolgten zentral, ebenso die Finanzverteilung. Der Aufbau der sozialistischen Gesellschaftsordnung war das übergeordnete Ziel, entsprechende Maßnahmen wurden zentral angeordnet und in den Bezirksverwaltungen umgesetzt. Die Ideologisierung des Lebens und der politische Druck führten zur Passivität der Bevölkerung und zum Rückzug in die Familie. Dennoch bewahrten wir uns unseren Sinn für regionale Identität. Dieses starke regionale Bewusstsein der Menschen hat den Verlauf der friedlichen Revolution 1989/90 entscheidend beeinflusst, nicht zuletzt, weil bereits sehr früh der Ruf nach Wiederherstellung der Länder aufkam. Mit der Gründung der neuen Länder haben die Demonstranten zugleich ihre Hoffnung auf eine neue, bürgernahe Politik verbunden. Der Prozess der aktiven Beteiligung wurde mit Enthusiasmus aufgenommen, wenn auch die bürokratischen Details der bundesdeutschen Ordnung als verbesserungswürdig empfunden wurden, so wie wir es heute bei der Corona-Krise ebenfalls verspüren. Politisches Handeln ist nur im Konsens zwischen Bund und Ländern möglich. Bund und Länder müssen in strittigen Fragen aufeinander zugehen und einen für alle annehmbaren Kompromiss suchen. Die föderale Ordnung lebt also vom beständigen Dialog zwischen den politikgestaltenden Kräften in unserem Land und deren Fähigkeit, die gefundenen Kompromisse mit Leben zu erfüllen. Das fordert und fördert Interessenausgleich, Wettbewerb und gesamtstaatliche Solidarität, braucht aber in der Gegenwart oft zu viel Zeit.

1. FÖDERALISMUS UND BILDUNGSPOLITIK

Die PISA-Studie hat im Jahr 2002 den deutschen Schulen ein durchschnittliches bis schlechtes Zeugnis ausgestellt, das sich nach vielen Anstrengungen in den vergangenen Jahren etwas verbessert hat, aber die gravierenden Bildungsunterschiede zwischen Bayern und Bremen oder Thüringen und Nordrhein-Westfalen setzen sich fort.

Der Föderalismus bietet die Chance, durch Wettbewerb die Suche nach der besseren Lösung zu befördern, er wirkt Uniformität entgegen. Aber er fördert auch nur das Experiment im kleinen Rahmen; die Länder können für ihre jeweiligen Probleme Ideen entwickeln und regionale Lösungen erproben.

Das ist durch unzählige Schulversuche auf Länderebene immer wieder versucht worden, aber es fehlt eine unabhängige wissenschaftsgeleitete Bewertung der Ergebnisse der einzelnen vielfältigen Projekte. Stattdessen werden Grabenkämpfe der Parteien über Schulformen seit Jahren geführt, und mit Regierungswechseln erfolgen neue Schulversuche. Deshalb kann die PISA-Studie, die 2002 zu einem Aufschrei über das schlechte Abschneiden Deutschlands und die großen Unterschiede in der Bewertung zwischen den Bundesländern geführt hat, bis heute eine nur schleppende Verbesserung der Bildungsqualität verzeichnen. Das Gleiche gilt für die Ausbildung der Lehrer, die ebenfalls in der Länderhoheit liegt. Auch hier gibt es viele Modellversuche in den Ländern, aber keine unabhängige gesamtstaatliche Auswertung über die Qualität der verschiedenen Angebote. Für mich bedeutet das, die Rahmenbedingungen für den Wettbewerb müssen verändert werden, um höhere Effizienz zu erreichen. Dazu gehört auch ein stärkeres Einbinden der Wissenschaft in die Politikberatung und Lehrplangestaltung. Wissenschaftliche Expertise sollte stärker für die Inhalte verbindlich festgelegt werden.

Doch bei der Debatte um den Digitalpakt ging es zum wiederholten Male um Länder- und Bundeskompetenzen bei der Finanzierung des Bildungssystems, nicht um Inhalte. Diese Debatte verdeutlicht noch einmal ein falsches Verständnis des föderalen Wettbewerbs: Dieser soll nach der besten Lösung suchen und nicht im Kompetenzgerangel stecken bleiben. Dabei ist für unser Land die Digitalisierung der Schulen und Hochschulen eine Grundvoraussetzung, um in der globalisierten Welt in Wirtschaft, Wissenschaft, Kunst, Kultur und Gesellschaft international bestehen zu können und moderne Entwicklungen voranzutreiben. Künstliche Intelligenz fragt nicht nach Länderzuständigkeit, aber sie braucht kluge, gut ausgebildete junge Menschen, die sie weiterentwickeln und sinnvoll nutzen.

Unser Bildungssystem muss den Schülern und Studenten Fähigkeiten, Fertigkeiten und die Kompetenz vermitteln, die bedeutungsgerechte Beurteilung von Informationen vorzunehmen. Das ist Medienkompetenz, nicht allein das Beherrschen der Technik. Die junge Generation muss Digitalisierung und Globalisierung als Chance für unsere Weiterentwicklung begreifen. Deshalb kommt in Zukunft der

Vermittlung und der Aneignung von Methoden, Denkstrukturen und Logik eine besondere Bedeutung zu. Man muss in der Lage sein, neue Informationen in seine »Denkstrukturen« einzuordnen und sie mit geeigneten Methoden weiterzuverarbeiten, sodass dann neue Erkenntnisse, eigenes Wissen entstehen können. Heute werden in Schulen größtenteils noch Detailkenntnisse vermittelt, die genauso gut aus Datenbanken abgerufen werden können. Wichtig ist, dass man die grundlegenden Strukturen und Zusammenhänge von Naturwissenschaften, Technikwissenschaften, Informatik und Mathematik erlernt, ebenso für wirtschaftliche, politische und soziale Zusammenhänge ein Verständnis entwickelt.

Unsere Schulen sind auf diese Herausforderungen nur unzureichend vorbereitet, wie die Corona-Krise deutlich gezeigt hat. Mangelnde digitale Kompetenzen bei Schülern und Lehrern, mangelnde Geräteausstattung bei Schülern und Schulen, keine Anpassung des Lehrstoffs an digitale Vermittlung, das hat die Corona-Krise mit erschreckender Deutlichkeit zum Ausdruck gebracht. Der Digitalpakt, ausgehend vom Bund, könnte Abhilfe schaffen, wenn er von den Ländern intelligent unter bildungspolitischen, inhaltlichen Aspekten eingesetzt wird.

Hier nenne ich die Bildungsstandards, die 2002 von der Kultusministerkonferenz (KMK) verabschiedet, aber nur unzureichend umgesetzt wurden. Bildungsstandards sollen wesentliche Inhalte und Kompetenzen der allgemeinen Schulbildung unabhängig von föderalen Kompetenzen und ideologischen Sichtweisen festlegen. Damit werden Transparenz, Qualität und Vergleichbarkeit der Schulsysteme verbessert und die Leistungsfähigkeit des gesamten Bildungswesens gestärkt. Wissen und Fähigkeit der Schüler werden im globalen Maßstab verglichen, da fragt niemand, ob ich aus einer Gesamtschule oder Inklusionsschule komme. Wissen und Fähigkeiten der Schüler sind ein allgemeiner Maßstab, an dem sich der föderale Wettbewerb beweisen muss.

Deshalb hat ebenso die Veränderung der Lehrerausbildung in Deutschland Vorrang; geradezu lächerlich ist dabei die föderale Zersplitterung im Hinblick auf didaktische und inhaltliche Vermittlung und arbeitsrechtliche Gestaltung. Wir Deutschen wollen auf dem globalisierten Markt bestehen und haben föderale Zuständigkeiten bei der wichtigsten Zukunftsressource unseres Landes, bei den Schülern und Studenten. Wir brauchen die Auswertung der zig Schulversuche und Hochschulversuche, die auf föderalem Niveau durchgeführt wurden. Daraus sind Erkenntnisse durch Vergleich zu erarbeiten, die bundesweit zu berücksichtigen sind. Wir brauchen nicht den zigsten Modellversuch, dessen Ergebnisse nur lokal zur Kenntnis genommen werden. Wenn der föderale Wettbewerb, den ich achte, wirklich funktionieren würde, müssten in ganz Deutschland ja längst sächsische, thüringische oder bayerische Standards gelten, und das Gesamtsystem hätte sich verbessert. Deshalb fordere ich für einen zukunftsfähigen Föderalismus einen aktiven, transparenten Wettbewerb mit festgelegten Wettbewerbszielen, die im bundesdeutschen Maßstab mit wissenschaftlichen Methoden von Wissenschaftlern und Bildungsexperten ausgewertet werden (nicht von der Kultusbürokratie). Die Ergebnisse sind dann verpflichtend für alle Handelnden. Bei der wichtigsten Ressource unseres Landes, unserer jungen Generation, ist Kleinstaaterei kein Zukunftsmodell.

Ebenso erachte ich es für dringend erforderlich, dass die vorschulische Bildung, die derzeit in Deutschland noch in den Anfängen steckt, verstärkt und ausgebaut wird. Hier haben die Länder die Möglichkeit, die frühkindliche Bildung von Anfang an kreativ zu gestalten, wenn man jetzt auf die Ergebnisse der Hirnforscher und Bildungswissenschaftler zurückgreift. Hier ist eine gesamtdeutsche Initiative erforder-

VOR 50 JAHREN STAND BAYERN NOCH FÜR KÜHE, KIRCHE UND LEDERHOSEN. DANK EINER GELUNGENEN **STRUKTURPOLITIK** UND DEM **LÄNDERFINANZAUSGLEICH** HAT ES BAYERN VOM SO-GENANNTEN NEHMER- ZUM GEBERLAND GEBRACHT. AUS DEM WIRTSCHAFTLICHEN SCHLUSSLICHT VON EINST IST EINE DER WACHSTUMS-STÄRKSTEN REGIONEN IN GANZ EUROPA GEWORDEN.

lich, die gesamtstaatlich unterstützt werden sollte. Es geht um Inhalte und Didaktik, also müsste auch die Erzieher*innenausbildung anders organisiert werden. Hier wäre ein Blick in Deutschlands Nachbarländer wie Frankreich oder die Schweiz sehr hilfreich: Hier spielt die vorschulische Bildung bereits heute eine sehr große Rolle.

2. FÖDERALISMUS UND LÄNDERFINANZAUSGLEICH

Deutschland versteht sich nicht als loser Verbund weitgehend autonomer Bundesländer, sondern als ein Staat mit einer gemeinsamen Identität. Aus dieser Identität entsteht eine gemeinsame Verantwortung sowohl für das Ganze als auch für dessen Teile. Diese Verantwortung füreinander baut auf dem Prinzip der Solidarität auf. Sein politisches Instrument ist der Länderfinanzausgleich.

Der Finanzausgleich zwischen Bund und Ländern und der Länder untereinander hat sich über Jahrzehnte bewährt und bietet auch heute den finanzschwachen Ländern Unterstützung. Davon haben die neuen Länder erheblich profitiert. In einem beispiellosen Akt der Solidarität wurden seit 1990 erhebliche staatliche, aber auch viele private Mittel in den Aufbau Ost investiert.

Die deutsche Wiedervereinigung stellte für die föderale Solidarität in unserem Land die bislang größte Herausforderung dar. Sie hat diese Bewährungsprobe mit Bravour bestanden: Wir in den neuen Ländern sind gut vorangekommen, eine konkurrenzfähige Wissenschaftslandschaft aufzubauen. Wir haben unsere Hochschul- und Forschungslandschaft modernisiert und erweitert. Neu verlegte Glasfasernetze haben den Aufschwung in der Telekommunikation ermöglicht. Städte und Dörfer haben ein farbiges Gesicht bekommen. Alte Stadtkerne, Denkmale sind liebevoll restauriert worden. Wir nutzen moderne Müllentsorgungsanlagen. Kontaminierte Böden wurden gereinigt. Neue

Wohnhäuser und neue Gewerbegebiete sind entstanden. Desolate Krankenhäuser wurden saniert und mit modernsten Geräten ausgestattet; sie haben in der Corona-Krise wesentlich zur Stabilität der medizinischen Versorgung beigetragen. Die Mehrzahl der neu entstandenen Industriebetriebe sind Klein- und Mittelständler mit innovativen Produkten in Software, Robotertechnik, Medizintechnik und Automobilzulieferer.

Einst hat das Prinzip der Solidarität, wie es dem Länderfinanzausgleich unterliegt, auch dem Land Bayern einen sagenhaften Aufstieg ermöglicht. Vor 50 Jahren stand Bayern noch für Kühe, Kirche und Lederhosen. Dank einer gelungenen Strukturpolitik und dem Länderfinanzausgleich hat es Bayern vom sogenannten Nehmer- zum Geberland gebracht. Aus dem wirtschaftlichen Schlusslicht von einst ist eine der wachstumsstärksten Regionen in ganz Europa geworden. Dieses positive Prinzip des Föderalismus sollte auch in Zukunft fortgesetzt werden – auch wenn Entscheidungen beschleunigt werden müssen.

3. FÖDERALISMUS UND GESUNDHEITSSYSTEM

Betrachten wir das Gesundheitssystem mit seinen föderalen Zuständigkeiten, so erkennen wir sofort die Grenzen föderalen Handelns. Denn in ihren medizinischen Problemen rückt die Welt enger zusammen, wie nach SARS und Schweinegrippe nun auch die Corona-Pandemie deutlich zeigt. Gesundheitsgefährdungen sind global, und die Gesundheitssysteme stehen weltweit vor riesigen Herausforderungen und unter Beobachtung.

Ein Gesundheitssystem ist immer der kostspielige Versuch einer Gesellschaft, menschliches Leben zu erhalten und krankheitsbedingte Leiden so weit wie nur möglich und für möglichst alle zu lindern. Die

Aufwendungen für medizinische Versorgung stehen also im Dienste eines Grundrechts, und zwar des Grundrechts auf Leben und körperliche Unversehrtheit. Das ist ein objektiver Wert für jeden einzelnen Menschen.

Das deutsche Gesundheitssystem ist föderal strukturiert. Die Reaktion des deutschen Gesundheitssystems auf die Corona-Krise hat weltweit höchste Anerkennung gefunden. Die Maßnahmen von Bund und Ländern, die in diesem Fall schnell und unbürokratisch erarbeitet und erlassen wurden, bewirkten ein Beherrschen der Pandemie. Der Ausbruch wurde auf Hotspots begrenzt. Die anfangs durchgeführten und gesetzlich angeordneten Einschränkungen des gesellschaftlichen, wirtschaftlichen und politischen Lebens wurden von der Bevölkerung in hohem Maße akzeptiert. Doch dann kam die Zeit von Lockerungen, die von den einzelnen Bundesländern aufgrund ihrer föderalen Zuständigkeiten unterschiedlich interpretiert wurden. So entstand ein Gewirr von Anordnungen, Gesetzen und Erlassen, was bei der Bevölkerung auf Unverständnis stieß. Ein logischer Zusammenhang zwischen den jeweiligen Einzelmaßnahmen und der allgemeinen Zielstellung – nicht an Corona erkranken – war nur noch schwer zu erkennen. Der föderale Flickenteppich wurde unübersichtlich und hatte nichts mehr mit gesundem Wettbewerb im Föderalismus zu tun.

In der Corona-Krise können wir nun nur auf einen Impfstoff hoffen und auf die Einsicht der Länder, ihre getroffenen Maßnahmen besser zu koordinieren und ihre Wirkung kontinuierlich zu überprüfen.

Ein ähnliches Ergebnis hatten wir schon vor Jahren bei der Gesetzgebung zum Nichtraucherschutz. Auch in diesem Fall war die Gesundheit die objektive Priorität: der Schutz der Nichtraucher vor schädlicher Luftverschmutzung. Hier kam es ebenfalls zu unterschiedlichen Lösungen für Gaststätten, Discos, öffentliche Schwimmbäder, Sportstätten oder Theater in den einzelnen Ländern, die keinen rationalen

Zusammenhang zum Gesundheitsziel erkennen lassen. Auch das führt zur Verunsicherung der Bevölkerung und damit verbundenen Akzeptanzproblemen, die wir bis heute spüren. Objektiv gilt: Jedes Jahr sterben bei uns 140 000 Menschen an den Folgen des Rauchens, allein 3300 Todesfälle sind auf das Passivrauchen zurückzuführen. Werden nur drei Zigaretten in einem geschlossenen Raum von 60 Quadratmeter Größe abgebrannt, so ist die Feinstaubbelastung in diesem Raum fünf- bis zehnmal höher, als wenn im selben Raum 30 Minuten lang ein Dieselmotor gelaufen wäre. Das heißt, die Rauchgefährdung ist in einem Lokal an der Ostseeküste die gleiche wie in den bayerischen Alpen. Hier versagt das föderale Prinzip mit seinen Lösungen.

Die beiden Beispiele aus dem Gesundheitssektor zeigen die Vor- und Nachteile des Föderalismus, die allerdings durch klare Regelung der Zuständigkeit und Entscheidungskompetenz behoben werden können. Das ist eine dringende Zukunftsaufgabe für das föderale System. Mehr Entscheidungskompetenz beim Bund bedeutet nicht zwangsläufig Zentralismus.

4. FÖDERALISMUS UND KRIMINALITÄTSBEKÄMPFUNG

Das Grundgesetz bestimmt, dass die Gesetzgebungs- und Verwaltungskompetenz für das allgemeine Polizei- und Ordnungsrecht Sache der Länder ist. Diese werden als Garant für die Sicherheit der Bevölkerung angesehen und sind deshalb von besonderem Interesse. Auf den ersten Blick ist es eine sinnvolle Regelung, da die regionalen Bedürfnisse hier im Blickpunkt stehen. Bei der Kriminalitätsbekämpfung aber müssen neue Wege eingeschlagen werden, da zum einen zunehmend international organisierte Kriminalität und internationale terroristische Vereinigungen in Deutschland agieren. Zum anderen auch Kriminelle aus dem eigenen Land die Länderzuständigkeiten ausnutzen, indem sie ihre Aktivitäten in unterschiedlichen Bundesländern ausüben. Das wohl bekannteste Beispiel ist das Wirken der NSU-Gruppe, die von Sachsen und Thüringen aus ihre Mordserie plante und dann in verschiedenen Bundesländern zehn Menschen ermordete. Da jedes Bundesland seine eigenen Ermittlungen durchführte und die Morde unabhängig voneinander betrachtet wurden, blieben die Mörder lange Zeit unerkannt.

Es ist deshalb eine dringende Aufgabe, Struktur und Datenaustausch zwischen den Ländern sowie die Verknüpfung zum Bund neu festzulegen. Das fängt bei der Datenspeicherung an und hört bei einer gesetzlichen Verpflichtung zur Kooperation und Zusammenarbeit auf. Um diesem Erfordernis gerecht zu werden, hat die Innenministerkonferenz beschlossen, ein Musterpolizeigesetz zu erarbeiten, das einen gemeinsamen Rahmen der Länder für einheitliche Standards und eine effektive Erhöhung der öffentlichen Sicherheit gewährleisten soll. Die Innenministerkonferenz hat dazu eine Arbeitsgruppe eingesetzt, in der der Bund mitarbeitet. Einem Vorstoß von Innenminister Thomas de Maizière zu größerer Verantwortlichkeit des Bundes wurde nicht entsprochen. So wird der Entwurf des Musterpolizeigesetzes seit 2017 von den Bundesländern erarbeitet, ein erster Entwurf soll 2020 vorgelegt werden.

Das Mustergesetz muss dann von den Ländern umgesetzt werden, sie sind aber nicht bindend dazu verpflichtet. Das ist ein Beispiel für föderale Langsamkeit, die nicht der Geschwindigkeit unserer gesellschaftlichen Entwicklung entspricht. Es müssen zügig neue Kooperations-, Kommunikations- und Informationsmöglichkeiten geschaffen werden, wobei die Digitalisierung ein hilfreiches Instrument ist. Klare Zuständigkeiten sind angesagt.

Ebenso sollte die Veränderung in der Gesellschaft bei einer Neujustierung des föderalen Systems besonders beachtet werden. In unserer Gesellschaft registrieren wir eine zunehmende Polarisierung und damit verbundene Gewaltbereitschaft. Das betrifft Kämpfe zwischen Links- und Rechtsradikalen sowie gewaltsame Zerstörung durch einzelne Gruppen wie Partybesucher oder Fußballfans. Das zeigen auch die Ausschreitungen während der Corona-Krise in Frankfurt, Stuttgart und Berlin. Am deutlichsten wird diese gesellschaftliche Veränderung durch die Wirkung und den Einfluss der sozialen Medien. Digitalisierung und Globalisierung sind in der eigenen Wohnung am Bildschirm angekommen und verändern das Sozialverhalten der Menschen. Den negativen Einfluss sehen wir am Beispiel des Attentäters von Halle, der mit beispielloser Brutalität Morde aus rassistischen Motiven geplant hat und dann willkürlich zwei Menschen tötete.

Hier kann die regionale Verfasstheit von Verbrechensbekämpfung und -aufklärung im Föderalismus im Einzelnen sinnvoll sein, jedoch sind Methoden, Kooperation und Einsatzmöglichkeiten zu überdenken. Internetkriminalität ist nicht ortsgebunden, sie ist international. Hier versagt das föderale Prinzip.

Auf der anderen Seite ist die Digitalisierung die große Chance zur Verbesserung und Veränderung des föderalen Zusammenhalts. Digitale Plattformen erleichtern die Kommunikation. Der Datenaustausch ist komplikationslos möglich. Die Auswertung und der Vergleich von Modellversuchen, Projekten und Strukturen erfolgen digital. Es ergeben sich neue digitale Kooperationsmöglichkeiten. Die Länder sollten dieser Entwicklung aufgeschlossen gegenüberstehen und sie nicht aus egoistischen Gründen bremsen. Um die Digitalisierung konsequent einzusetzen, bedarf es einer kritischen Analyse bestehender Strukturen. Anstehende Veränderungen sollten zügig zwischen Bund und Ländern abgestimmt werden, da die Zeit drängt. Die Analyse sollte mit Unterstützung der Wissenschaft durchgeführt werden, um evidenzbasierte Entscheidungen zu treffen.

Zusammenfassend möchte ich betonen: Der Föderalismus ist ein kluges Prinzip zur Problemlösung vor Ort und zur Identitätsstiftung der Menschen in ihrer Heimat. Die rasanten Veränderungen der letzten Jahre durch Globalisierung, Digitalisierung und letztlich durch die Corona-Krise haben aber deutlich gemacht, an welchen Stellen der Föderalismus versagt und dringender Änderungen bedarf. An erster Stelle steht die Bildungspolitik, aber auch Gesundheitspolitik, Kriminalitätsbekämpfung und Kommunikationspolitik sind Beispiele für den Reformbedarf. ●

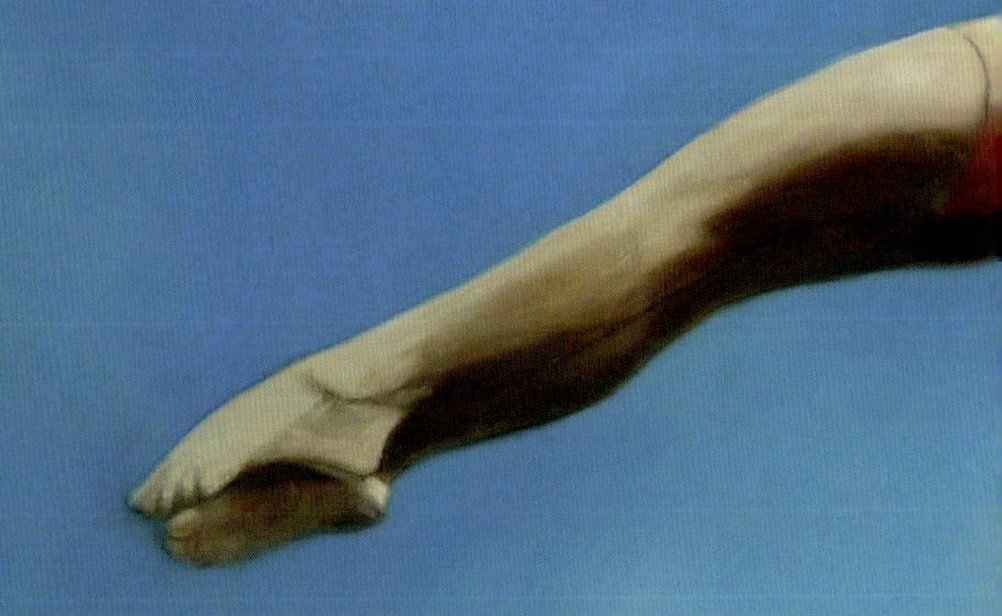

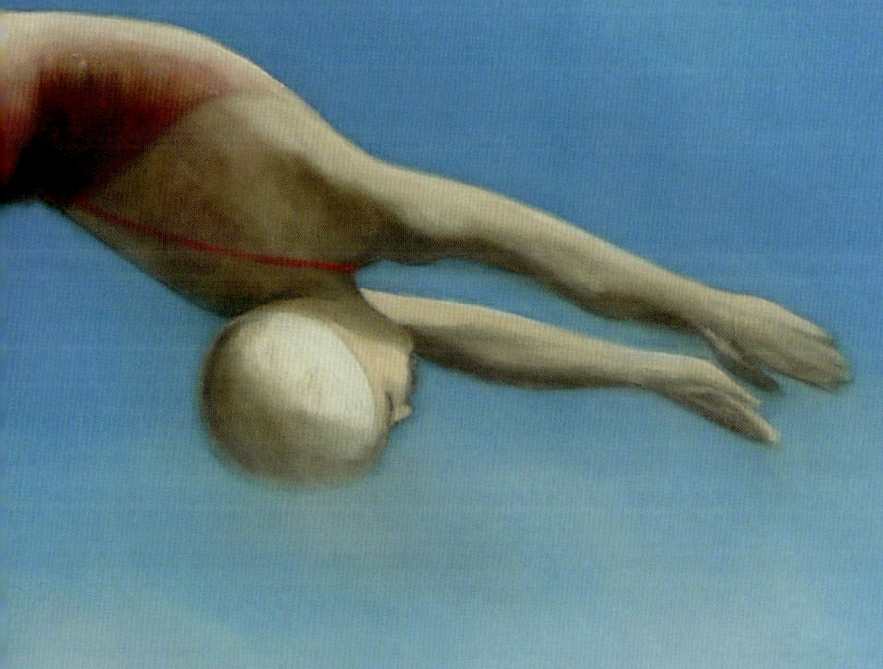

ÖN STARK

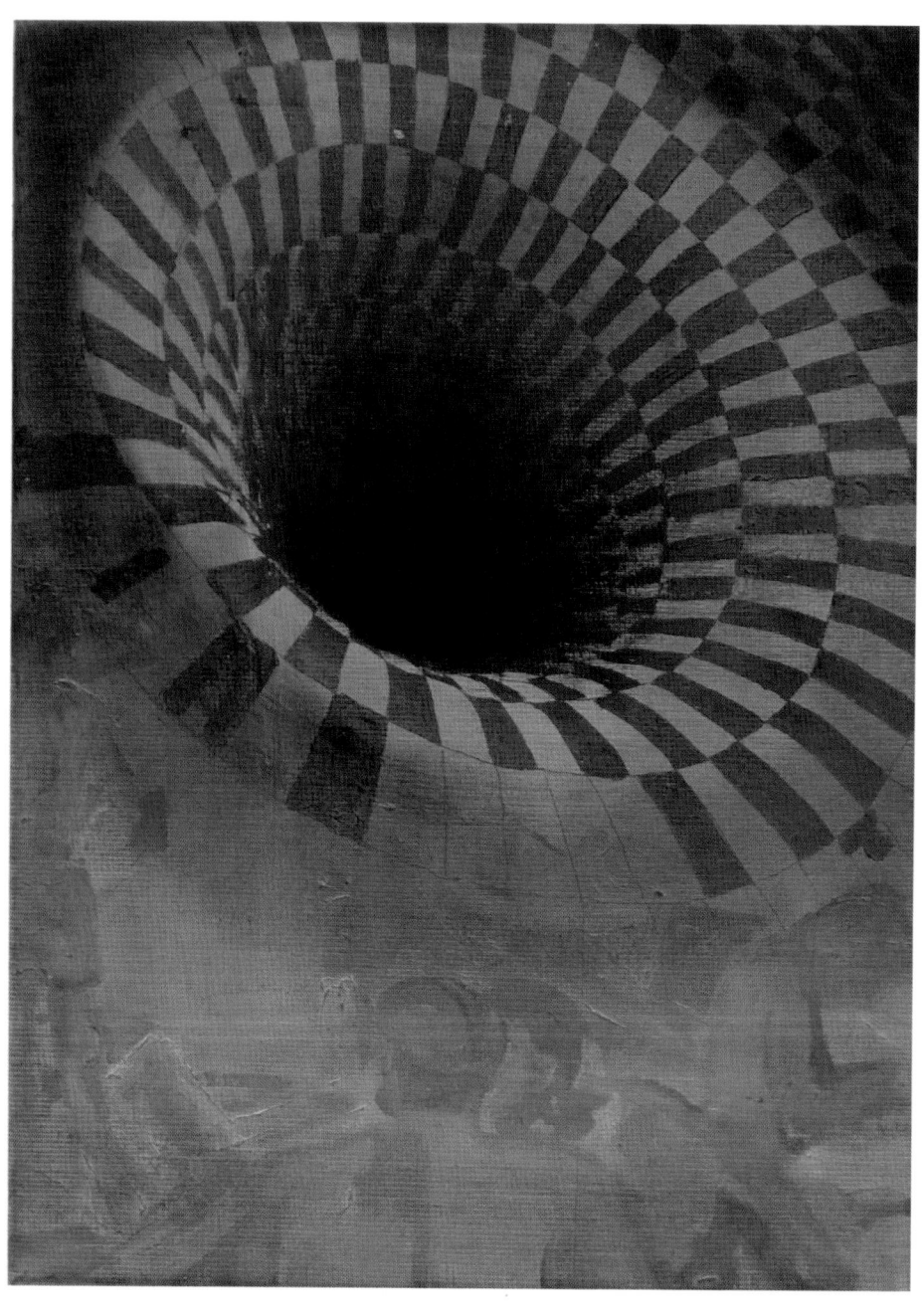

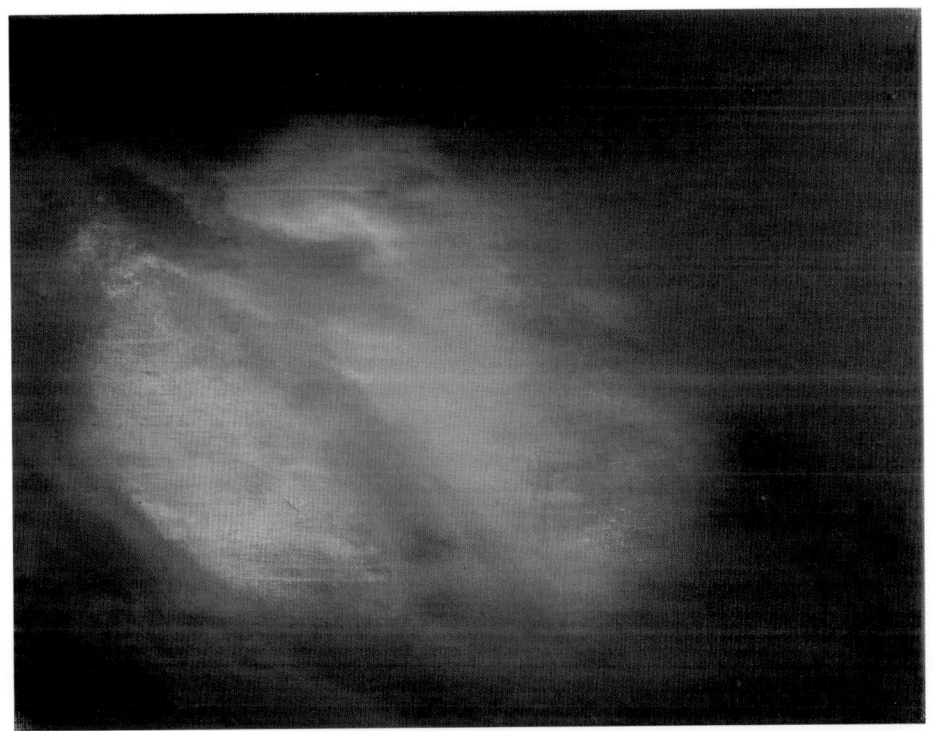

120 GANZ SCHÖN STARK

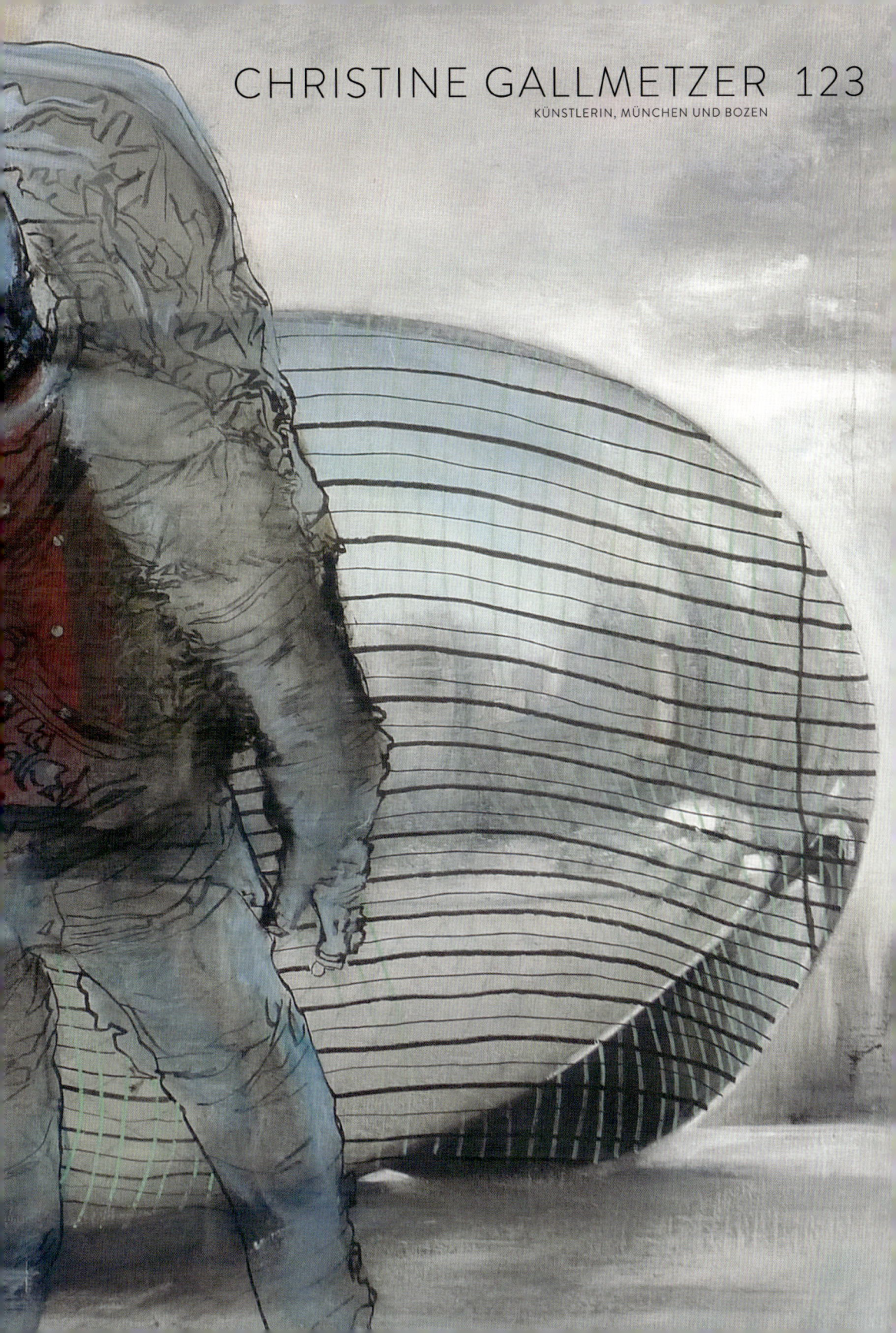

124 GANZ SCHÖN STARK

Alle Bilder sind in Öl auf Leinwand
zwischen 2018 und 2020 entstanden.

EINER DER HÖHEPUNKTE
2020: DAS ALLJÄHRLICHE
RHI-SALONSTREITGESPRÄCH.
THEMA: **LASSEN SICH
ÖKONOMIE UND ÖKOLOGIE
ZUSAMMENDENKEN?**
ZUDEM DREI BEITRÄGE ÜBER
DIGITALISIERUNG, UNTER-
NEHMERISCHE FREIHEIT
UND VORAUSSCHAUENDE
WIRTSCHAFTSPOLITIK.

STARKE WIRT-SCHAFT

STR

WACHSTUM. WOHLSTAND. WOHLERGEHEN

...: ODER WELCHE WEGE FÜHREN ZU EINER NACHHALTIGEN ENTWICKLUNG?

Wachstum, Wohlstand, Wohlergehen. Welche Wege führen zu einer nachhaltigeren Entwicklung? Das ist das Thema für unser diesjähriges RHI-Salonstreitgespräch, und wir denken, dass niemand daran zweifelt, dass wir uns dieser Frage ernsthaft stellen müssen. Angesichts des Klimawandels. Angesichts limitierter Ressourcen. Angesichts eines anhaltenden Bevölkerungswachstums und gleichzeitig eines anhaltenden Artensterbens. Die Jugendbewegung Fridays for Future hat uns die Dringlichkeit sicherlich noch stärker vor Augen geführt, und auch Corona gibt der Debatte einen zusätzlichen Spin – wenn auch noch nicht auszumachen ist, in welche Richtung denn wirklich. Also springen wir mitten hinein ins Thema. Frau Zahrnt, Ihre Position: Wirtschaft und Gesellschaft haben sich der Ökologie unterzuordnen – habe ich Sie da richtig verstanden?

Zahrnt: Vielleicht hört sich das im ersten Moment so an, als ob für mich die Ökologie an erster Stelle steht und die Wirtschaft, das Soziale weit dahinter. Dem ist nicht so. Alle drei Säulen sind essenziell, und wir müssen alle im Blick behalten. Doch wir leben auf einem Planeten, der begrenzte Ressourcen hat und eine begrenzte Aufnahmekapazität für Schadstoffe. Wenn wir diese planetaren Grenzen nicht respektieren und einhalten bei der Art und Weise, wie wir wirtschaften und unser gesellschaftliches, soziales Leben ausgestalten, werden wir massive Rückwirkungen erleben – allen voran die Länder im Süden, die heute schon wesentlich stärker unter Dürre, Überschwemmung, Migration und kriegerischer Auseinandersetzung leiden.

In den vergangenen Jahren und Jahrzehnten haben wir uns stets zugunsten der Wirtschaft entschieden. Ich erinnere mich noch sehr gut an die Rede des damaligen Wirtschaftsministers Wolfgang Clement zur Einführung des Emissionshandels 2004. Ein flammendes Plädoyer für den Klimaschutz, das mit den Worten endete: »Aber selbstverständlich darf das wirtschaftliche Wachstum nicht beeinträchtigt werden, auch der Klimaschutz steht unter Wachstumsvorbehalt.« Solange wir an dieser Prämisse festhalten »Klimaschutz ja, aber zuerst kommt die Wirtschaft«, werden alle Maßnahmen zahnlos bleiben. Bis heute drücken wir uns um eine Antwort auf die Frage »Was ist uns wichtiger?« herum: Wollen wir weiterhin eine Erhöhung der Menge an Gütern und Dienstleistungen? Oder wollen wir tatsächlich eine Verbesserung der ökologischen Situation – auch um unser aller Überleben auf diesem einen Planeten zu sichern? Stattdessen warten und hoffen wir darauf, dass es so etwas geben wird wie eine freundliche Verschmelzung von Ökonomie, Ökologie und Sozialem, ein großes Win-win.

Natürlich wäre es schön, wenn das gelingen würde. Doch in der Regel ergeben sich Konflikte – und in diesen Fällen plädiere ich tatsächlich dafür, dass wir der Ökologie einen höheren Stellenwert und eine höhere Dringlichkeit einräumen als der Wirtschaft. Wenn Sie so wollen: Priorität. Denn ich bin davon überzeugt: Die Transformation zu einer Postwachstumsgesellschaft werden wir entweder *by design* hinbekommen, oder sie wird *by desaster* passieren. Also entweder arbeiten wir beizeiten an einer nachhaltigen Wirtschaft und Gesellschaft – oder wir reagieren erst dann, wenn die Klimakatastrophe uns dazu zwingt.

Pittel: Ich sehe das im Prinzip ähnlich. Es gibt die eine Seite, die versucht, ein Win-win-Szenario herbeizureden: Wenn wir in Klimaschutz investieren, werden viele neue Arbeitsplätze entstehen und die Wirtschaft brummen. Doch es gibt genauso die Seite, die ein Win-lose-Szenario beschwört: Wenn wir eine Politik der Nachhaltigkeit und des Klimaschutzes betreiben, geht die Wirtschaft den Bach runter – und die Gesellschaft gleich mit. Ich denke, diese Schwarz-Weiß-Malerei hilft nicht weiter. Wir brauchen vielmehr Informationen über die ökologischen, wirtschaftlichen und sozialen Zusammenhänge.

Ein anderes Thema, über das ich mit Kollegen immer wieder in Diskussion, mitunter auch in Streit gerate: Was wollen eigentlich die Menschen? Eine Aussage darüber zu treffen ist aus meiner Sicht sehr schwierig, weil die Bedürfnisse doch sehr heterogen und widersprüchlich zu sein scheinen. Angeblich wollen alle mehr Grün – aber weder die Wahlergebnisse noch das (Einkaufs-)Verhalten spiegeln das wider. Die Neuzulassung von SUVs nahm zumindest bis Ausbruch der Corona-Krise kontinuierlich zu.

Wir Ökonomen bringen hier gerne Preisinstrumente ins Spiel – wie CO_2- oder allgemeine Umweltsteuern –, um lenkend einzugreifen und zugleich die individuelle Wahlfreiheit eines jeden Einzelnen nicht zu stark zu beschneiden. Sprich: Wenn jemand unbedingt SUV fahren möchte, dann soll er SUV fahren – kann sich aufgrund der hohen Kosten aber mitunter etwas anderes nicht leisten, das ebenfalls ökologisch zu Buche schlägt. Aus meiner Sicht – und das ist möglicherweise einer der größten Unterschiede zu Frau Zahrnt – darf die individuelle Freiheit des Menschen auch beim Thema Umweltschutz nicht außer Acht gelassen werden.

Stellt sich die Frage, mit welcher gesellschaftlichen Akzeptanz wir hierzulande gegenüber höheren Steuern rechnen können? Denken wir an Frankreich: Dort hat eine Erhöhung der Spritsteuer nicht nur Proteste im ganzen Land ausgelöst, sondern mit den Gelbwesten eine ganze Bürgerbewegung losgetreten, die bis heute aktiv ist.

Pittel: Die Akzeptanz steht und fällt mit der Art und Weise, wie man kommuniziert und wie man Ausgleichsmaßnahmen ausgestaltet. Wenn wir als Gesellschaft nicht möchten, dass eine CO_2-Bepreisung ärmere Haushalte tendenziell stärker betrifft als reichere Haushalte, dann müssen wir gegensteuern: beispielsweise durch direkte Geldzahlungen pro

Kopf oder Steuersenkungen in anderen Bereichen. Das weitaus größere Problem sind aus meiner Sicht die vielen Missverständnisse und Vorbehalte. Immer wieder höre ich beispielsweise die pauschale Aussage: Emissionshandel belastet die Unternehmen, CO_2-Steuer belastet die Haushalte. Das ist Unsinn – und ich denke, es wäre Aufgabe von Politik und Medien, hier besser zu informieren und unaufgeregt aufzuklären, offen und transparent.

Emissionshandel oder CO_2-Steuer? Was würden Sie bevorzugen?

Pittel: Das ist eine Debatte, die seit Jahren tobt …

Deswegen die Frage …

Pittel: Erst einmal: Ganz gleich ob Emissionshandel oder CO_2-Steuer, wir brauchen irgendeine Art der CO_2-Bepreisung. Da kommen wir nicht drum herum. Und wenn ich mich entscheiden müsste, dann würde ich dem Emissionshandel den Vorrang geben, da wir hier die Menge, die emittiert werden darf, begrenzen. Diese Begrenzung ist aus meiner Sicht extrem wichtig.

Zahrnt: Ehrlich gesagt: Welches Instrument das bessere ist – mich nervt diese Debatte. Sie ist nicht alt, sondern uralt, und die Argumente sind letztlich ausgetauscht. So kommen wir keinen Schritt voran. Vor allem nicht, wenn man sich vermeintlich auf ein Instrument einigt und es dann heißt: Die Einführung muss aber weltweit erfolgen, um den Wirtschaftsstandort Deutschland nicht zu gefährden. Ich denke, wir müssen die Instrumente wählen, die jeweils praktikabel sind, zum Beispiel die bisherige Ökosteuer weiterentwickeln – damit sie wirklich eine Breitenwirkung entfalten kann – und den Verbrauchern sagen, dass mehr Ökologie und mehr soziale sowie globale Gerechtigkeit nicht umsonst zu haben sind. Ein aktuelles Beispiel ist die

Tierhaltung: Wir wollen keine leidenden Rinder und Schweine. Wir wollen aber auch nicht 40 Cent Aufschlag pro Kilogramm Fleisch. Das passt nicht zusammen.

Frau Zahrnt, inwiefern trägt Corona hier zu einem Einstellungswandel bei? Wenn man sieht, wer die großen Gewinner der Krise sind, könnte man durchaus Zweifel an der angeblich wachsenden Bescheidenheit bekommen. Im Vergleich zum Vorjahr erzielte Amazon allein im zweiten Quartal 40 Prozent mehr Umsatz.

Zahrnt: Corona bringt zumindest die Chance, dass Menschen – wenn auch notgedrungen – etwas zur Ruhe kommen und nachdenken: Was ist mir wichtig, muss dieser Stress, diese Orientierung am Materiellen wirklich sein? Ob das von Dauer ist, kann ich nicht sagen, das wäre Spekulation. Doch man hört schon, beispielsweise vom Einzelhandel, dass Menschen genauer überlegen, ob sie ein bestimmtes Produkt wirklich brauchen. Wenn diese Vorfrage bleibt, dieses kurze Innehalten, bevor der Einkaufsbummel beginnt, ist aus meiner Sicht schon viel gewonnen.

Vielleicht lautet die Frage aber auch eher: Kann ich mir dieses oder jenes in der momentanen Situation überhaupt leisten? Angesichts von Kurzarbeit und steigenden Arbeitslosenzahlen ist das sicherlich auch ein Grund, warum sich Menschen zurückhalten ... aber erlauben Sie mir eine andere Frage: Mit einer Wirtschaftsschrumpfung von fünf, sechs, sieben Prozent in nur wenigen Wochen und Monaten hat Corona genau das erreicht, was Anhänger einer Postwachstums- oder Degrowth-Ökonomie für erstrebenswert erachten. Nur: Ist es das, was wir als Wirtschaft und Gesellschaft wirklich erreichen sollten?

Zahrnt: Der Rückgang des Bruttoinlandsprodukts, den wir im Moment erleben, entspricht genau dem Zuwachs der letzten fünf Jahre. Ich kann mich nicht daran erinnern, dass es uns im Jahr 2015 sehr schlecht ging. Das wirklich Dramatische an der Situation ist nicht die Schrumpfung an sich, sondern dass wir eine Wirtschaft haben, die nur auf Wachstum ausgerichtet ist und mit Schwankungen nach unten nicht gut zurechtkommt. Auch wenn es uns mithilfe von Kurzarbeit besser geht als anderen Ländern, die dieses Instrument nicht haben.

Letztlich geht es doch um die Frage: Wie sieht eine Gesellschaft aus, die nicht auf Kosten von Umwelt und nachfolgender Generationen lebt. Dafür möglicherweise weniger Güter produziert und den Konsum zurückfährt. Und dennoch die immaterielle und materielle Zufriedenheit der Menschen gewährleistet. Beispielsweise durch neue, flexiblere Formen des Arbeitens und eine bessere Vereinbarkeit von Familie, Beruf, Ehrenamt und Freizeit. Oder neue Formen des Konsumierens wie mieten statt kaufen und Sharing.

Lassen sich Zufriedenheit und Glück messen? Woher wissen wir, dass Menschen mit weniger Konsum und Besitz genauso oder sogar glücklicher sind? Gibt es Anhaltspunkte, Indikatoren?

Zahrnt: Es gibt durchaus Studien und Umfragen, die die Korrelation zwischen Wirtschaftswachstum und Wohlbefinden bestätigen. Aber nur bis Mitte der 70er-Jahre, danach hat weiteres Wachstum nicht für eine noch größere Zufriedenheit in den Industrieländern gesorgt. Das ist für mich durchaus ein Indikator dafür, dass das Nachlaufen nach immer mehr Glück durch immer mehr Produkte möglicherweise irreführend ist. Wir kennen dieses Phänomen aus der Ökonomie unter dem Begriff »abnehmender Grenznutzen«: Der erste Fernseher macht vielleicht tatsächlich glücklich, die überdimensionale Flatscreen-Wand aber nicht mehr wirklich. Zudem gibt es die Shell-Studie, die immer wieder zu dem Ergebnis kommt, dass Menschen unter Glück vor allem verstehen: Zeit für die Familie haben, Gesundheit. Oder Untersuchungen, die zeigen, dass Menschen in Ländern mit einer ausgeglichenen Einkommens- und Vermögensverteilung zufriedener sind als in Ländern mit einer ausgeprägten Schere zwischen Arm und Reich. Ganz offensichtlich gibt es Glücksfaktoren, die nicht mit Gütern und Dienstleistungen verknüpft sind, wenn denn ein gewisses Maß an materieller Ausstattung erreicht ist.

Natürlich: In den Wochen des Shutdowns haben wir gesehen, dass Menschen mit einer großen Wohnung und eventuell sogar einem Garten besser durch die Krise kamen – das Haben hat also das Sein durchaus bereichert. Doch für mich ist auch das kein Argument für mehr Güter und Dienstleistungen, sondern für die Sicherstellung von bezahlbarem Wohnraum und öffentlichen Grünflächen.

Pittel: Ich gebe Ihnen völlig recht: Glück lässt sich nicht allein am Bruttoinlandsprodukt ablesen. Und mehr Konsum bedeutet nicht automatisch mehr Zufriedenheit. Wobei die Untersuchungen, die mir bekannt sind, durchaus zu dem Ergebnis kommen, dass zunehmendes Einkommen auch auf höherem Niveau durchaus noch zu mehr Zufriedenheit führt – unter ansonsten gleichbleibenden Lebensbedingungen. Wenn der dritte Fernseher Menschen nicht zufriedener machen würde, würden sie ihn auch nicht kaufen. Die Zuwächse an Glück oder Zufriedenheit nehmen allerdings mit steigendem Einkommen durchaus ab. Insofern kann steigendes Einkommen durch zunehmende Arbeits- oder Umweltbelastung natürlich auch überkompensiert werden.

Was mir jedoch in Diskussionen auffällt: Es wird immer so getan, als ob es einen Zwang gäbe für immer mehr Konsum, immer mehr Geld, immer mehr beruflichen Erfolg. Doch Menschen haben aus meiner Sicht durchaus Wahlmöglichkeiten: Sie können in Bio- und Secondhandläden einkaufen, sie können in Teilzeit arbeiten. Auch wenn von der Wertesetzung her in unserer Gesellschaft – zumindest in bestimmten Gruppen – ein erfolgreiches Leben immer noch ein beruflich erfolgreiches Leben ist mit Karriere, Status und Geld. Aber wie sehen Sie das? Gibt es diesen Zwang, der immer wieder beschrieben wird?

Zahrnt: Freiheit und individuelle Wahlmöglichkeit schätze ich sehr, doch dass Menschen halbtags arbeiten können, wurde schwer erstritten. Von Gewerkschaften und Frauenorganisationen. Wenn es hier inzwischen weniger Zwang und mehr Wahlmöglichkeiten gibt, dann ist das gut. Aber es gibt Zwang ja auch auf wirtschaftlicher, volkswirtschaftlicher Ebene. Das Modell, das wir im Moment haben und weiterhin verfolgen, setzt auf technischen und technologischen Fortschritt – was grundsätzlich sinnvoll ist, um monotone Arbeit zu reduzieren. Doch die Produktionsgewinne, die wir erzielen, indem wir die gleiche Menge an Gütern mit weniger Arbeit herstellen, führt dazu, dass wir immer neue Güter und Dienstleistungen produzieren und anbieten. Damit wir die Menschen, die ihre Arbeit durch Maschinen und Roboter verlieren, auch weiterhin beschäftigen können. Das ist eine nicht enden wollende Spirale: Mehr technologischer Fortschritt führt zu mehr Gütern, mehr Dienstleistungen, mehr Export … angeblich, um Arbeitslosigkeit zu vermeiden.

Pittel: Wir haben in den letzten 40, 50 Jahren immer prognostiziert, dass mit der nächsten Welle der Automatisierung die Arbeitslosigkeit steigen wird. Bis heute hat sich das nicht bewahrheitet – was jedoch nicht heißt, dass es nicht doch irgendwann so kommen wird. Die nächste große Welle der Digitalisierung steht vor der Tür, und Schätzungen gehen davon aus, dass ein ganz erheblicher Teil unserer Arbeitsplätze wegfallen wird. Schaut man jedoch genauer hin und bricht die angeblich gefährdeten Jobs auf einzelne Funktionseinheiten herunter, kommt man auf eine sehr viel geringere Zahl. Doch noch einmal: Ich sehe es nicht so, dass wir aufgrund des technologischen, Arbeitskraft einsparenden Fortschritts wachsen *müssen*, allerdings kann dieser Fortschritt Wachstum *ermöglichen* …

Zahrnt: In der Politik ist das gängige Argument: Wir müssen wachsen, um Arbeitsplätze zu schaffen …

Pittel: … ich argumentiere weniger aus der Politik als aus der Wirtschaftsdynamik heraus …

Zahrnt: Und da hätte ich eine Alternative, um diese Dynamik zu durchbrechen. Wir könnten doch sagen: Wir sind jetzt so produktiv und effizient, wir brauchen nicht mehr so viele Mitarbeiter, dann lasst uns die vorhandene Arbeit anders verteilen und die Arbeitszeit weiter verkürzen. Warum haben wir diesen Weg bei der 40-Stunden-Woche verlassen? Es wäre eine Möglichkeit, nicht nur die Lebensqualität, den Zeitwohlstand zu erhöhen, sondern zugleich die Menge an Ressourcen und Emissionen zu verringern. Ich bin sehr froh, dass diese Diskussion jetzt wieder Fuß fasst: Menschen sollten viel stärker individuell entscheiden können, ob sie eine Gehaltserhöhung oder eine Arbeitszeitreduktion wollen. Das wäre für mich tatsächlich ein Win-win.

Pittel: Beim Thema »Flexibilisierung« bin ich sofort bei Ihnen. Die kann es sicherlich nicht in allen Berufen und Branchen gleichermaßen geben, aber vermutlich in viel mehr Jobs als heute. Die Schweiz ist da übrigens schon weiter. Als ich dort gelebt habe, kannte ich Menschen, die 28 Prozent gearbeitet haben oder 64, also sehr flexibel, sehr individuell.

Bevor wir zu tief in das durchaus wichtige Thema Arbeitsmarkt-politik einsteigen, lassen Sie uns auf den Begriff »Nullwachstum« kommen. Selbst wenn wir nicht weiterwachsen, verbrauchen wir dennoch Ressourcen. Verschieben wir also damit nicht einfach nur den Zeitpunkt, an dem beispielsweise das Klima unwiderruflich kippt? Hat die Rechnung mit der großen Null einen Haken?

Zahrnt: Sie haben völlig recht. Nullwachstum ist nicht die Lösung, weil schon der jetzige Ressourcenverbrauch und der CO_2-Ausstoß viel zu hoch sind und massiv reduziert werden müssten. Dazu brauchen wir sowohl Technik und Innovationen, aber auch neue Lebens- und Konsummodelle.

Pittel: Das kann ich nur unterstützen: Wenn wir auf dem Niveau von heute bleiben und so weitermachen wie bisher, ohne technologische Weiterentwicklung, werden wir in der Tat die Zwei-Grad-Grenze bei weitem überschreiten. Doch Wachstum ist nichts, was ich direkt steuern kann, es ist das Ergebnis von Wirtschaftsprozessen. Und wenn diese innerhalb ökologischer Rahmenbedingungen erfolgen, also die planetaren Grenzen berücksichtigen, ist die resultierende Wachstumsrate aus meiner Sicht in gewissem Maße nachrangig. Es ist durchaus nicht sicher, ob nicht auch unter diesen Bedingungen positive Wachstumsraten möglich sind. Allerdings kann es durchaus, zumindest temporär, auch zu negativen Wachstumsraten kommen. Das Grundproblem, das ich immer wieder in Diskussionen erlebe, ist, dass Wirtschaftswachstum als ein Wert, der von der Politik gesetzt wird, wahrgenommen wird und nicht als ein Ergebnis wirtschaftlicher Aktivitäten unter gesetzten Rahmenbedingungen. Die Ausgestaltung dieser Rahmenbedingungen ist es, auf die wir uns konzentrieren sollten.

Frau Zahrnt, wie klingt das in Ihren Ohren?

Zahrnt: Ich stimme zu. Immer wieder höre ich, dass ich für Degrowth wäre. Das ist nicht richtig. Wenn bei Einhaltung der planetaren Grenzen die Wirtschaft wachsen kann, dann möge sie aus meiner Sicht gerne wachsen. Eine Postwachstumsökonomie kann sowohl eine wachsende als auch eine stagnierende als auch eine phasenweise schrumpfende Ökonomie sein. Wichtig ist nur, dass wir flexibel genug sind und uns anpassen können. Und dafür müssen wir Wohlstand und Wohlergehen von Wachstum entkoppeln.

Wie lassen sich Innovation und technischer, technologischer Fortschritt beschleunigen und gleichzeitig in die richtige Richtung lenken?

Pittel: Wir brauchen Innovation, um Produktionsprozesse und Güter sauberer gestalten und herstellen zu können. Doch um das zu erreichen, braucht es aus meiner Sicht den gestaltenden Staat, der den Rahmen vorgibt. Dazu – wie bereits angesprochen – Preise für Externalitäten, die wir generieren und die bislang nicht oder nur kaum zu Buche schlagen, und wohldurchdachte Subventionen: Welche Technologie unterstützen wir wie stark und wie lange, welche wird sich auf den Märkten wirklich etablieren und durchsetzen – immer mit dem Ziel, so technologieoffen zu sein wie möglich.

Das Allerwichtigste ist jedoch aus meiner Sicht: so viel Planungssicherheit wie möglich in der Umwelt- und Klimapolitik – und zwar für die nächsten 10, 20, 30 Jahre. Die hat es in der Vergangenheit nicht gegeben. Eine Reform folgte der nächsten. Das hat nicht nur Auswirkungen auf die gesamte Wirtschaft, sondern auch auf Haushalte. Wer sich überlegt, ein E-Auto zu kaufen, rechnet erst einmal nach, ob sich die Anschaffung lohnt – wie entwickeln sich beispielsweise die Strompreise im Vergleich zu Benzin, welche Auflagen wird es geben und in welchem zeitlichen Rahmen? Wer nicht weiß, was morgen ist, entscheidet sich heute womöglich für Altbewährtes, in diesem Beispiel doch für den Verbrenner. Genauso ist es beim Thema Heizung, Haussanierung, Modernisierung ganzer Produktionsanlagen.

Bleiben wir gern beim Verbraucher. Planungssicherheit ist wichtig. Doch gibt es noch andere Hebel, um Einfluss zu nehmen auf sein Verhalten? Andere sprechen in diesem Kontext auch von Wertewandel oder Werteshift.*

Pittel: Werteshift bedeutet für mich, dass Individuen bei der Art und Weise, wie sie denken und handeln, morgen andere Kriterien ansetzen und berücksichtigen, als sie es vielleicht heute tun beziehungsweise gestern getan haben. Also beispielsweise mehr Wert legen auf Dinge wie Umweltschutz, Tierwohl, globale Fairness und dementsprechend beim Einkauf bestimmte Produkte bevorzugen und andere Produkte liegen lassen.

Ein wirklich einfaches Beispiel dafür, dass sich Werte ändern können, ist die Anschnallpflicht. Als sie 1976 verabschiedet wurde, gab es eine riesige Diskussion – der Gurt wurde als Eingriff in die individuelle Freiheit gesehen –, heute ist es völlig unumstritten und völlig akzeptiert, dass wir uns anschnallen. Die Frage ist jedoch: Was führt letztendlich zu so einem Wandel? Wie können wir ihn einleiten, unterstützen und beschleunigen? Was sind genau die Hebel für einen systematischen Werteshift? Eine eindeutige Antwort kann ich nicht geben und auch nicht aus all den Studien, die es dazu gibt, ableiten. Zumal sich für mich immer auch die grundsätzliche Frage stellt: Wie weit wollen, wie weit dürfen wir in die Präferenzbildung von Individuen eingreifen? Beispielsweise Nudging: Wo liegen hier die Grenzen zwischen wohlgemeinten Stupsern und Manipulation?

Zahrnt: Ein großer Hebel ist aus meiner Sicht Wissensvermittlung und Aufklärung. Um eine bewusste Entscheidung treffen zu können, müssen Verbraucher verstehen, was in anscheinend harmlosen Produkten steckt, die sie jeden Tag unbedacht kaufen. Zum Beispiel, dass in konventionell hergestelltem Fleisch oft Soja steckt, für das wertvolle Regenwälder abgeholzt werden, um Anbauflächen zu gewinnen. Wenn diese Zusammenhänge klar werden, wächst nicht nur das Bewusstsein, sondern auch die Akzeptanz gegenüber staatlichen Maßnahmen wie Preiserhöhung und Labels. Das ist das eine. Das andere ist, dass ich als Verbraucher und Verbraucherin die Möglichkeit haben muss, mich gemäß meiner Erkenntnisse und Überzeugungen verhalten zu können. Wenn ich beispielsweise zu dem Entschluss gekommen bin, dass ökologische Landwirtschaft besser ist für meine Gesundheit und für die Umwelt, dann brauche ich auch Läden, in denen ich ökologisch produzierte Lebensmittel kaufen kann. Oder wenn ich verstanden habe, dass ich kurze Strecken unter drei, vier Kilometern besser zu Fuß oder mit dem Fahrrad zurücklege, brauche ich für mich und meine Familie sichere Wege.

Insofern ist Suffizienz nicht nur eine Werteentscheidung eines jeden, sondern es ist Aufgabe von Politik, Wirtschaft und Gesellschaft, nachhaltige Verhaltensweisen zu ermöglichen, indem entsprechende Infrastrukturen und Angebote geschaffen werden. Inzwischen gibt es etliche Kommunen, die systematisch Suffizienzpolitik betreiben, um ihren Bürgern ein ressourcenleichtes Leben auch leicht zu machen.

Kommen wir auf die globale Komponente zu sprechen. Frau Zahrnt, provokant gefragt: Uns Menschen aus den westlichen Industriestaaten mag es vielleicht nicht schwerfallen, den Gürtel enger zu schnallen – doch was sagen Sie Menschen aus ärmeren Gegenden unserer Welt?

Zahrnt: Es gibt Regionen, in denen Menschen nach wie vor mehr materielle Ausstattung und Güter benötigen, um ein Leben in Würde führen zu können. Deswegen steht es außer Frage und ist auch Konsens bei allen internationalen Klimaverhandlungen und -vereinbarungen, dass Entwicklungs- und Schwellenländer mehr Ressourcen verbrauchen dürfen als bisher. Und Industrieländer, die nicht nur in der Vergangenheit, sondern auch heute noch ein Vielfaches für sich beanspruchen, runterfahren müssen. Und zwar massiv.

Wir stehen erst am Anfang von großen Veränderungen, da die Annahme, immerwährendes Wachstum sei naturgegeben, immer stärker ins Wanken gerät.

Pittel: Hinzu kommt, Frau Zahrnt hat es eingangs schon gesagt, dass die Auswirkungen des Klimawandels Länder unterschiedlich stark treffen werden. Gerade Länder, die in der Vergangenheit wenig zum Klimawandel beigetragen haben, werden am meisten unter den Folgen leiden. Gleichzeitig haben sie in der Regel nur eingeschränkte finanzielle Möglichkeiten, in Klimaschutz zu investieren oder sich gegen die Folgen des Klimawandels zu schützen. Insofern spielt das Thema Fairness beim Klimaschutz eine große Rolle. Nicht nur aus Gründen des Goodwill. Um Klimaschutzziele zu erreichen, müssen alle Länder an einem Strang ziehen. Doch die Bereitschaft der Entwicklungsländer sinkt natürlich, wenn sie das Gefühl haben, wir lassen sie jetzt im Stich. Zumal sich Klimaschutzprogramme in den betroffenen Ländern relativ schnell und relativ günstig auf- und umsetzen ließen.**

Und wie stehen Sie zu dem Einwand, die Debatte um Klimaschutz und Nullwachstum sei ein Elitethema und gehe an Menschen und Unternehmen vorbei, die gerade in diesen

**schwierigen Zeiten auch hierzulande ums ökonomische Über-
leben kämpfen?***

Pittel: Menschen haben Angst. Dass sie ihren Job verlieren, das So-
zialsystem nicht hält, ganze Branchen sich massiv verändern. Der Vor-
wurf »Ihr redet über Klimawandel, uns steht das Wasser bis zum Hals«
ist da nachvollziehbar. Doch ich denke, wir dürfen nicht alles miteinander vermengen. Nehmen Sie die aktuelle Situation der Covid-19-
Pandemie. Hier muss klar unterschieden werden zwischen reinen
Rettungsmaßnahmen, um das Überleben von Unternehmen und Haushalten zu sichern, und einer langfristigen Zukunftsgestaltung. Ich bin
absolut nicht dafür, dass wir Branchen und Unternehmen, die beispielsweise über einer bestimmten Emissionsintensität liegen, in der
kurzen Frist jede Unterstützung verweigern. Die Rückwirkungen auf
Beschäftigung und Gesellschaft wären kurzfristig schwer zu verkraften
und würden die Akzeptanz klimapolitischer Maßnahmen unterminie-
ren. Doch wenn wir in Krisen Programme aufsetzen, die langfristige
Investitionen unterstützen, dann würden wir uns auch aus wirtschaftlicher Sicht keinen Gefallen tun, ließen wir Kriterien der Nachhaltigkeit außer Acht. In alte Technologien zu investieren, die in absehbarer
Zeit bei zunehmend strikterer Klimapolitik nicht mehr wettbewerbs-
fähig sein werden, bedeutet, in Kauf zu nehmen, dass in einigen Jahren
jede Menge Kapital vorzeitig abgeschrieben werden muss. Inwieweit der
Staat dann finanzielle Mittel für eine Umsteuerung und Unterstützung grüner Investitionen zur Verfügung stellen kann, ist in Anbe-
tracht der Folgen der Corona-Krise zumindest kritisch zu hinterfragen.
Die andere Option, die Klimaziele in einer solchen Situation aufzuge-
ben, kann auch nicht die Alternative sein. Insofern ist es aus meiner
Sicht kein Elite- oder Luxusthema, auch in Krisenzeiten über Nachhaltigkeit nachzudenken. Ganz im Gegenteil.

Zahrnt: Ich kann mich dem nur in allen Punkten anschließen. Die Corona-Krise stellt uns vor die Aufgabe, die Wirtschaft rasch zu stabilisieren. Das darf jedoch die Dringlichkeit der Klimakrise nicht überlagern.

Bleibt zum Abschluss die Frage, was Sie von dem milliardenschweren Konjunktur- und Zukunftspaket der Bundesregierung unter dem Aspekt der Nachhaltigkeit halten. Bitte jeweils nur eine kurze Einschätzung.*

Zahrnt: Vieles in dem Paket ist nötig zur gegenwärtigen Stabilisierung der Wirtschaft und somit akzeptabel. Doch mir fehlt ganz klar die Ausrichtung auf längerfristig ökologische Ziele. Investitionsförderung ohne Kopplung an ökologische Auflagen ist aus meiner Sicht genauso wenig zielführend wie eine pauschale Konsumförderung.

Pittel: Die Vorgabe war, dass alles ganz schnell gehen muss. Insofern sind die Ministerien, mit denen wir gesprochen haben, durchaus zufrieden mit dem Ergebnis – in einigen Kapiteln geht es auch um die Förderung umweltfreundlicher Technologien. Doch noch immer werden Nachhaltigkeit und Klimaschutz nicht als Querschnittsthema gesehen, das so gut wie alle Bereiche betrifft. Und auch ein klares Bekenntnis zur Klimaneutralität ist nicht erkennbar. ●

---

* Fragen wurden von Teilnehmern im Chat gestellt und in der Diskussion aufgegriffen.

** Antwort wurde nach der Veranstaltung auf Nachfrage unsererseits nachgereicht.

GEMEINSAME WERTE, GEMEINSAME ZIELE

EIN KOMMENTAR ZUM STREITGESPRÄCH (I)

Wachstum, Wohlstand, Wohlbefinden – das alles sind Begriffe, die im ökonomischen Kontext sehr wohlklingend sind. »Gerne!«, möchte man darauf erwidern. Die sich anschließende Frage im Titel des Salonstreitgesprächs »Welche Wege führen zu nachhaltiger Entwicklung?« ist dann schon mit weniger Euphorie verbunden. Denn das ist eine konfliktgeladene und schwierige Diskussion. Eine Diskussion, mit der sich die Politik national wie international in den vergangenen Jahren intensiv auseinandergesetzt hat und der gegenüber auch die Öffentlichkeit immer sensibler wurde. Auf internationaler Ebene gab und gibt es langwierige Verhandlungsprozesse, auf welchen gemeinsamen Nenner man sich in Sachen Nachhaltigkeit einigen kann. Auf gesellschaftlicher Ebene sind es hitzige Debatten, welches Verhalten sozial erwünscht und zur neuen Norm werden sollte, und sogar auf individueller Ebene kämpft der eine oder andere gegen seine Gewohnheiten und Bequemlichkeiten an oder sucht nach Rechtfertigungen für »nicht nachhaltiges« Verhalten. Während des Salonstreitgesprächs wurde die Vielschichtigkeit des Themas deutlich und dass Wege zu nachhaltiger Entwicklung durchaus unterschiedlich gezeichnet werden können. Mit stärkeren regulatorischen Eingriffen, um schnell Fortschritte zu erzielen, oder mit ökonomischen Instrumenten und Anreizen, die einen gewissen Spielraum lassen. Eine Kernfrage, die sich vorwegschiebt: Wie wollen wir als Gesellschaft unsere Ziele erreichen – sofern wir uns denn auf gemeinsame einigen können? Zwei Aspekte, die im Laufe des Salonstreitgesprächs zwischen Karen Pittel und

Angelika Zahrnt aufgegriffen wurden, haben mich vor diesem Hintergrund besonders zum Nachdenken angeregt – und zahlreiche Anknüpfungspunkte aus der Verhaltensökonomik offengelegt:

STAKEHOLDER- UND ZIELKONFLIKTE – DIE KUNST DER KOMPROMISSE

Schon das gängige Konzept von Nachhaltigkeit macht Zielkonflikte auf. Denn Nachhaltigkeit bedeutet, ökologische, ökonomische und soziale Ziele zu berücksichtigen. Diese Vielschichtigkeit von Zielen zeichnet sich in internationalen Abkommen wie den Sustainable Development Goals (SDG) der Vereinten Nationen ab, die aus ganzen 17 Zielen mit vielen weiteren Unterzielen bestehen. Sie decken eine Bandbreite an Zielen für ökologisch und sozial verträgliches Wachstum ab. Gegen diese erzwungene Harmonie äußerte sich Angelika Zahrnt: Sie plädierte dafür, die Konflikte zwischen Ökologie, Ökonomie und Sozialem offenzulegen und eine klare Priorisierung – eher zugunsten der Ökologie – vorzunehmen. Der Gedanke einer klaren Priorisierung gefällt eigentlich vielen. Mitarbeiter fordern dies von ihren Führungskräften immer wieder, und auch in Assessment-Centern wird die Fähigkeit zur Priorisierung geprüft. Warum also hat die jahrzehntelange Auseinandersetzung mit Nachhaltigkeit bisher zu keiner Prioritätenliste geführt?

Eine mögliche Erklärung aus der Verhaltensökonomik ist, dass es Menschen schwerfällt, Entscheidungen zu treffen zwischen Optionen, die alle ihre positiven Aspekte und Annehmlichkeiten haben. Sich für einen Aspekt als Priorität zu entscheiden, bedeutet auch, sich gegen einen anderen zu entscheiden. Zwei Phänomene machen diesen Schritt schwieriger. Zum einen die Verlustaversion: Sich gegen etwas zu entscheiden geht mit einem Verlust einher. Und dieser erzeugt mehr Schmerz, als ein Zugewinn in gleicher Höhe Freude bereiten würde. Daher werden sie mit viel Mühe und Energie vermieden. Diese Verlustaversion ist es auch, die zum anderen das »Keeping doors open«-Phänomen stützt – die Tendenz, sich ein Hintertürchen beziehungsweise weitere Optionen offenzuhalten, selbst wenn diese eigentlich nicht gebraucht werden oder kostspielig sind.

In Sachen Nachhaltigkeit ist die aktuelle Relevanz aller drei Säulen für das Zusammenleben von Gesellschaften so hoch, dass die Vernachlässigung einer oder zwei Säulen zugunsten einer dritten mit erheblichen Verlusten einhergehen würde. Dass also an den Gedanken des Kompromisses und der Zielharmonie festgehalten wird, ist nicht verwunderlich. Letztendlich erhält diese Offenheit auch die Gesprächs- und Verhandlungsbereitschaft. Denn damit wird ausgedrückt, dass berechtigte Sorgen und Interessen von Stakeholdern gehört und ernst genommen und, so weit es geht, berücksichtigt werden. Umso wichtiger ist es, möglichst umfassende Stakeholder-Dialoge zu führen. Diese führen dann zwar nicht zu einem Kompromiss, der alle Interessen gleichmäßig berücksichtigt, aber vielleicht zu einem Kompromiss, den letztendlich alle Beteiligten unterstützen können, weil sie darin involviert waren. Angesichts von Spaltungs- und Separationstendenzen in der Gesellschaft, die sich immer wieder Bahn brechen, ist ein solches Vorgehen vielleicht aufwendig und anstrengend und mit weniger Fortschritten verbunden, führt aber hoffentlich dazu, gemeinsame Ziele und Werte auch langfristig zu verfolgen.

INDIVIDUELLES VERHALTEN – DIE KRAFT DES PSYCHOLOGISCHEN IMMUNSYSTEMS

Ein zweiter Aspekt, der während des Salonstreitgesprächs thematisiert wurde, knüpft an die oben thematisierte Konfliktunverträglichkeit und Verlustaversion an. Karen Pittel stellte sich im Laufe der Diskussion die Frage, was Menschen eigentlich wollen. »Wir wollen alle mehr Grün, verhalten uns aber nicht so« – so ähnlich formulierte sie ein Phänomen, das nicht recht zu Argumenten von Konsumentensouveränität und Nutzenfunktionen passt. Dass es Gesellschaften – also einer Menge von Individuen – schwerfällt, gemeinsame Ziele und Wege dahin zu formulieren, mag plausibel sein. Dass es aber einzelnen Individuen schwerfällt, gemäß ihren eigenen Einstellungen, Wünschen und Zielvorstellungen zu handeln und Entscheidungen zu treffen, klingt abwegig. Genau dieses – auch als Einstellungs-Verhaltenslücke bekannte – Phänomen tritt aber regelmäßig in den verschiedensten Kontexten auf. So kann es vorkommen, dass Umfragen zwar eine nie dagewesene Sensibilität gegenüber ökologischer oder sozialer Nachhaltigkeit in der Bevölkerung messen, das Konsumverhalten diese Sensibilität aber nur in Bruchteilen widerspiegelt – beispielsweise durch relativ geringe Marktanteile von Bio- oder Fairtrade-Lebensmitteln, den steigenden Absatz von SUVs, die Smartphone-Wechselhäufigkeit und so weiter. Diese Indikatoren bedeuten keineswegs, dass die Menschen Falschangaben machen und ihnen Nachhaltigkeit egal ist. Sie zeigen aber, dass eine positive Einstellung gegenüber Nachhaltigkeit nicht zwangsläufig bedeutet, diese auch in konkretes Verhalten umsetzen zu können. Die Gründe hierfür liegen unter anderem in den starken Verharrungstendenzen (status-quo bias) von Menschen und einem ausgeprägten psychologischen Immunsystem.

Die meisten Menschen möchten ein positives Selbstbild von sich haben. Dazu zählt auch, die eigenen Entscheidungen gemäß den eigenen Wertvorstellungen zu treffen oder diese zumindest im Nachhinein so einzuordnen. Die Tendenz, Informationen zu suchen und eher wahrzunehmen, die das eigene Verhalten eher bestärken, erleichtert es im Nachhinein auch, dieses als passend und positiv einzustufen. Eine angewandte Strategie des psychologischen Immunsystems ist es auch, kleinere Fehltritte im Geiste mit lobenswerten Handlungen zu »kompensieren«. Zum Beispiel besonders sorgfältig bei der Mülltrennung vorzugehen, wenn man durch die häufigere Nutzung von Einweg-Kaffeebechern ein schlechtes Gewissen hat.

Diese »Abweichungen von rationalem Verhalten« sollten aber nicht dazu genutzt werden, den Menschen als generell unzurechnungsfähig zu deklarieren und von Ansätzen, die auf Freiwilligkeit basieren, Abstand zu nehmen. Selbstverständlich werden (Konsum-)Entscheidungen von einer Mischung aus vorherrschenden Rahmenbedingungen, sozialen Normen und individuellen Werteinstellungen beeinflusst. Alle diese Aspekte sind in stetigem Wandel. Insbesondere bei den sozialen Normen kann eine Veränderung starken Einfluss haben. Haben Menschen das Gefühl, ein bestimmtes Verhalten entspricht nicht dem, was das Umfeld für richtig und wichtig empfindet, ist die Wahrscheinlichkeit hoch, davon Abstand zu nehmen, um sozialer Ächtung oder Sanktion zu entgehen. Je klarer die Gesellschaft also formulieren kann, was ihr wichtig ist, desto deutlicher bilden sich auch soziale Normen heraus, die diese Ziele unterstützen. Genau dieser Prozess – so spiegelt es die öffentliche Debatte – läuft nach wie vor nicht nur auf politischer oder akademischer Ebene, sondern auch auf privater.

NACHHALTIGKEIT UND CORONA –
DAS KRISEN-MOMENT

Das Salonstreitgespräch fand digital statt. Schon diese Tatsache legte es nahe, dass der Einfluss der Corona-Krise auf die Postwachstums- sowie Nachhaltigkeitsdebatte thematisiert wurde. Bleibt man beim obigen Thema der Gewohnheiten der Menschen, so wurde während des Lockdowns schnell deutlich, dass die meisten Gewohnheiten radikal verändert werden mussten. Viele Menschen haben diese Erfahrung gemacht und auch gemerkt, wie unangenehm es sein kann, von täglichen Routinen und Selbstverständlichkeiten abzuweichen. Auch der Umgang mit Zielkonflikten wurde durch die Corona-Krise sehr plakativ. Wie kann zwischen wirtschaftlichen und ökonomischen Zielen abgewogen werden? Welche sozialen Folgen nehmen wir in Kauf? Welche Einschränkungen sind zur Zielerreichung angemessen? Über all diese Fragen wurde heftig debattiert. Gleichzeitig zeigt sich nach dem anfänglichen Ausnahmestatus ebenfalls, dass neue Routinen und Gewohnheiten sich verfestigen. Sei es das Abstandhalten oder das Tragen einer Maske. Selbstverständlich kann und sollte das Vorgehen für Verhaltensänderungen in der Corona-Krise nicht als Blaupause für die Erreichung anderer gesellschaftlicher Ziele – wie Nachhaltigkeit – genutzt werden. Dass Ad-hoc-Maßnahmen mit radikalen Einschnitten auch zu gesellschaftlichen Unruhen führen können und damit weniger stabile Akzeptanz haben, zeigte sich während des Lockdowns und im Sommer 2020 zum Beispiel an Demonstrationen. Die Art und Weise, wie Politik und Gesellschaft mit diesem Ausnahmezustand umgegangen sind, kann aber Aspekte und Diskussionspunkte für die weitere Debatte um den Wandel von Gesellschaften geben.

1. AKZEPTANZ VON REFORMEN UND STAATLICHEN MASSNAHMEN

In der Corona-Krise wurde deutlich, welche Bedeutung die Art der Kommunikation über Zielsetzung und Nutzen der Maßnahmen hat. Reformen und Maßnahmen werden deutlich besser akzeptiert und umgesetzt, wenn Leidensdruck spürbar, die Zielsetzung klar und der Weg der Maßnahme sichtbar sind. Sind die Probleme abstrakt und die Auswirkungen nicht direkt spürbar – wie beim Klimawandel oder sozialen Problemen andernorts –, ist es umso schwieriger, den Umsetzungswillen in der Bevölkerung zu aktivieren und Einschränkungen hinzunehmen. Umsichtige Kommunikation, überzeugende Fakten und klare Prognosen können dazu jedoch beitragen. Auch um die thematisierte Kompromissfähigkeit zu fördern, ist eine nachvollziehbare Kommunikation notwendig.

2. FREIWILLIGE VERHALTENSÄNDERUNG PLUS NUDGING

Menschen fällt es schon schwer, ihr Verhalten zu verändern, wenn das für sie mit deutlichen Kosteneinsparungen oder Vorteilen verbunden ist – zum Beispiel den Stromanbieter zu wechseln oder einen gesunden Lebensstil zu kultivieren. Ist die Veränderung zunächst mit Unannehmlichkeiten oder Kosten verbunden, ist sie natürlich noch schwieriger durchzuführen. Die Kompensation für einen solchen Aufwand muss hoch ausfallen. Doch Kompensationen bestehen nicht nur in monetären Werten oder eigenen Vorteilen. Selbstbild und soziale Normen sind eine wichtige Stellschraube zur Verhaltenssteuerung. Nicht ohne Grund war und ist nicht nur der eigene Gesundheitsschutz ein starker Motivator, die Abstands- und Hygienevorschriften einzuhalten. Insbesondere auch der Gedanke, andere nicht anzustecken, sich sozial erwünscht zu verhalten und ein Vorbild zu sein, hilft bei der

Umsetzung. In Bezug auf Nachhaltigkeit spielt also auch die Erwartungshaltung der Gesellschaft – das erwartete und erwünschte Verhalten – eine Rolle. Ausdruck dessen müssen nicht nur große Regelungen und Broschüren sein. Sie können sich auch als kleine Gesten und Gestaltungsoptionen ausdrücken, wie beispielsweise durch kleine Informationstafeln zu besonders nachhaltigen Optionen oder attraktive Designideen, die zu Nachhaltigkeit aufrufen. Auch die Bequemlichkeit der Menschen kann für einen »Stubser« zu nachhaltigem Verhalten genutzt werden. Beispielsweise indem standardmäßig ein Pfandbecher beim Außer-Haus-Verkauf von Getränken genutzt wird.

Für mich liegt eine Erkenntnis des Salonstreitgesprächs darin, dass viele Wege zu nachhaltiger Entwicklung führen – diese aber auch beschritten werden müssen. Von jedem Einzelnen, von Unternehmen und von der Politik. Da die letzten beiden Gruppen auch aus einzelnen Individuen mit ihren Überzeugungen, Emotionen und Werten bestehen, sollten wir das Verhalten des Einzelnen nicht vernachlässigen und uns weiter fragen, wie wir Menschen dazu bringen können, ihre Nachhaltigkeitsabsichten in die Tat umzusetzen. Ein gemeinsames Verständnis davon, was langfristig nachhaltig ist und welche Aspekte wir auf keinen Fall vernachlässigen können, ist ein wichtiger Schritt. Durch mehr Informationen und Wissen aufzuzeigen, welches Verhalten uns genau diesen Zielen näher bringt, ist ein weiterer wichtiger Schritt. Dazu braucht es Führung, Vorbild und Gemeinschaft. Dass die Atmosphäre des Salonstreitgesprächs weniger strittig als konstruktiv war, ist für mich in diesem Kontext ein gutes Zeichen. Wir brauchen konstruktiven Streit, um gemeinsam an einer nachhaltigen Zukunft zu arbeiten. ●

100 PROZENT

EIN KOMMENTAR ZUM STREITGESPRÄCH (II)

Nachhaltigkeit ist ein Thema, das mich schon seit meiner Jugend beschäftigt. Und letztlich hat das Interesse dafür nie aufgehört. Nach meinem Studium der internationalen VWL und der Agrarökonomie an der Universität Bayreuth und der TU München habe ich diverse Stationen durchlaufen. Ich habe die CSR-Abteilung eines Mittelständlers von innen gesehen, in einer Nachhaltigkeitsberatung gearbeitet, einen Innovationsort für nachhaltiges Wirtschaften mit aufgebaut, und zuletzt bin ich im Finanzumfeld gelandet, beim Aufbau eines Klima-Fonds. Eine Frage, die mir all die Zeit immer wieder durch den Kopf ging: Wo ist der größte Hebel für eine nachhaltigere Welt? Meine Suche nach Antwort und Erkenntnis war und ist höchst experimentell und praktisch. Das Ergebnis möchte ich in Ansätzen mit Ihnen teilen. Ohne Anspruch auf Vollständigkeit oder absolute Wahrheit. Aber mit der Hoffnung, dass der eine oder andere Gedanke vielleicht als Ideengeber und Inspiration dienen kann.

WAS BEDEUTET EINE »NACHHALTIGE WELT«?

Es gibt viele Definitionen von Nachhaltigkeit, der Begriff füllt viele Bücher und Expertengespräche. Ich will es kurz und pragmatisch halten: Für mich ist eine nachhaltige Welt eine Welt, in der Menschen nicht auf Kosten anderer Menschen oder zukünftiger Generationen leben. So steht es schon im *Brundlandt-Bericht* von 1987.

Gehen wir davon aus, dass es für eine große Anzahl an Menschen erstrebenswert ist, dieser recht einfachen Definition zu folgen. Und gehen wir davon aus, dass wir nichtsdestotrotz auf dem besten Wege sind, unseren Planeten signifikant degradiert unseren Nachkommen zu hinterlassen – so zumindest der breite Konsens unter Wissenschaftlern. Dann stellt sich die Frage, warum wir uns in dieser Situation befinden? Was ist der Grund für die Lücke zwischen Wollen und Tun? Und wie können wir sie wirklich überwinden – ohne uns in abstrakten Diskussionen zu verstricken?

In der wissenschaftlichen Diskussion wird diese Lücke »Attitude Behaviour Gap« genannt, und es ist spannend, über all die Erklärungsansätze zu diskutieren, die mittlerweile in der Literatur zu finden sind (Gewohnheiten, Bequemlichkeit, das Nichtvorhandensein von passenden Möglichkeiten, fehlendes Wissen und Bewusstsein, Überforderung durch Komplexität …). Über die unterschiedlichen Strategien, die Menschen entwickeln, um das unangenehme Gefühl zu vertreiben, wenn sie die Dissonanz zwischen Wollen und Tun verspüren (zum Beispiel Verleugnen und Beschwichtigen: Die eine Urlaubsreise nach Bali ist ja nicht so schlimm, mein Unternehmen sichert durch seine Produkte wichtige Arbeitsplätze …). Oder über die Ansätze, mit denen man vielleicht ja doch positiv Einfluss nehmen könnte auf das nicht nachhaltige Verhalten von Menschen (zum Beispiel Nudging).

Doch nach intensiven Auseinandersetzungen und Experimenten in verschiedenen Bereichen kann ich nur sagen: Es gibt keine »golden bullet« für die Lösung des Nachhaltigkeitsproblems. Schon allein deshalb, weil wir es nicht gänzlich verstehen, die Dimension nicht greifen können. Nehmen wir nur den rasenden Verlust an Biodiversität. Wir sollen handeln, haben aber noch nicht einmal verstanden, welche Arten auf dem Planeten überhaupt leben, geschweige denn, welch komplexe Beziehungen sie mit ihrem Umfeld unterhalten. Gleichzeitig läuft uns die Zeit davon.

Als unternehmerische Natur schlage ich deswegen eine unternehmerische Herangehensweise vor. Anfangen und keine Angst davor haben, etwas falsch zu machen! Denn Fehler sind ziemlich sicher und gehören zum Prozess der Erkenntnisfindung dazu. Wichtig ist es, offen und lernfähig zu sein, aktiv mit Forschung und verschiedenen Stakeholdern zu kollaborieren und den Mut zu haben, ein altes (Glaubens-) System infrage zu stellen. Oder wie eine geschätzte Managementtrainerin von mir es einmal formulierte: Bereits Bestehendes erforschen und neu überprüfen. Welche Elemente hatten früher einen guten Grund und sind heute überholt?

EIN RADIKALES GEDANKENEXPERIMENT

An dieser Stelle erlaube ich mir, einen Gedanken von dem Autor Gay Hendricks aufzugreifen und abzuändern. Ein Konflikt, so sein Ratschlag, kann nur gelöst werden, wenn beide Parteien zu 100 Prozent Verantwortung für die Situation übernehmen – 100 Prozent plus 100 Prozent. Sobald eine der Parteien sich nur zu 90 Prozent einlässt, wird das Lösen des Konflikts mühsam.

Übertragen wir diesen Ratschlag auf die derzeitige globale Krise, würde es bedeuten, dass sich jeder (!) zu 100 Prozent verantwortlich fühlt für den Zustand unserer Welt. Das mag sich sehr radikal anhören, ist es auch. Doch legen wir den legitimen politischen und wissenschaftlichen Diskurs über Ursache, Wirkung und Problemidentifikation kurz zur Seite und sehen, was die Regel mit uns hier und jetzt macht.

Wenn jeder 100 Prozent Verantwortung übernimmt, dann geht keine wertvolle Energie für das Bezichtigen und das Warten auf den anderen verloren. Ich kann sehr klar darüber nachdenken, was ich jetzt mit den Mitteln und Möglichkeiten, die mir gegeben sind, verändern kann. Ich muss kein Opfer der Umstände sein. Wenn die Kraft des Verstandes auf schöpferische Gedanken und Ideen ausgerichtet ist, dann findet sich viel leichter eine Lösung. Ein Prinzip, das in der Psychologie schon lange erkannt wurde: Unsere Gedanken beeinflussen unsere Wahrnehmung.

Ich lade Sie deswegen zu diesem Gedankenexperiment ein, vielleicht nur für einen Tag. Vielleicht in einem kleinen Teilbereich des Lebens. Ich persönlich glaube, wir können diese Herausforderung nur schaffen, wenn wir gemeinsam anpacken, jeder in seinem Bereich, jeder in seinem Können.

VERÄNDERUNG KANN LÄSTIG SEIN – UND GUT

Wer schon einmal eine lästige Gewohnheit wie das Rauchen ablegen wollte, weiß: Veränderungen können lästig und schmerzhaft sein. Insofern will ich an dieser Stelle nicht so naiv sein und behaupten, dass die notwendige Transformation leicht und ohne unangenehme Einschnitte vonstattengehen wird. Auch wenn ein Teil von mir insgeheim darauf hofft. Eine sehr große Motivation ziehe ich aus der Gewissheit, dass das aktuelle Zeitfenster uns immer noch die Chance gibt, diesen Wandel mit einer gewissen Gestaltungsfreiheit zu gestalten. Uns stehen Wissen, Mittel und Möglichkeiten zur Verfügung wie nie zuvor. Andernfalls steuern wir auf ein viel dunkleres Szenario zu, an dem ich persönlich nicht teilnehmen möchte. Spätestens dann ist die Veränderung – die umso radikaler sein muss – keine freie Wahl mehr, und wir zahlen als Menschheit einen hohen Preis für unsere Prokrastination. Die Erde mit ihrem Klima nimmt keine Rücksicht darauf, ob wir für Veränderung bereit sind oder nicht.

In meiner persönlichen Erfahrung kann auch unangenehme Veränderung zur Freude werden, wenn sie in einer neuen, besseren Version von mir selbst mündet. So hoffe ich es auch für uns als Kollektiv, für die Menschheit. Aber auch als Wirtschaft haben wir die Chance auf eine durch und durch positive Veränderung: alte Produkte und Prozesse überdenken. Von Grund auf nachhaltige Geschäftsmodelle aufbauen. Mit neuen Formen des Miteinanderarbeitens experimentieren. Freiräume für neues, kreatives Denken schaffen. Pioniere und Prototypen sind ausreichend vorhanden. Junge und ältere Unternehmer*innen beschreiten diesen Weg schon seit längerem. Es ist ein Experimentieren, Scheitern und Neulernen. Ein stetiges Auseinandersetzen mit sich selbst und Überprüfen, ein Navigieren im unsicheren Raum.

Ich lade Sie zu diesem gemeinsamen Experimentieren und Explorieren für eine nachhaltigere Welt ein. Die Aufgabe mag übermächtig erscheinen. Deswegen möchte ich an dieser Stelle noch eine Methode aus dem japanischen Raum nennen: Kaizen. Um eine neue Gewohnheit zu etablieren, tue es für eine Minute, jeden Tag, und erhöhe dann langsam die Zeit. Ähnlich ist es mit der Nachhaltigkeit: Wo ist das eine Prozent, das ich hier und jetzt sofort verändern kann? Was ist der nächste, elegante Schritt? Graduell verändern sich so Gewohnheiten, Lebensweisen und ganze Strukturen manchmal sogar überraschend schnell. Die 1-Prozent-Methode erlaubt es, sofort konstruktiv tätig zu sein, ohne sich in der Komplexität und der Übermächtigkeit des Problems zu verlieren. Auf Basis dieser kleinen Veränderung werden immer größere Veränderungen und Chancen möglich, die vorher nicht möglich waren. Um ein Bild aus der Systemtheorie zu verwenden: Wenn sich ein Teil des Mobiles bewegt, bewegt sich das ganze Mobile mit. Nun gilt es anzufangen.

WELCHE WELT WOLLEN WIR HINTERLASSEN?

Schon im Studium stieß ich auf den Artikel »The Top 5 Regrets of the Dying«, der mich damals sehr beeindruckt hat. Ich habe überlegt: Wenn mein Leben dem Ende zugeht – wie will ich es gelebt haben, um nichts bereuen zu müssen? In der Hektik des Alltags und des Lebens vergessen wir so häufig den Wert des Lebens und die Möglichkeiten, die es einem schenkt. Wir vergessen auch den Wert und die Schönheit, die dieser Planet uns gibt. Er wird zum Objekt, den wir benutzen und besitzen. Auch wenn wir ihn dann doch mit leeren Händen wieder verlassen.

Nachhaltig leben und neue Wege für eine nachhaltigere Welt beschreiten erfüllt mich jedenfalls mit großer Freude, der Freude, zum Wohlbefinden und Wachstum von mir und anderer Menschen beitragen zu können und in Kollaboration mit diesem Planeten zu leben. Ich glaube, jeder kennt das Glücksgefühl, das entsteht, wenn man mit einem höheren Sinn verbunden ist – sei es in Familie, Freundschaften oder bei dem Aufbau des eigenen Unternehmens. In diesem Sinne hoffe ich, dass viele Menschen den Sinn und die Erfüllung darin finden, zu einer nachhaltigeren Welt für uns alle beizutragen. ●

KRISENFEST

DIE DIGITALISIERUNG ALS IMPFSTOFF FÜR DIE WIRTSCHAFT

Allmählich erholt sich die Wirtschaft von der Lockdown-Phase, Konjunkturindikatoren zeigen wieder nach oben. Und doch hat sich durch Corona vieles verändert. Menschen arbeiten im Homeoffice, kommunizieren über Videokonferenzen, bilden sich digital weiter und bestellen Waren online. Nicht, dass dies alles neu wäre. Doch durch die Krise haben sich viele wirtschaftliche und gesellschaftliche Aktivitäten verstärkt in die digitale Welt verlagert, um soziale Distanz zu wahren. Die Digitalisierung hat sich hierbei als »Heilmittel« erwiesen. Remote-Zugänge zum Firmennetzwerk, Software für die Kommunikation, Roboter, die Waren kommissionieren, Webinare für Vorträge – für fast alles gibt es inzwischen eine digitale Lösung. Und der Einsatz digitaler Lösungen ist nicht auf bestimmte Bereiche beschränkt, sondern findet in allen Bereichen wirtschaftlicher Aktivität statt – eine typische Eigenschaft einer sogenannten »General Purpose Technology«.[1]

Der Begriff der Digitalisierung bringt zum Ausdruck, dass sich Produkte, Dienste, Prozesse und Geschäftsmodelle, ja wirtschaftliche Aktivität überhaupt, durch den Einsatz digitaler Technologien verändern. Während es in den 80er-Jahren noch um Personalcomputer ging, die an den Arbeitsplätzen Einzug hielten, kam in den 90er-Jahren das Internet als bahnbrechende, disruptive Innovation auf den Plan.

---

[1] Timothy F. Bresnahan/Manuel Trajtenberg: »General Purpose Technologies: Engines of Growth?« (1995), in: *Journal of Econometrics* 65(1), S. 83–108.

Heutzutage stehen auf der Technologieseite Hardwarekomponenten wie Notebooks und Smartphones, Softwareanwendungen, die unternehmensinterne Prozesse unterstützen oder die Kommunikation mit Kunden und Geschäftspartnern erleichtern, sowie verschiedene Infrastrukturen wie die Glasfaser, die 5G-Mobilfunktechnologie oder die Cloud. Hinzu kommen zahlreiche Funktionen, die durch künstliche Intelligenz und immer größer und vielfältiger werdende Datensätze ermöglicht werden wie bei der Bild- und Spracherkennung oder bei der vorausschauenden Wartung von Maschinen, die Ausfallzeiten minimiert (engl.: predictive maintenance). So heterogen wie die Digitalisierung ist, so vielfältig sind die Möglichkeiten, digitale Lösungen anzuwenden und ihre Potenziale zu nutzen. Kein Auto läuft heute mehr ohne Software und Sensoren, kaum ein Unternehmen kommt an einer Internetpräsenz vorbei oder an einem digitalen System, mit dem sich Geschäftsprozesse unterstützen und steuern lassen. Der Einsatz digitaler Technologien verändert wirtschaftliche Prozesse, ermöglicht Innovationen und trägt so – direkt und indirekt – zum Produktivitätswachstum bei, auch wenn dieser Beitrag die Erwartungen bislang noch nicht ganz erfüllen kann.[2]

DIGITALISIERUNG TRÄGT ZUR KRISENRESILIENZ BEI

Neben dem Veränderungspotenzial, das die Digitalisierung birgt, hat sie auch eine stabilisierende Wirkung. Dies hat sich bereits während der Finanz- und Wirtschaftskrise in den Jahren 2008 und 2009 gezeigt. Das Produktivitätswachstum war bei hoch digitalisierten Unternehmen

---

2 Erik Brynjolfsson/Daniel Rock/Chad Syverson: »Artificial Intelligence and the Modern Productivity Paradox: A Clash of Expectations and Statistics« (2017), NBER Working Paper No. 24001.

weniger rückläufig als bei gering digitalisierten Unternehmen. Gleichzeitig waren die hoch digitalisierten Unternehmen eher in der Lage, Prozessinnovationen umzusetzen und damit ihre Innovationsfähigkeit zu stärken.[3] Ein ähnliches Muster ist in der Corona-Krise erkennbar. Unter den hoch digitalisierten Soloselbstständigen befanden sich während des Lockdowns deutlich weniger, die ihre Geschäftstätigkeit nicht mehr ausüben konnten, als unter den gering digitalisierten.[4] Die Digitalisierung trägt also zur Krisenresilienz bei und kann durchaus als Corona-Impfstoff für die Wirtschaft bezeichnet werden.

Doch kann die Corona-Krise, die der Wirtschaft offenkundig einen heftigen Digitalisierungsschub versetzt hat, die digitale Transformation wirklich nachhaltig vorantreiben? Oder werden mobile und flexible Formen des Arbeitens im Homeoffice und bei Videokonferenzen die einzigen Errungenschaften bleiben, an denen wir uns nach Corona erfreuen werden?

Viele Unternehmen mussten aufgrund der Corona-Krise kurzfristig in digitale Lösungen investieren, seien es Notebooks und VPN-Zugänge, Lizenzen für Videokonferenztools oder bessere und umfangreichere Funktionen auf der unternehmenseigenen Webseite. Unternehmen und Beschäftigte haben die Erfahrung gemacht, dass sich mehr Tätigkeiten im Homeoffice erledigen lassen als zuvor angenommen, und sich dementsprechend auf virtuelle Meetings als Ersatz für physische Treffen und Dienstreisen eingestellt. Dies wollen sie auch nach der Krise beibehalten, wenn auch nicht unbedingt in derselben

---

3 Irene Bertschek/Michael Polder/Patrick Schulte: »ICT and Resilience in Times of Crisis: Evidence from Cross-Country Micro Moments Data« (2019), in: *Economics of Innovation and New Technology* 28(8), S. 759–774.

4 Irene Bertschek/Daniel Erdsiek: »Soloselbständigkeit in der Corona-Krise. Digitalisierung hilft bei der Bewältigung der Krise« (2020), ZEW-Kurzexpertise 20-8, Mannheim, http://ftp.zew.de/pub/zew-docs/ZEWKurzexpertisen/ZEW_Kurzexpertise2008.pdf.

Intensität.[5] Corona hat jedoch nicht nur das Arbeits-, Mobilitäts- und Konsumverhalten der Menschen verändert und entsprechende Investitionen der Wirtschaft befördert. Corona hat auch bestehende Defizite Deutschlands in puncto Digitalisierung zum Vorschein gebracht. Seit Jahren kommt der Ausbau des schnellen Internets nicht so schnell voran wie geplant, beim Einsatz digitaler Lösungen insbesondere in kleinen und mittleren Unternehmen besteht noch viel Luft nach oben, das Angebot digitaler öffentlicher Dienste ist stark ausbaufähig, und im Gesundheitswesen wird nach digitalen Prozessen oftmals vergeblich gesucht.

DIE INNOVATIONSPOTENZIALE DER DIGITALISIERUNG NUTZEN

Jetzt geht es darum, nicht auf dem Status quo zu verharren oder zum Vorkrisenzustand zurückzukehren, sondern das Momentum zu nutzen und aus den teils unfreiwillig erfolgten digitalen Lektionen zu lernen. Nun gilt es, die Innovationspotenziale der Digitalisierung zu nutzen – und zwar für die Entwicklung neuer Produkte, Dienste und Geschäftsmodelle, die Lösungen für die großen Herausforderungen bieten. Für den effizienten Verbrauch von Ressourcen, neue Konzepte der Mobilität, aber auch für veränderte Arbeits- und Lernformate oder für neue Formen des Einkaufens und Konsumierens. Bereits während der Krise haben sich zahlreiche innovative Lösungen entwickelt oder abgezeichnet, die durch Digitalisierung erst ermöglicht wurden. Doch oftmals handelt es sich dabei um spontane Innovationen als kurzfristige Reaktion auf die Krisensituation. Entsprechend waren die Innovatoren eher im Dienstleistungssektor und eher in kleineren

---

5 ZEW-Branchenreport Informationswirtschaft, 2. Quartal 2020, Mannheim.

Unternehmen zu finden, da diese krisenbedingt stärkere Umsatzein-
bußen verzeichnen mussten als Unternehmen im verarbeitenden Ge-
werbe oder größere Unternehmen.[6]

Digitale Technologien bieten für viele Herausforderungen eine Lösung. Doch ihr erfolgreicher Einsatz hängt mit einer Vielzahl von Faktoren zusammen, die zu berücksichtigen sind. Die Einführung eines
digitalen Systems bedarf nicht nur des dafür notwendigen technischen
und immer mehr spezialisierten Know-hows, sondern auch des Wissens
im Umgang mit diesem System, über die rechtlichen Rahmenbedingungen wie zum Beispiel den Datenschutz und über die Datensicherheit. Frühere Wellen technologischen Wandels haben es gezeigt, und
dasselbe gilt auch für die Digitalisierung: Sie ist nur dann erfolgreich
zu meistern, wenn Investitionen in Technologien von Investitionen in
Wissen begleitet werden.[7] Kein Wunder, dass zahlreiche Unternehmen einen Fachkräftemangel im Bereich Digitalisierung beklagen und
die digitalen Fähigkeiten ihrer Beschäftigten als ausbaufähig einschätzen. Dies dürfte einer der Gründe dafür sein, dass Deutschland seine
Digitalisierungspotenziale bislang noch nicht ausschöpft. Insbesondere
kleinere und mittlere Unternehmen sind zaghaft bei der Nutzung digitaler Lösungen. Sowohl der mangelnde Einsatz digitaler Technologien
in der Wirtschaft als auch das Fehlen von Fachkräften und digitalen
Fähigkeiten werden als Ursachen für das zurückgehende Produktivitätswachstum in Industrieländern gehandelt.[8]

---

6 Volker Zimmermann: »Innovationen in der Corona-Krise: Not macht erfinderisch« (2020), in:
   KfW Research, *Fokus Volkswirtschaftslehre*, Nr. 295, 13. Juli 2020.

7 Timothy F. Bresnahan/Erik Brynjolfsson/Lorin M. Hitt: »Information Technology, Workplace
   Organisation, and the Demand for Skilled Labor: Firm-Level Evidence« (2002), in: *Quarterly
   Journal of Economics*, 117(1), S. 339–376.

8 Bettina Peters/Pierre Mohnen/Marianne Saam/Florence Blandinières/Martin Hud/Bastian Krieger/
   Thomas Niebel: »Innovationsaktivitäten als Ursache des Productivity Slowdowns? Eine Literatur-
   studie« (2018), in: *Studien zum deutschen Innovationssystem* Nr. 10-2018.

KEINE ANGST VOR JOBVERLUST

Mit der Einführung neuer Technologien war schon immer die Angst vor Arbeitslosigkeit verbunden. Wenn Maschinen Aufgaben übernehmen, die bislang von Menschen getätigt wurden, könnte die menschliche Arbeitskraft obsolet werden – so die Sorge. Diese Befürchtungen bestanden bei der Einführung der Webstühle genauso wie bei der Einführung des Fließbands. Und sie bestehen auch jetzt, in einer Zeit, in der wir darüber diskutieren, ob Anwendungen von künstlicher Intelligenz menschliche Arbeitskraft verdrängen. Doch in der Vergangenheit hat technologischer Wandel immer dazu geführt, dass am Ende mehr Jobs geschaffen als verdrängt wurden und sich der Wohlstand vermehren konnte. Denn selbst wenn auf der einen Seite Jobs durch Digitalisierung verloren gehen, entstehen auf der anderen Seite neue Jobs. Und zwar indem neue Produkte und Dienste entwickelt und hergestellt werden, die neue Nachfrage schaffen, oder indem bereits bestehende Produkte und Dienste durch Digitalisierung günstiger hergestellt werden können. Aktuelle Studien zeigen, dass auch der digitale Wandel mehr Jobs schaffen als vernichten wird.[9] Denn letztlich geht es darum, einzelne Tätigkeiten von Maschinen, Robotern oder intelligenter Software erledigen zu lassen, und nicht darum, ganze Berufe oder Jobs zu ersetzen. Seit Beginn der Corona-Krise hat sich so mancher vormals als Jobkiller verschmähte Roboter als Jobretter erwiesen. In der Produktion und Logistik übernimmt er Aufgaben, ohne seinen menschlichen Kollegen und Kolleginnen zu nahe zu treten.

Nichtsdestotrotz kann Digitalisierung für einzelne Beschäftigte große Veränderungen mit sich bringen. Weiterbildung kann bei der Anpas-

---

9   Melanie Arntz/Thierry Gregory/Ulrich Zierahn: »Digitalisierung und die Zukunft der Arbeit: Makroökonomische Auswirkungen auf Beschäftigung, Arbeitslosigkeit und Löhne von morgen« (2018), Bundesministerium für Forschung und Entwicklung (BMBF), Mannheim.

sung an diese Veränderungen bis hin zum Wechsel in einen anderen Job unterstützen. Hierzu sollten sich Unternehmen und Beschäftigte gleichermaßen verpflichtet fühlen.

INNOVATIONEN, INFRASTRUKTUR, WISSENSVERMITTLUNG

Wie kann es uns gelingen, die Wirtschaft durch eine digitale Transformation nachhaltig zu stärken? Eine wesentliche Voraussetzung ist, dass wir zum Wandel bereit sind und die damit verbundenen Mühen nicht scheuen. Denn Digitalisierung ist nicht trivial und bedarf der Anstrengung jedes Einzelnen, jedes Unternehmens und vonseiten der Politik:

- Für den Einzelnen oder die Einzelne bedeutet die nachhaltige Digitalisierung, sich nicht mit dem einmal Erlernten zufriedenzugeben, sondern Wissen stetig weiterzuentwickeln und Lernen als Lebensaufgabe zu verstehen. Es bedeutet aber auch, neuen digitalen Lösungen gegenüber kritisch zu begegnen, sprich sich mit ihren Vor- und Nachteilen auseinanderzusetzen, ohne Wandel von vornherein abzulehnen.
- Für die Unternehmen bedeutet die nachhaltige Digitalisierung, sich nicht damit zu begnügen, Prozesse durch Digitalisierung flexibler und effizienter zu gestalten, sondern die Potenziale digitaler Lösungen für die Entwicklung neuer Produkte und Dienste und neuer Geschäftsmodelle zu eruieren, um die Innovations- und Wettbewerbsfähigkeit langfristig zu erhalten. Dabei kann eine Kooperation mit Start-ups oder Forschungsinstitutionen inspirierend sein. Gleichzeitig müssen die Beschäftigten für Veränderungen gewonnen werden, und dies sollte mit regelmäßigen Investitionen in

die Aus- und Weiterbildung begleitet werden. Die Ausbildung von Expertinnen und Experten muss nicht allein Aufgabe des Staats sein.

- Für die Politik bedeutet die nachhaltige Digitalisierung vor allem, geeignete Rahmenbedingungen dafür zu schaffen, dass neue Technologien entstehen, sich in der Wirtschaft verbreiten und dort weitere Innovationen ermöglichen können. Diese Rahmenbedingungen lassen sich grob in drei Aktionsfelder einteilen, die jeweils Maßnahmen zur Förderung von Forschung und Innovation, von Investitionen in die digitale Infrastruktur und zur Vermittlung von Wissen beinhalten. Diese Maßnahmen wurden größtenteils schon vor der Corona-Krise eingeführt. Das Zukunftspaket als Teil des Corona-Konjunkturpakets der Bundesregierung setzt auf Digitalisierung und Innovationen und stellt dafür zusätzliche Mittel zur Verfügung. Dies ist eine wichtige Ergänzung der im Konjunkturpaket enthaltenen und auf Stabilisierung fokussierten Maßnahmen wie Kurzarbeitergeld und Überbrückungshilfen.

FORSCHUNG UND INNOVATION FÖRDERN

Bereits vor Beginn der Corona-Krise hat die Bundesregierung ihren Instrumentenkasten für die Förderung von Forschung und Innovation erweitert. Zur bislang vorherrschenden Programmförderung ist zu Beginn des Jahres 2020 die steuerliche Forschungszulage hinzugekommen, die in anderen Ländern schon lange gang und gäbe ist und bei der sich Unternehmen ihre Aufwendungen für Forschung und Innovation steuerlich anrechnen lassen können. Damit sollen Anreize für Forschungs- und Innovationsaktivitäten ohne thematische Vorgaben gesetzt werden. Die Höchstsumme der förderfähigen Aufwendungen wurde im Zukunftspaket des Corona-Konjunkturpakets nochmals erhöht.[10] Ein weiteres Instrument ist die Gründung der Agentur für Sprunginnovationen, die sich auf Innovationen mit disruptivem Potenzial und hohem Risiko fokussiert. Damit wird ein breiteres Spektrum an Förderformaten abgedeckt. Ob die steuerliche Forschungsförderung und die Agentur für Sprunginnovationen erfolgreich sein werden, bleibt abzuwarten und zu evaluieren.

EINE EUROPÄISCHE DIGITALE INFRASTRUKTUR ETABLIEREN

Digitalisierung funktioniert nur da, wo eine entsprechende Infrastruktur vorhanden ist. Das heißt, es bedarf zuallererst eines schnellen Internets, das in der Lage ist, die Masse an Daten, die eine zunehmende Vernetzung mit sich bringt, zu übertragen. Neben Zielen für den Glasfaserausbau wurden auch Ziele für den Ausbau der 5G-Mobilfunktechnologie gesetzt, die es mit Nachdruck zu verfolgen gilt. Aber auch die Cloud hat als Infrastruktur für die Speicherung und Bearbeitung von Daten in den letzten Jahren zunehmend an Bedeutung gewonnen. Mit dem von Politik und Wirtschaft initiierten Prestigeprojekt Gaia-X will man diesen Anforderungen gerecht werden und Infrastrukturen schaffen, die dem europäischen Rechtsrahmen entsprechen. Ein weiterer Faktor ist in seiner Bedeutung mittlerweile zum Infrastrukturelement geworden: Daten. Ohne Daten können Softwareprogramme keine Lösungen produzieren und keine Lerneffekte realisieren. Doch neben dem Wert von Daten sind die Themen Datenschutz und Daten-

---

10 Wie die Expertenkommission Forschung und Innovation (EFI: »Kleine und mittlere Unternehmen unterstützen. Forschungszulage an die Erfordernisse der Corona-Krise anpassen«, EFI Policy Brief 04-2020) darlegt, werden insbesondere größere Unternehmen in die Gunst dieser zusätzlichen Förderung kommen. EFI zeigt mögliche Alternativen auf, die kleinere und mittlere Unternehmen nicht benachteiligen, indem beispielsweise statt der förderfähigen Aufwendungen der Fördersatz erhöht wird.

souveränität gleichermaßen von Bedeutung. Mit der Datenschutzgrundverordnung hat die Europäische Kommission bereits einen Meilenstein gesetzt und den Umgang mit personenbezogenen Daten geregelt. Eine Datenstrategie auf nationaler und europäischer Ebene muss den Rahmen um weitere Datenformen und Nutzungsmöglichkeiten erweitern und dabei sektorspezifische Unterschiede berücksichtigen.

EXPERTEN- UND BASISWISSEN

Der Faktor Wissen steht im Zentrum des dritten Aktionsfelds, das zu einer gelingenden digitalen Transformation der Wirtschaft beiträgt. Hierbei geht es um grundlegendes Basiswissen genauso wie um spezialisiertes Expertenwissen. Wir brauchen beides. Digitale Fähigkeiten sind Voraussetzung im täglichen beruflichen Umgang mit digitalen Anwendungen und müssen regelmäßig aktualisiert werden. Expertenwissen ist Voraussetzung, um neue Systeme zu entwickeln und einzuführen. Jedoch, und dies sollte nicht unterschätzt werden, ist Expertenwissen auch wichtig, um die Mechanismen zu verstehen, mit denen ein Softwareprogramm oder ein Algorithmus Ergebnisse produziert, diese richtig zu interpretieren und auf dieser Basis gute Entscheidungen zu treffen. Die Politik hat mehrere Maßnahmen aufgelegt, um Wissen über die Digitalisierung zu fördern. Als Beispiele seien hier der Digitalpakt Schule genannt sowie die finanzielle Förderung von Professuren für künstliche Intelligenz. Die eine Maßnahme setzt bei der Vermittlung von Basiswissen an, die andere bei der Vermittlung und Entwicklung von Expertenwissen.

KRISENSTABILISIERENDES POTENZIAL DER DIGITALISIERUNG AUCH FÜR DIE ZUKUNFT NUTZEN

Bei vielen Maßnahmen müssen unterschiedliche Interessen berücksichtigt werden. So sind beispielsweise beim Datenschutz wirtschaftliche Interessen gegen Verbraucherschutzinteressen abzuwägen. Bei der Bildung oder auch bei der Digitalisierung von Angeboten der öffentlichen Verwaltung sind es oft die föderalen Strukturen, die die Umsetzung konsensualer Maßnahmen erschweren. Die Corona-Krise hat so manchen Interessenkonflikt verblassen lassen. Sie hat die Digitalisierung beschleunigt und uns gleichzeitig bereits bestehende Digitalisierungsdefizite vor Augen geführt. Die Digitalisierung wiederum hat ihre krisenstabilisierende Wirkung unter Beweis gestellt. Nun gilt es, ihre Potenziale für Veränderung, für Innovationen und eine nachhaltige Transformation auszuschöpfen. Denn letztlich wird dies der Stabilisator in der nächsten Krise sein. ●

GEMISCHTES DOPPEL

ÜBER UNTERNEHMERISCHE WEITSICHT UND POLITISCHEN GESTALTUNGSWILLEN

Covid-19 bedeutet für Unternehmen, Politik und Gesellschaft einen massiven Stresstest, nicht nur hierzulande. Covid-19 stellt die ganze Welt auf den Kopf, weil gelernte Gesetzmäßigkeiten nicht mehr gelten. Das wirft Fragen auf: Wie kann ein Unternehmen in Zeiten der Corona-Krise trotz aller Widrigkeiten ein Anker der Stabilität und Sicherheit für seine Mitarbeitenden sein? Wie steuert man wirtschaftlich sicher durch diese Krise? Welche Kompetenzen und Strategien sind jetzt erforderlich? Und was braucht es seitens der Politik an unterstützenden Rahmenbedingungen?

Gerade in den ersten Tagen und Wochen war die Situation unberechenbar, und alle Pläne, Strategien und Budgets erschienen innerhalb kürzester Zeit obsolet. Die Erfolge der Vergangenheit zählten nicht mehr, und der Blick in die Zukunft war eher beängstigend denn motivierend. Dennoch musste es weitergehen. Es galt, Ruhe zu bewahren und trotz aller Unsicherheit klug und vorausschauend zu handeln.

Entscheidungsträger*innen in Unternehmen sahen sich dabei plötzlich mit Themen konfrontiert, die vor kurzem noch gar keine Rolle gespielt hatten. So bekamen beispielsweise die Sicherung der Liquidität mit kurzfristigen Finanzierungsmöglichkeiten, Kurzarbeit, Materialversorgung und die Aufrechterhaltung von Lieferketten von heute auf morgen oberste Priorität.

Ein gemeinsames Kernziel kristallisierte sich schnell heraus: so gut wie möglich die Arbeitsfähigkeit aufrechterhalten und neue »Krisenmechanismen« etablieren, mit denen die erforderlichen Entscheidungen schnell und trotzdem überlegt getroffen und umgesetzt werden können.

Die Notwendigkeit zu schnellem Handeln auf Basis von wenig validen Fakten stellt viele Unternehmen vor besondere Herausforderungen. Gerade in Phasen großer Unsicherheit wünschen sich Mitarbeitende und mittleres Management Orientierung, eine starke, souveräne Führung, die ein hohes Maß an Sicherheit und Verlässlichkeit vermittelt. Deshalb sind ein Orientierungsrahmen mit wenigen klaren Zielen und ein in der Wahrnehmung starkes, geschlossenes Managementteam gefragt. Doch woher soll in solchen Zeiten die Orientierung für die oberste Führung kommen? Von Virolog*innen, Politiker*innen oder Wirtschaftsinstituten? Wohl kaum! Denn sie alle stehen vor den gleichen Herausforderungen dieses wenn auch nicht völlig unvorsehbaren, so doch in diesem Ausmaß völlig unerwarteten Szenarios.

Das Besondere für alle Beteiligten war die Tatsache, dass bekannte und erprobte Verhaltensmuster, selbst die aus der Finanzkrise 2008/2009, keine Anwendung fanden. Die Geschwindigkeit und der Umfang der Entscheidungen, die auf politischer und wirtschaftlicher Ebene getroffen werden mussten, hatten eine völlig neue Dimension und brachten Themen auf die Agenda, für die in vielen Fällen Erfahrungswerte fehlten. Das heißt aber nicht, dass einige Themen und Anforderungen, die in der Krise plötzlich in den Fokus traten, nicht schon vorher präsent waren. Ihnen wurde oftmals aber nicht die erforderliche Priorität eingeräumt – wie zum Beispiel der digitalen Transformation.

Aus meiner Sicht gewinnen durch die Krise die Begriffe Agilität, VUCA – ein Akronym aus dem Englischen mit den Anfangsbuchstaben von volatility, uncertainty, complexity und ambiguity (zu Deutsch: Volatilität, Unsicherheit, Komplexität und Mehrdeutigkeit) – und Resilienz nochmals einen ganz anderen Stellenwert.

Innerhalb weniger Wochen mussten gewohnte und eingespielte Arbeitsstrukturen komplett verändert und neu organisiert werden. Mobiles Arbeiten, Kurzarbeit, getrennte Schichten ohne Schichtübergaben, Führung »remote«, Krisenmanagement und Ad-hoc-Entscheidungen, um nur einiges zu nennen, gehörten plötzlich zur täglichen Routine. Und das bei gleichzeitig höchster Unsicherheit, täglich neuen und dennoch wenig verlässlichen Informationslagen und so gut wie keiner Planungssicherheit. Man könnte auch sagen: VUCA in Reinform.

Die Fähigkeit, schnell, klar und gleichzeitig iterativ zu entscheiden und eine ganze Organisation innerhalb kürzester Zeit auf diese Ausnahmesituation einzuschwören und mitzunehmen, bedeutet eine neue Dimension von Führung, die in dieser Ausprägung nur selten gefordert wird. In so einer Situation wird unter schwierigsten Bedingungen von allen ein Höchstmaß an Flexibilität und Anpassungsfähigkeit abverlangt. Und Geschäftsführung und Management müssen sich auf den vorbehaltlosen Rückhalt und die Unterstützung ihrer Mitarbeitenden verlassen können. Das bedarf einer Organisationskultur, die auf Vertrauen, Wertschätzung, Fehlertoleranz und vor allem offener Kommunikation basiert.

Mitarbeitende, die verstehen können, wo das Unternehmen steht, warum welche Maßnahmen nötig sind und warum aufgrund sich verändernder Informations- und Sachlagen immer wieder neue Entscheidungen getroffen werden müssen, sind schneller in der Lage und bereit, selbst Verantwortung zu übernehmen. Auch unter schwierigsten Rahmenbedingungen wie Abstandsregeln, Hygienekonzepten und Homeoffice leisten sie motiviert ihren Beitrag zur Bewältigung der Krise. Wichtig ist dabei auch, dass die Sorgen und Ängste der Mitarbeitenden Raum bekommen und adressiert werden können. Das gibt Vertrauen und Sicherheit – die Basis, um nicht nur mit den eigenen Sorgen und Ängsten besser umgehen, sondern auch all die neuen Möglichkeiten und Potenziale mit dem nötigen Zutrauen erkennen und ergreifen zu können. So waren viele Führungskräfte überrascht, wie schnell und problemlos IT-Equipment beschafft und installiert werden konnte, wie effizient neue Arbeitsstrukturen remote funktionierten und wie verantwortlich und selbststeuernd die Bereiche agierten.

Neben den internen Mechanismen zur Krisenbewältigung, die grundsätzlich für mittlere und große Unternehmen Teil ihres Risikomanagements sind, ist das Wissen, was Organisationen widerstandsfähiger für Stresssituationen macht, seit geraumer Zeit ein Thema, das intensiv diskutiert wird. Während der Corona-Krise wird nun deutlich, ob ein Unternehmen ausreichend resilient ist und sich auch unter widrigsten Umständen behaupten kann. Entscheidend im Sinne von resilient ist am Ende, ob eine Organisation die Fähigkeit besitzt, tatsächliche oder potenziell widrige Ereignisse zu antizipieren, sich darauf einzustellen, sie zu verkraften, daraus zu lernen.

Ein wichtiger Baustein ist dabei der bereits erreichte Grad der digitalen Transformation. Die Fähigkeit, das bestehende Geschäftsmodell weitestgehend digital abzuwickeln, erweist sich als ein entscheidender Wettbewerbsvorteil. Sich bereits vor der Krise intensiv mit neuen Geschäftsmodellen, den Chancen und Herausforderungen einer digitalen Transformation und einer darauf angepassten Unternehmenskultur beschäftigt zu haben, die auf Vertrauen basiert und Veränderungen als Chance wahrnimmt, erhöht maßgeblich die Widerstandsfähigkeit. Es scheint jedoch, dass nicht alle Unternehmen diese Veränderungs- und Anpassungsnotwendigkeit rechtzeitig erkannt und umgesetzt haben. Dieses Versäumnis kann nun in der Krise zu zusätzlichen Problemen und Herausforderungen führen.

Für eine erfolgreiche Umsetzung der Digitalisierung mussten allerdings auch die notwendigen finanziellen und personellen Ressourcen vorhanden sein. Beides war in der Vergangenheit speziell für den Mit-

WARUM WAREN SO
VIELE UNTERNEHMEN
AUF DIE UNTERSTÜTZUNG
DURCH STAATLICHE
HILFEN ANGEWIESEN
UND KONNTEN NICHT
ZUMINDEST EINIGE
MONATE AUS EIGENER
KRAFT ÜBERSTEHEN?

telstand nicht immer einfach sicherzustellen. Wirtschaftlich konnten viele Unternehmen aufgrund der positiven Konjunkturentwicklung der letzten Jahre zwar wachsen und Personal aufbauen, Fachkräfte und Spezialist*innen gerade im digitalen Umfeld waren und sind jedoch knapp und nur schwer am Markt zu rekrutieren.

Zwar war spätestens nach der Finanzkrise klar, dass eine hohe Eigenkapitalquote und eine solide Finanzausstattung unabdingbar sind, um in Krisensituationen widerstandsfähig zu sein. Offensichtlich war es vielen Unternehmen trotz guter wirtschaftlicher Lage allerdings nicht möglich oder es wurde versäumt, die entsprechenden Rücklagen zu bilden. Die Folge: Aufgrund des Shutdowns reichte die teilweise knappe Liquiditätsdecke oftmals nicht mehr aus, und die Banken gewährten aufgrund eines bereits hohen Verschuldungsgrades keine zusätzlichen Kreditlinien mehr.

Die Politik hat hier sehr schnell reagiert und ein gewaltiges Finanzpaket geschnürt, das mit Soforthilfen und der Übernahme von Bürgschaften, der Stundung von Sozialversicherungsbeiträgen, Steuern und vielem mehr die Unternehmen kurzfristig und meistens unbürokratisch in dieser Situation unterstützt hat. Die Frage, die sich an dieser Stelle stellt, lautet allerdings: Warum waren so viele Unternehmen auf die Unterstützung durch staatliche Hilfen angewiesen und konnten nicht zumindest einige Monate aus eigener Kraft überstehen?

Sicher: Kaum jemand hat mit einer Krise und den massiven Auswirkungen auf die Wirtschaft gerechnet. Im Gegenteil, die stabile Wirtschaftsentwicklung der letzten Jahre hat zu einer zu entspannten Einschätzung der Lage geführt. Wenn wir künftig besser für Krisen gerüstet sein wollen, müssen wir genauer hinsehen und daran arbeiten, sensibler und weitsichtiger zu sein. Seitens der Unternehmen und Politik, die die notwendigen Rahmenbedingungen für Unternehmen schaffen muss, um in guten Zeiten notwendige Reserven aufzubauen.

Die Ursache für eine unzureichende Liquiditäts- und Kapitalausstattung von Unternehmen sind vielfältiger Natur. So sind Wachstumsphasen in aller Regel mit großen Investitionen in Maschinen und Anlagen verbunden. Und auch die Digitalisierung erfordert einen hohen monetären Ressourceneinsatz genauso wie die Entwicklung neuer Geschäftsmodelle. Zudem sind die Arbeitskosten in den letzten Jahren speziell in der Industrie deutlich stärker gestiegen, als der Zuwachs an Produktivität es gerechtfertigt hätte. Zwar gab es immer wieder Hinweise, dass dies eine ungesunde Entwicklung darstellt und die Unternehmen die erwirtschafteten Gewinne für Zukunftsinvestitionen benötigen. Dennoch hielt dieser Trend unvermindert an, und die Appelle der Wirtschaft in Richtung Sozialpartner*innen und Politiker*innen verhallten ohne die erwünschte Wirkung.

So liegt Deutschland mit seiner Unternehmenssteuerbelastung im Vergleich zu anderen Ländern in der Spitzengruppe. Dies beeinträchtigt nachhaltig die Wettbewerbsfähigkeit und erschwert es Unternehmen zusätzlich, den nötigen Eigenkapitalaufbau zu bewerkstelligen.

Im Gegenzug sind unternehmensseitig Aktienrückkaufprogramme, die sich entsprechend auf den Aktienkurs der jeweiligen Gesellschaft auswirken, mit dem Ziel, die jeweilige Bonifizierung der Vorstände und Führungskräfte positiv zu beeinflussen, zumindest für die Liquidität der Unternehmen ebenfalls nachteilig und tragen nicht zu einem breiteren Verständnis für notwendige Reformen bei den steuerlichen Belastungen bei. Gleiches gilt für steigende Dividenden- und Bonizahlungen, die zumindest in Krisenzeiten schwer nachvollziehbar sind – auch wenn Bonusvereinbarungen meist angepasst wurden und über längere Perioden laufen und somit dem Ziel, kurzfristige Entwicklungen gerade nicht überproportional zu berücksichtigen, entsprechen. Diese Beispiele erschweren es, für eine zurückhaltende Lohnentwicklung beziehungsweise niedrigere Unternehmenssteuern zu werben.

Gerade der starke deutsche Mittelstand ist von den negativen Implikationen gleichermaßen betroffen wie Großunternehmen, obwohl er in der Regel weder Rückkaufprogramme startet noch extreme Boni beziehungsweise Dividenden zahlt. Im Gegenteil, gibt es doch gerade unter Familienunternehmen eine Vielzahl an Beispielen, bei denen die Gesellschafter*innen und das Management solidarisch auf Ausschüttungen und Prämienzahlungen verzichten, um das Unternehmen und die Arbeitsplätze zu sichern. Teilweise wird sogar privates Vermögen der Gesellschafter*innen zur Unternehmenssicherung beigesteuert. Kontraproduktiv erweist sich in dieser Situation auch die Neuregelung der Erbschaftssteuer. Wirkt sie doch gerade der Bildung von Reserven in Form von Liquidität und Immobilien – und damit der Eigenkapitalstärkung – durch die Klassifizierung dieser Finanzmittel in nicht betriebsnotwendiges Vermögen entgegen, indem sie es steuerlich benachteiligt.

Weitere immer wieder angemahnte Einflussfaktoren, die sich nachteilig auf die Entwicklung der Wirtschaft in Deutschland auswirken, sind die überbordende Bürokratie und die steigende Regulierungsflut, die in den letzten Jahren mit zahlreichen Gesetzen, Verordnungen und Dokumentationspflichten immer weiter verschärft wurden. Gerade sie belasten die Kostenstrukturen der Unternehmen zusätzlich in einem ungesunden Maße, schränken die Flexibilität ein und tragen somit indirekt zu deren finanziellen Schwächung bei. Besonders ärgerlich ist dabei die unzureichende Digitalisierung der öffentlichen Hand – Dokumentationen und Genehmigungsverfahren werden dadurch noch aufwendiger und zeitintensiver.

Welche Auswirkungen und Rückschlüsse wir aus der Corona-Krise abschließend sehen werden, lässt sich derzeit noch nicht sagen. Im internationalen Vergleich haben sich allerdings viele unserer Sicherungssysteme und Maßnahmen als richtig und wertvoll erwiesen.

Speziell die Wirtschaft und die diverse Unternehmensstruktur in Deutschland mit einem starken Mittelstand und einer Aufstellung über viele Branchen hinweg erweisen sich als äußerst stabil und belastbar. Dennoch gibt es eine Reihe von Verbesserungspotenzialen – sowohl aufseiten der Unternehmen als auch aufseiten der Politik. Es gilt nun, aus den Erfahrungen der Krise zu lernen und die notwendigen Anpassungen schnell umzusetzen.

Wenn es beiden Seiten gelingt, das Gelernte tatsächlich in die zukünftige Gestaltung ihres Verantwortungsbereiches einfließen zu lassen, können wir als Gesellschaft und als Wirtschaft gestärkt aus dieser Krise hervorgehen.

Viele Ansatzpunkte liegen auf der Hand und sind seit geraumer Zeit bekannt. Dennoch wird viel zu oft in der Gegenwart verharrt, und zukunftssichernde Investitionen und Entscheidungen werden zugunsten eines kurzfristigen Erfolges verschoben.

Zukünftig muss innovatives, langfristig ausgerichtetes Denken und Handeln zur Vorbereitung auf weitere Krisen einen deutlich höheren Stellenwert erfahren. Trends und daraus entstehende Chancen müssen antizipiert, technologische Entwicklungen und potenzielle Risiken systematisch analysiert und zwingend in den Strategien und Entscheidungen berücksichtigt werden. Oberstes Ziel muss dabei sein, die Resilienz der Unternehmen deutlich zu erhöhen. Dazu bedarf es der Weitsicht von Unternehmen und des Gestaltungswillens der Politik. Die Auseinandersetzung mit einer zweifellos unsicheren Zukunft und ein konsequentes Ausrichten auf diese Zukunft sind der einzige Weg, um bestmöglich auf die damit verbundenen Herausforderungen vorbereitet zu sein – und möglicherweise auch auf neue Krisen. ●

ZUKUNFT. WIRTSCHAFT. WIDERSPRÜCHE

EIN (ORDNUNGSPOLITISCHER) BLICK AUF MANAGERBONI UND RETTUNGSSCHIRME

1. EINLEITUNG

Was ist die Aufgabe des Staates, was die der Unternehmen? Die Antwort auf diese Frage fällt heute nicht mehr so leicht wie vor 15 Jahren. Und auch damals schon war sie viel komplexer als etwa in den 50er-Jahren des 20. Jahrhunderts. War in den Wirtschaftswunderjahren einigermaßen klar, dass ein starker Staat nach Möglichkeit nur für die Rahmenbedingungen des Wirtschaftens zuständig sein soll, so mischen staatliche Institutionen heute überall mit. Sie setzen nicht mehr nur die Rahmenbedingungen, sie beteiligen sich darüber hinaus aktiv an Unternehmen, reichen begünstigte Kredite an Krisenfirmen weiter, verschieben überfällige Insolvenzanträge, regulieren die Bezahlung von Geschäftsführern und Vorständen, verbieten Dividenden- und Bonuszahlungen. Das alles passiert nicht gegen den Widerstand einer aufgeschreckten Bürgerschaft, im Gegenteil. Das Comeback des Staates in der Wirtschaft findet unter ausdrücklichem Beifall des Wahlvolkes statt.

Das Koordinatensystem der Wirtschaft hat sich bereits vor der Corona-Krise verschoben. Doch seit März 2020 gelten erst recht neue Maßstäbe. Das ist gefährlich. Denn der Staat müsste sich dringend vom permanenten Krisenmanagement frei machen, um grundlegende Zukunftsfelder erstmals zu regeln: Für den Klimaschutz muss der Staat in den kommenden Jahren Rahmenbedingungen schaffen und einen Markt für CO_2-Zertifikate entwickeln, der das Klima effizient schützt, gleichzeitig die Wirtschaft nicht überfordert. In der Digitalisierung aller Lebensbereiche soll er den Wettbewerb sichern und verhindern, dass sich Monopole bilden und verfestigen. Zudem bedürfen die neuen Arbeits- und Dienstverhältnisse eines angemessenen rechtlichen Rahmens. Die Globalisierung erfordert in einer Phase der Renationalisierung von Handelsbeziehungen umfangreiche Steuerung. Nur Staaten können Freihandel und fairen Handel garantieren. Nur Staaten können untereinander und supranational Verträge abschließen, die die Weltwirtschaft ordnen. Dazu kommt die Niedrigzinsphase. Sie drückt ein Missverhältnis zwischen privaten Ersparnissen und Investitionen aus: Zu vielen Sparern stehen zu wenige Unternehmen gegenüber, die expandieren wollen und dafür Geld brauchen. Auch hier kommt dem Staat eine neue Aufgabe zu: Solange die Schieflage besteht, kann und muss er investieren.

Ausgerechnet in diesen Bereichen sieht man im Augenblick allerdings wenig Engagement für neue und klare Regeln. Die Ordnung der Wirtschaft tritt hinter die Krisenpolitik zurück. Es ist offensichtlich, dass viel mehr politische Energie in Bereiche staatlicher Wirtschaftspolitik investiert wird, in denen man direkten Einfluss auf Unternehmen nehmen kann.

Wie konnte das passieren? Mit dem Ausbruch der Finanzkrise im Jahr 2008 wurde erstmals deutlich, wie groß die Rolle des Staates geworden war, ohne dass dafür ausdrückliche politische Beschlüsse erforderlich gewesen wären. Der Stempel »systemrelevant« sorgte dafür, dass einige Banken eine staatliche Überlebensgarantie bekamen. Wenn das nicht ausreichte, stieg der Staat wie bei der Commerzbank als Aktionär ein. Das Prinzip der sozialen Marktwirtschaft, nach dem man sich zunächst selbst hilft und erst danach die Starken für die Schwachen einstehen, wurde kurzerhand außer Kraft gesetzt. Zuerst musste nun die

Allgemeinheit haften – und dann auch noch nach dem neuen Prinzip »Die Schwachen zahlen für die vormals Starken«. In dieser Umkehrung der Verhältnisse wurzelt eine bis heute tief sitzende Skepsis weiter Teile der Bevölkerung gegen Unternehmertum, Manager und Aktiengesellschaften – und gegen die soziale Marktwirtschaft als Wirtschaftsverfassung Deutschlands. Ein System, das Risiko und Haftung nicht mehr als zwei Seiten einer Medaille handhabt, verliert Vertrauen, Glaubwürdigkeit und am Ende auch seine Wirksamkeit.

Auf diesem Boden wuchsen in den Folgejahren ein neues Staats- und ein neues Wirtschaftsverständnis. Vermeintlich überall fanden sich auch nach der Krise Beweise für Habgier, Pflichtvergessenheit und Egoismus: die Diesel-Affäre der großen Automobilbauer, Durchsuchungen bei der Deutschen Bank, die Skandale Wirecard und CumEx sind die Wegmarken des wachsenden Misstrauens gegenüber der Wirtschaft und einer immer größeren Begeisterung für staatliche Interventionen. Den Gerichten allein wollte man diese Verfehlungen nicht mehr überlassen. Der Staat will handeln, und der Staat soll handeln. Im kleinen Karo wohnt die große Versuchung: nämlich hinter der ständigen Aktion im Einzelfall zu verbergen, dass man für das Große keine Idee und keinen Mut mehr hat.

Das neue Zutrauen zum Staat hat viel mit dem erfolgreichen Weg Deutschlands nach der Finanzkrise zu tun. Die erfreuliche Entwicklung wurde vor allem der Regierung und der Europäischen Zentralbank zugeschrieben. Das Konjunkturpaket der Jahre 2008 und 2009, die Rettung der Eurozone. Über diesen Leistungen der Regierung, des Parlaments und der Notenbank verlor sich das Bewusstsein, dass Exporterfolge von Unternehmen erzielt werden, besser bezahlte Arbeitsplätze auf wettbewerbsfähige Betriebe zurückgehen, Aktienkurse und Dividenden sich aus den Gewinnen von managergeführten Konzernen speisen.

Nach allem, was wir bisher wissen, kann das nicht gut gehen. Die Wettbewerbsfähigkeit der Bereiche, die besonders von staatlichen Interventionen betroffen sind, wird leiden. Der Staat war noch nie der bessere Unternehmer, und er wird es auch nicht werden. Dennoch wird es wahrscheinlich kein Zurück zur sozialen Marktwirtschaft des 20. Jahrhunderts geben. Der demografische Wandel wird auf der einen Seite dafür sorgen, dass Risiko und Unternehmertum eine untergeordnete Rolle im Bewusstsein der Menschen spielen werden. Auf der anderen Seite sorgt die nachlässige Haltung der Wirtschaftspolitiker bei der Ordnung der Zukunftsbereiche Klima und Digitalisierung für Rechtsunsicherheit, und er trägt zur Bildung schädlicher Monopole und Kartelle und möglicherweise zu einem Zurückfallen Europas gegenüber den großen Wettbewerbern USA und China bei.

2. VERTRÄGE ZULASTEN DRITTER – DER STAAT ALS GARANTIEGEBER FÜR DIE WIRTSCHAFT

Der neue Ökonomie-Pakt zwischen dem Staat und seinen Bürgern geht langfristig auf Kosten der Wirtschaft und der Wettbewerbsfähigkeit, und er droht immer stärker auf Kosten der notwendigen ordnungspolitischen Initiative zu gehen.

Am besten lässt sich vielleicht am Beispiel der Commerzbank beschreiben, wie schädlich staatliche Dauerinterventionen wirken, wenn gleichzeitig das Engagement für die großen Linien der Regulierung fehlt.

Im August 2008 wurden der Versicherungskonzern Allianz und die Commerzbank handelseinig: Die Frankfurter Banker nahmen den Münchner Versicherern den Problemkandidaten Dresdner Bank ab, mitten in der Finanzkrise. Schon wenige Wochen später – nach der Insolvenz der amerikanischen Investmentbank Lehman Brothers – wurde deutlich, dass sich die Commerzbank völlig verhoben hatte. Weil aber im Vorfeld des Deals die Politik kräftig mitgeholfen hatte, die Dresdner Bank unterzubringen, half sie nun auch, die Commerzbank am Leben zu erhalten. Milliardenkredite, Eigenkapitalhilfen und dann auch noch der direkte Einstieg des Staates in die Bank wurden innerhalb weniger Monate fällig. Das Ergebnis der Rettungsaktion: Bis heute hält der Staat Anteile an der Commerzbank, bis heute ist das Institut nicht in sicherem Fahrwasser, bis heute gibt es kein Geschäftsmodell, das die Commerzbank zukunftssicher macht.

Zwar ist die Bankenregulierung das ganz große Thema der zehn Jahre nach der Finanzkrise gewesen. Rettungsschirme wurden aufgespannt, Stresstests angeordnet, das Kontrollregime wurde geschärft, die Bankenunion auf den Weg gebracht. Leider aber versäumten es die europäischen Bankenretter, die Leitlinien für den staatlichen Einfluss nachhaltig und einheitlich für alle Länder der Eurozone zu formulieren. So konnte es passieren, dass heute zwar jede Bank ein Testament verfassen muss, wie sie im Fall eines plötzlichen Ablebens abgewickelt werden kann. Doch allzu ernst müssen die Banker diese Verpflichtung nicht nehmen. Denn am Ende gibt es immer einen Grund, doch noch nicht zu sterben.

Bei der Commerzbank eskalierte die Lage erst im Sommer 2020, als dem Private-Equity-Investor Cerberus der Geduldsfaden riss: »Fahrlässigkeit und Arroganz« warfen die Eigentümer dem Management und dem Aufsichtsrat des Hauses vor, die vorgelegten Sanierungskonzepte seien halbherzig und inkonsequent, eine Strategie für die Zukunft des Hauses nicht erkennbar. Mehr als zehn Jahre hatte die Bank unter der geduldigen Obhut des Staates gearbeitet. Doch erreicht hat sie in dieser Zeit nahezu nichts. Der Bundesregierung als Eigentümerin reichte es über Jahre hinweg, dass die Manager der Commerzbank auf Gehalt und Boni verzichteten. Erst der Cerberus-Einstieg mit fünf

Prozent der Anteile brachte die Wende. Nun fiel auch dem Staat auf, dass die Bank kaum Fortschritte gemacht hatte. Wie man ein Unternehmen aus der Krise und wieder zum Erfolg führt, wie man überzählige Filialen schließt und sich von Tausenden Mitarbeitern trennt, hatte bis dahin weder die Bundesregierung noch den Souverän besonders interessiert. Deshalb passierte es auch nicht. Die Commerzbank ist bis heute ein Krisenunternehmen mit staatlicher Überlebensgarantie.

Das ist nicht nur ein Vertrag zulasten des Steuerzahlers. Es ist auch einer zulasten der Wettbewerber. Es ist einer zulasten der Prinzipien der sozialen Marktwirtschaft, des Wirtschaftswachstums und des allgemeinen Wohlstands.

Weil die öffentliche Wahrnehmung aber eine andere ist, und Manager wie Unternehmer in und nach der Finanzkrise viel Vertrauen verspielt haben, wird das Muster in der Corona-Krise wiederholt. Die nationale und die europäische Industriestrategie der Bundesregierung folgen dem Gedanken eines weisen Staates, der genau weiß, in welchen Branchen mit politischer Lenkung Industriechampions entstehen sollen, und der zur Not wieder mit Krediten oder Eigenkapital aushilft. Oder der besser als jeder private Kapitalgeber entscheiden kann, welcher Corona-Impfstoff-Hersteller ein Investment im nationalen Interesse lohnt. Oder der eine nationale Fluggesellschaft und ihre Arbeitsplätze erhalten wird, obwohl sich der Markt nachhaltig verändert hat.

Die Veränderungsdynamik kommt, wenn überhaupt, von außen. Ähnlich wie Taxiunternehmen durch Uber unter Druck geraten sind, das Gastgewerbe von Airbnb unter Druck gesetzt wird, werden Commerzbank, Lufthansa & Co. von Fintechs oder neuen Reisekonzernen bedrängt. Einerseits wird die Staatsbeteiligung dafür garantieren, dass diese Unternehmen nicht untergehen. Andererseits aber werden diese Firmen auch beim Wachstum einer digitalen Wirtschaftswelt am Rand stehen bleiben müssen. Und: Weil wegen der zahllosen Ad-hoc-Maßnahmen zu wenig Distanz bleibt, die Rahmenbedingungen für global tätige, nachhaltige und digitale Unternehmen zu formulieren, ist nicht einmal sicher, ob Deutschland und Europa ein guter Standort für solche neuen Unternehmen werden können.

3. VERTRAGSFREIHEIT – WELCHE VERTRAGSFREIHEIT?

Wenn es allerdings um Industriepolitik und Krisen geht, fühlt sich der Wirtschaftsminister im Recht, in die Vertragsfreiheit der am Wirtschaftsleben Beteiligten einzugreifen. Zum Beispiel, wenn er den Einstieg chinesischer Staatskonzerne bei deutschen Mittelständlern verhindern will. Oder wenn er Unternehmen dringend empfiehlt, auf Dividendenzahlungen zu verzichten oder die Rückerstattung für coronabedingte Flugausfälle jetzt sofort vorzunehmen. In allen Fällen greift er in das operative Geschäft von Unternehmen ein. Er beschränkt das Recht von Firmeninhabern, über ihr Eigentum zu verfügen. Er interveniert in die Verträge, die Führungskräfte mit ihren Arbeitgebern geschlossen haben. Und er nimmt Einfluss auf die Liquidität oder die Gewinnverwendung von Aktiengesellschaften.

Klar: Es ist nicht hinzunehmen, dass die Allgemeinheit Kurzarbeit und Überbrückungskredite finanziert und die Firma den geschenkten Spielraum dann nutzt, um die Eigentümer oder die leitenden Angestellten zu bedienen. Doch ist es die Aufgabe der Wirtschaftspolitik, die Sache in Einzelfällen zu regeln und mit öffentlichen Anschuldigungen anzufeuern? Eine vernünftige und nachvollziehbare Ordnungspolitik würde das Kurzarbeitergeld von vornherein an Maßstäbe koppeln – so wie sie es bei Neueinstellungen längst tut. Wer Kurzarbeit beantragt, darf in diesem Unternehmensteil nicht gleichzeitig neu anstellen. Wer kurzarbeiten lässt, soll keine Gewinne ausschütten. Wer seinen einfachen Beschäftigten Gehaltseinbußen zumutet, soll seinen Führungskräften dasselbe abverlangen. Das alles würde der ehrbare Kaufmann von sich aus so handhaben. Doch wenn es nicht passiert: Ist es ein Grund, die Vertragsfreiheit, nach der am Wirtschaftsleben Beteiligte eigene und souveräne Verträge abschließen, auszusetzen? Aus vielen Einzelfällen, auch wenn sie in weiten Kreisen der Bevölkerung Begeisterung auslösen, wächst irgendwann Misstrauen: Wie weit reichen die Verfügungsgewalt, die Rechtssicherheit und die Vertragsfreiheit? Und wo werden sie – willkürlich – eingeschränkt?

4. FELDER MODERNER ORDNUNGSPOLITIK

Der Begriff Ordnungspolitik klingt altertümlich. Er entstammt dem Denken der ordoliberalen Freiburger Schule, die die Politik des ersten westdeutschen Wirtschaftsministers, Ludwig Erhard, geprägt hat. Damals ging es um die Fundamente einer neuen freiheitlichen Wirtschaftsordnung. Die Freiheitsrechte und die Eigentumsordnung mussten neu formuliert werden, ein freier Wettbewerb ohne Kartelle musste erst erstritten werden. Heute wird der Begriff der Ordnungspolitik kaum noch benutzt. Er gilt als neoliberal kontaminiert und als nicht mehr mehrheitsfähig. Die Errungenschaften der freiheitlichen Wirtschaftsordnung gelten als selbstverständlich, sie werden, wie bereits beschrieben, sorglos zur Disposition gestellt. Schlimmer noch: Dort, wo neue Prinzipien formuliert werden müssten, macht man sich die Mühe lieber nicht.

Nehmen wir zum Beispiel Amazon, Apple, Google, Facebook oder Microsoft. Die digitalen Unternehmen sind nicht nur zu gewaltiger Größe gewachsen. Sie beherrschen auch die analoge Wirtschaft, die sich den mächtigen Plattformen nicht mehr verweigern kann. Es ist offensichtlich, dass hier weltumspannende Monopole entstehen können (oder schon entstanden sind), die sich allen Formen guter Regulierung entziehen. Die Konzerne übernehmen potenzielle Wettbewerber in einem sehr frühen Stadium ihrer Entwicklung, sodass ihnen keine Gefahr durch ein höheres Digitalisierungstempo oder neue Konkurrenten mehr droht. Milliardenstrafen wegen wettbewerbswidrigen Verhaltens nehmen sie als lästigen Preis für das Weitermachen wie bisher hin. Mit den klassischen Mitteln der Wettbewerbspolitik sind diese Firmen kaum zu packen: Als Plattformen sind sie im eigentlichen Geschäft oft gar nicht oder kaum noch präsent, und doch diktieren sie – und nicht etwa die Kartellbehörden und Monopolkommissionen – den Wettbewerb. Nur die großen Wirtschaftsblöcke können noch gegensteuern. Aber sie müssen auch wollen.

Oder die Klimasteuer: Deutschland hat sich zu einer CO_2-Steuer durchgerungen, die vom kommenden Jahr an erhoben wird. Die Übernutzung der Allmende soll aufhören: Indem jede Tonne CO_2, die in diesem Land emittiert wird, vom kommenden Jahr an ein Preisschild erhält, soll der Ausstoß an Klimagas bis zum Jahr 2050 auf null reduziert werden. Ein ambitioniertes Ziel, das sich nur erreichen lässt, wenn man eine Vorstellung davon entwickelt, wie sich die Wirtschaft in einem Markt für CO_2 organisiert. Der frühere Chef des Sachverständigenrates zur Begutachtung der gesamtwirtschaftlichen Lage und der Chefökonom des Potsdam-Instituts für Klimafolgenforschung haben dazu Vorstellungen entwickelt. Sie schlugen beispielsweise vor, eine Klimasteuer als alleiniges Steuerungsinstrument der deutschen Energiewende zu verankern: Stromsteuer, EEG-Umlage, Einspeisevergütung und alle anderen Sonderregelungen zur Verankerung erneuerbarer Energien in Deutschland hätten abgeschafft werden können, wenn die Bundesregierung auf ein einziges ordnungspolitisches Instrument vertraut hätte. Dazu kam es nicht. Einerseits, weil man sich vor unbeabsichtigten Folgen der neuen Regelung fürchtete. Andererseits, weil ein einfaches und elegantes Instrument nicht in das politische Denken heutiger Umwelt- und Wirtschaftspolitiker passt. Statt auf eine allgemeine und neutrale Steuerung zu setzen, vertraut man lieber auf die gezielte Intervention im Einzelfall.

Ähnlich bei der Globalisierung: Auch wenn Handelspolitik eigentlich eine Angelegenheit der Europäischen Union ist, stellt der Bundeswirtschaftsminister seine eigenen Überlegungen dazu an. Das Misstrauen gegenüber den USA und China hat zu einer Liste von Branchen und Unternehmen geführt, die auf jeden Fall in Europa gehalten werden sollen. Der Wirtschaftsminister hat eine Vorstellung europäischer Industriechampions und mittelständischer Technologieführer entwickelt, die die künftige deutsche und europäische Wirtschaftsstruktur prägen sollen. Jedoch: Welche Rolle soll Wettbewerb künftig spielen? Wie soll es um die Freiheit der am Wirtschaftsleben Beteiligten bestellt sein? Was bedeuten Eigentumsrechte in einer Wirtschaftsordnung, die im Einzelfall auch den Verkauf eines Unternehmens untersagen will? Auf diese Fragen müssen die Wirtschaftspolitiker Antworten finden, die belastbar sind. Auch wenn sie sich heute nicht dafür interessieren.

5. FAZIT

Der Staat wird in der Wirtschaft der Zukunft dauerhaft eine größere Rolle spielen (müssen). Weil er sich aber im Einzelfall verliert, verpasst er Chancen, neue Politikfelder klug zu regulieren. Sein Aktionismus in Krisenzeiten ist ebenso verantwortungslos wie seine Gleichgültigkeit gegenüber dem Normalfall des Wirtschaftens. Erst wenn sich das ändert und sich die politische Energie auf die Weichenstellungen für eine Wirtschaft des 21. Jahrhunderts konzentriert, wird erfolgreiche und nachhaltige Wirtschaftspolitik wieder möglich. ●

WIE KOMMEN MENSCHEN
MÖGLICHST UNBESCHADET
DURCH KRISEN? LÄSST SICH
RESILIENZ TRAINIEREN? UND
WARUM IST DER BLICK AUS
DER DISTANZ WICHTIG?
ZWEI ESSAYS,
ZWEI INTERVIEWS.

STARKES ICH

DUCK DICH NICHT WEG

... ODER RESILIENT WIRD, WER SICH STELLT

Dem kleinen William hätte wohl niemand eine große Zukunft prophezeit. Er wurde zwar in Arkansas in einem Dörfchen namens Hope geboren, aber Hoffnung gab es in seinem jungen Leben kaum. Immer wieder waren William und seine Mutter der Gewalt des Stiefvaters ausgesetzt. Einmal schoss der brutale Mann sogar auf die beiden. Dabei verfehlte er sie, berauscht von Alkohol, aber die Einschusslöcher beließ er als Mahnmal in der Wand. Trotz allem nahm William, den sie Billy nannten, mit 14 Jahren den Nachnamen seines Stiefvaters an. Als Bill Clinton sollte er weltberühmt werden.

Ein anderes Kind mit anderer Konstitution wäre in diesem Zuhause womöglich zugrunde gegangen. William aber ging seinen Weg – bis an die Spitze der Vereinigten Staaten. Weshalb hielt er die Tyrannei und Verachtung seines Stiefvaters aus? Welche Faktoren in seiner ansonsten furchtbaren Jugend haben ihn stark gemacht?

GEHEIMNISVOLLE INNERE KRAFT

Es gibt Menschen, die sich durch eine besondere seelische Stärke auszeichnen. Sie verfügen, oft schon im Kindes- und Jugendalter, über Resilienz, wie Fachleute sagen – über psychische Widerstandskraft. Sie lassen sich nicht unterkriegen, wenn sie in einem schwierigen Elternhaus aufwachsen. Sie finden neuen Mut, wenn sie einen Freund verlieren oder eine Niederlage einstecken müssen. Aus einer geheimnisvollen inneren Kraft heraus geben sie nicht auf und widersetzen sich Schicksalsschlägen, anstatt an Körper oder Seele krank zu werden.

Die Frage, was manche Menschen so stark macht, ist eines der großen Rätsel, auf das Psychologen, Pädagogen und Neurowissenschaftler zunehmend Antworten finden. Viel zu lange haben sie sich nur mit den Abgründen der Seele befasst. Haben erkundet, welche Faktoren im späteren Leben Wahnvorstellungen, Depressionen und Panikattacken begünstigen, bis sich Ende der 1990er-Jahre einzelne Abtrünnige der Positiven Psychologie zuwandten. Sie richteten ihr Augenmerk vermehrt auf die Stärken der Menschen: Welche Umstände im Leben eines Menschen machen seine Seele so widerstandsfähig, dass er Krisen und Herausforderungen unbeschadet übersteht? Über welche Strategien und Ressourcen verfügen die Lebenstüchtigen? Was befördert ihre Resilienz?

Auch wenn der Begriff derzeit in aller Munde ist: Die Ursprünge der Resilienzforschung gehen in die 1950er-Jahre zurück. Damals begann die US-amerikanische Entwicklungspsychologin Emmy Werner eine Studie auf der hawaiianischen Insel Kauai. Sie durfte dort eine ganze Geburtskohorte studieren – alle Kinder, die auf Kauai im Jahr 1955 geboren wurden. Das waren genau 698 Jungen und Mädchen, die Werner und ihre Mitarbeiter über Jahrzehnte hinweg beobachteten. Die Chancen dieser Kinder auf ein schönes Leben standen alles andere als gut. Armut prägte das Leben der Kinder, und etwa ein Drittel von ihnen wuchs in besonders schwierigen Verhältnissen auf: Sie wurden misshandelt und vernachlässigt, die Ehen der Eltern waren zerrüttet, die Väter süchtig nach Alkohol.

Und trotzdem: Von diesen Kindern wuchs, trotz aller Schwierigkeiten in ihrem jungen Leben, ein Drittel zu selbstbewussten, fürsorglichen und leistungsfähigen Erwachsenen heran. Sie hatten – im Gegensatz zu den übrigen – einen Beruf, kamen nicht mit dem Gesetz in Konflikt, nahmen keine Drogen und waren in der Lage, gute, förderliche Beziehungen zu führen. Emmy Werner interessierte sich vor allem für diese Kinder, die sich gut entwickelten. Statt sich auf jene zu besinnen, die keinen guten Weg einschlugen, wollte Emmy Werner herausfinden, was Kinder stark gegen widrige Umstände macht.

Dabei zeigte sich: Der allergrößte Schutz im Leben ist Bindung. Die starken Kinder von Kauai hatten etwas, das die anderen, die früh Schulprobleme bekamen und im Gefängnis landeten, nicht hatten: Es gab zumindest eine liebevolle Bezugsperson, die sich um sie kümmerte. »Das ist unsere pädagogische Chance«, sagt Monika Schumann, Professorin für Heilpädagogik an der Katholischen Hochschule Berlin. »Eine solche Bindung macht so stark, dass viele negative Faktoren dadurch wieder wettgemacht werden.« Dabei muss die Vertrauensperson nicht unbedingt Mutter oder Vater sein. Eine Tante, ein Lehrer, eine Nachbarin können diese Rolle füllen. »Wichtig ist es, Kindern auf Augenhöhe zu begegnen«, sagt Schumann. »Jemand muss ihnen Geborgenheit geben, ihre Fortschritte anerkennen, ihre Fähigkeiten fördern und sie unabhängig von Leistung und Wohlverhalten lieben: Das macht stark fürs Leben.«

Auch weitere Resilienzfaktoren zeigten sich: Offenheit für neue Menschen und neue Situationen. Das hilft, auch zunächst unangenehmen Veränderungen etwas abgewinnen zu können und sich in der Not gezielt die Hilfe zu suchen, die man braucht. Auch eine Portion Realitätssinn ist wichtig, weil man Probleme dann lösungsorientierter angehen kann, statt Luftschlösser zu bauen. Optimismus sowieso: Er verhilft dazu, Chancen zu sehen, wo es zunächst dunkel wirkt. Eine gewisse Intelligenz, weil sie es ermöglicht, in einer schwierigen Lage Lösungswege zu finden. Und Selbstbewusstsein und Selbstwirksamkeit tragen dazu bei, dass ein Mensch auch daran glaubt, diese Wege beschreiten zu können.

Diese allgemeinen Resilienzfaktoren wurden inzwischen in den verschiedensten Situationen und auf der ganzen Welt bestätigt. Sie helfen

Menschen nach einer Scheidung, aber auch solchen mit schweren Krankheitsdiagnosen. Sie sind wichtig für Strafgefangene, die wieder Fuß fassen müssen im Leben, für den Überlebenskampf in Krisenregionen, für Familien, die mitten im Wohlstand in Armut leben, für Holocaust-Überlebende oder für Kinder mit psychisch kranken Eltern – und ohnehin für alle Menschen, die sich in der Corona-Pandemie den verschiedensten Herausforderungen stellen müssen.

AUCH EINE FRAGE DER GENE UND SYNAPSEN

Längst können aber nicht mehr nur Pädagogen Antworten auf die Frage nach den Gründen seelischer Stärke geben, sondern zunehmend auch Genetiker und Neurobiologen. Die Kraft der Psyche manifestiert sich auch in Genen und Synapsen: In den Gehirnen resilienter Persönlichkeiten spielen sich zum Teil erstaunliche Dinge ab. Auf eindrucksvolle Weise haben das zunächst Experimente an Ratten gezeigt: Auch unter Ratten gibt es nämlich Rabenmütter. Eigentlich gehört es zum Familienleben in Rattennestern dazu, dass die Muttertiere ihren Jungen ihre Zuneigung zeigen. Sie lecken die Kleinen, wärmen sie und versorgen sie mit Nahrung. Manche Rättinnen aber sind zu solcher Mutterliebe nicht fähig. Statt ihren Nachwuchs zu hegen und zu pflegen, tun sie nur das Nötigste. Körperliche Geborgenheit lassen sie den Jungen kaum angedeihen.

Wie der Mensch hält auch die Ratte viel aus: Die Nachkommen beider Typen von Rattenmüttern werden groß. Beiden gelingt es auch, ein Rattenleben mit allem zu führen, was dazugehört: Sie suchen sich einen geschützten Fleck zum Übernachten, ergattern genug Nahrung und auch einen Partner und pflanzen sich fort. Doch tief im Inneren der Tiere, da gibt es einen großen Unterschied, der sie fürs Leben prägt. Zwangsläufig geraten beide Sorten von Rattenkindern im Laufe ihres

Lebens immer wieder in unangenehme oder gefährliche Situationen. Dann zeigt sich, wie es in ihren Rattenseelen aussieht: Als ausgewachsene Tiere reagieren die gehätschelten Rattenkinder auf Stress nämlich erheblich entspannter als ihre vernachlässigten Artgenossen; am Ende leben sie auch länger. Wenn sie in eine fremde Umgebung geraten, sind die behüteten Ratten nicht besonders ängstlich; die von ihren Müttern sich oft selbst überlassenen Tiere dagegen setzen sich in einem unbekannten Raum meist in die dunkelste Ecke und zittern. Sie haben offenbar nicht genug Selbstvertrauen, es mit der Fremde aufzunehmen, und erwarten von Veränderungen eher Schlechtes als Gutes.

Das hat einen erstaunlichen neurobiologischen Grund, wie der kanadische Neurobiologe Michael Meaney vor mehr als zehn Jahren entdeckte: Die Tiere verarbeiten die Botschaften des Stresshormons Cortisol auf höchst unterschiedliche Weise. Offenbar ist dieses Stresshormon daran beteiligt, wenn manche Rattenkinder in ihrem späteren Leben psychisch besonders widerstandsfähig und andere besonders verletzbar werden. Das Hormon wird vom Körper immer dann ausgeschüttet, wenn es aufregend wird – bei Ratten ebenso wie bei Menschen. Dann kurbelt Cortisol die Mobilisierung von Zucker aus den Vorratsspeichern in der Leber an. So stellt es Energie bereit – um zum Beispiel davonzulaufen, schnell im Geiste eine Lösung zu finden oder anderweitig kurzfristig Höchstleistung zu erbringen. Der Körper befindet sich im Alarmzustand.

Das ist sinnvoll, solange die Ratten oder Menschen in Gefahr oder unter Druck sind. Aber irgendwann mal sollte dieser Alarmzustand auch wieder vorbei sein. Sonst werden Tier und Mensch zu nervlichen Wracks. Um den Stress zu beenden, bildet das Gehirn Andockstellen für Cortisol aus. Sie ziehen das Stresshormon aus dem Verkehr. Eben hier findet sich der Unterschied zwischen den Rattenkindern: Tatsächlich sorgen die liebevollen Rattenweibchen mit ihrem Lecken und

Hätscheln dafür, dass sich in den Gehirnen ihrer Jungen mehr Andockstellen für das Hormon bilden. So wird bei diesen Rattenjungen das bei Stress entstehende Cortisol schneller wieder unschädlich gemacht.

Die Jungen der kaltherzigen Ratten geraten dagegen leicht unter Dauerstress. Der einmal eingeschlagene Weg setzt sich in der Familie fort. Inzwischen gilt als sicher: Gehätschelte Rattenbabys werden auch selbst liebevolle Eltern, vernachlässigte dagegen ebenso kaltherzig, wie ihre Mütter es zu ihnen waren.

Dass sich die Zahl der Cortisol-Andockstellen im Gehirn wirklich durch Zuneigung entwickelt und die Jungtiere sie nicht einfach von ihren Müttern erben, hat Michael Meaney durch einen Trick bewiesen: In einem seiner Experimente tauschte der Neurobiologe die Würfe der Rättinnen aus: Eine kuschelnde Mutter zog den Nachwuchs einer lieblosen Mutter auf und umgekehrt. Bei den Adoptivkindern ergab sich dasselbe Bild wie zuvor beim natürlichen Nachwuchs: Wer gehätschelt wurde, bei dem bildeten sich mehr Andockstellen für Cortisol im Gehirn, und er erkundete neugierig die Welt.

Der Einfluss des Cortisols auf das Seelenheil ließ sich inzwischen auch für Menschen bestätigen. Ein besonders eindrucksvolles Experiment führte die amerikanische Psychiaterin Christine Heim durch. Sie hat Frauen, die als Kinder sexuell missbraucht worden waren, absichtlich unter Stress gesetzt: Heim bat die Frauen einfach, einen öffentlichen Vortrag zu halten. Dabei erreichte der Stresshormonspiegel bei diesen Frauen einen Wert, der sechsmal so hoch war wie bei psychisch stabileren Frauen, die keine traumatische Kindheit hatten. Auch andere Studien zeigten: Menschen, die früh traumatisiert wurden, reagieren später im Leben oft überempfindlich auf Belastungen.

Lieblosigkeit und Schreckenserlebnisse können also die Entwicklung psychischer Widerstandskraft torpedieren. Und sie lassen sich sogar an den Strukturen des Gehirns ablesen, sagt die Entwicklungsneurobiologin Anna Katharina Braun von der Universität Magdeburg im Hinblick auf schwere Traumata. Sie fand dies zunächst an niedlichen Strauchratten heraus, die ein besonders ausgeprägtes Sozialleben haben. Braun attackierte dieses Sozialleben – sie nahm einzelne Jungtiere täglich für eine Stunde vom Rest der Familie weg. In den Gehirnen dieser Tiere fand sie später, dass die Nervenzellen auf merkwürdige Art verschaltet waren. Und fremde Umgebung machte ihnen fortan Angst.

»Dass biologische Faktoren die Widerstandsfähigkeit gegen Belastungen beeinflussen, scheint seit langem unzweifelhaft«, fassen der Kinderpsychiater Martin Holtmann von der LWL-Universitätsklinik für Kinder- und Jugendpsychiatrie in Hamm und der Neuropsychologe Manfred Laucht zusammen. Daraus ergibt sich etwas Bemerkenswertes: Die psychische Stärke von Tieren oder Menschen ist auch konkret anhand mancher körperlichen Funktion messbar. Zum Beispiel lässt sich die Stressresistenz eines Menschen bis zu einem gewissen Maß bestimmen, wenn man ihn mit einem Knall erschreckt. Die Länge seines Schreckreflexes offenbart, wie schnell die Erholung nach einem negativen Erlebnis einsetzt. Das sei ein Indiz, wie gut ein Mensch solche Ereignisse verarbeitet, schreiben Holtmann und Laucht. So ist es von Mensch zu Mensch unterschiedlich, wie lange sich die Augenlider schließen, wenn plötzlich ein extrem lautes Geräusch zu hören ist.

Aber ob die Länge des Zusammenzuckens auch weitergehende Schlüsse auf den Umgang mit Stress zulässt – etwa auf die seelische Gesundheit einer Person, ihre Anfälligkeit für psychische Erkrankungen? Das würde bedeuten, dass Menschen, die relativ lange Schreckreaktionen zeigen, auch bei größeren Widrigkeiten als einem Knall längere Zeit benötigen, um sich davon zu erholen. Sie brauchen dann womöglich so lange, dass sie davon seelisch krank werden.

Tatsache ist jedenfalls: Die Länge des Schreckreflexes eines Menschen spiegelt sich in den Strukturen seines Gehirns wider. Je nachdem, wie schnell Menschen nach einem Knall wieder entspannen, zeigen sich Unterschiede in ihrem präfrontalen Cortex. Diese hinter der Stirn liegende Hirnregion (auch Frontallappen genannt) ist quasi unser oberstes Kontrollzentrum dafür, dass wir angemessen auf eine Situation reagieren. Der präfrontale Cortex empfängt die Signale von außen (wie den Knall) und verknüpft sie mit Gedächtnisinhalten und auch mit emotionalen Bewertungen, die aus dem limbischen System stammen. Was ist beim letzten Mal passiert, als so ein Knall zu hören war? War es furchteinflößend oder nicht weiter schlimm? War es richtig oder unnötig, dass man weggelaufen ist? Auf diese Weise ist der präfrontale Cortex nicht nur daran beteiligt, dass wir bei einer Explosion in Deckung gehen, sondern auch daran, dass wir unsere Emotionen danach wieder regulieren. Wenn in der Nähe Kinder mit Platzpatronen schießen, erschrecken wir uns spätestens beim dritten Schuss nicht mehr so stark.

Dass die Nervenzellen in diesem für unser Leben so wichtigen Kontrollzentrum bei einem unangenehmen Erlebnis je nach Persönlichkeit unterschiedlich stark feuern, lässt sich mittels funktioneller Magnetresonanztomografie feststellen. Mit dieser Technik können Forscher sichtbar machen, welche Hirnregionen in bestimmten Situationen aktiv sind – sofern diese Situationen irgendwie in der engen Röhre eines Tomografen zu realisieren sind. Ein lauter Knall aber ist das. So zeigt sich, dass bei entspannteren Zeitgenossen die linke Seite des präfrontalen Cortex stärker aktiv ist. Solche Menschen bewerteten in Experimenten unangenehme Situationen tendenziell positiver als Personen mit einer stärkeren Aktivierung der rechten Seite des präfrontalen Cortex.

Der linke Hirnlappen steht für gute Gefühle, mehr Enthusiasmus und gute Laune, während Menschen mit einem aktiven rechten Frontallappen eher Miesepeter oder ängstliche Typen sind. Der Effekt ist so deutlich, dass Wissenschaftler sogar vorhersagen können, wie Individuen in einer unangenehmen Situation reagieren werden, wenn sie zuvor nur deren Zellfeuer im Cortex betrachtet haben. Schon bei zehn Monate alten Babys sind solche Unterschiede zu finden. Und einer Gruppe von Psychologen um Richard Davidson vom Laboratory for Affective Neuroscience an der University of Wisconsin-Madison gelang es tatsächlich, bei den Kleinen zu prophezeien, wie schlimm eine kurze Trennung von ihrer Mutter für sie sein würde. Kinder, die zuvor eine vermehrte linksfrontale Aktivierung zeigten, reagierten entspannter. Kinder mit mehr Feuer im rechten Cortex weinten dagegen.

Außer dem Cortex gibt auch der Hippocampus Auskunft über die psychische Stärke. So kann sich nach Ansicht von Forschern wie Michael Meaney fehlende Zuwendung direkt ins Gehirn eingraben. Als er seinen Versuchstieren genauer unter die Schädeldecke blickte, stellte er fest: Bei den von ihren Müttern vernachlässigten Rattenkindern waren wichtige Hirnregionen unterentwickelt, die sogenannten Hippocampi. Diese Regionen, von denen sich in jedem Gehirn rechts und links eine findet, haben die Form eines Seepferdchens; sie gelten als zentrale Schaltstationen für Gedächtnisleistungen und für Emotionen. »Die Rattenmütter formten also – im wahrsten Sinne des Wortes – die Gehirne ihrer Jungen durch ein simples, natürliches Verhalten«, ist Meaney überzeugt.

Entsprechende Auffälligkeiten im Gehirn wurden auch schon bei Menschen gefunden. So besitzen Personen mit schweren Depressionen genauso ungewöhnlich kleine Hippocampi wie die Ratten mit den lieblosen Müttern. Das Gleiche gilt für Opfer von Kindesmissbrauch oder Vietnamveteranen mit schwerem Trauma.

Ist Stress also Gift fürs Gehirn? Oder sind die kleinen Hippocampi vielleicht doch nicht die Folge, sondern die Ursache großer psychischer Verletzbarkeit? Der Psychiater Roger Pitman vom Massachusetts General Hospital in Boston glaubt an Letzteres, seit er die Gehirne von Menschen untersucht hat, die schwer traumatisiert wurden. In seiner

Studie gab es nämlich eine Besonderheit: Die von ihm untersuchten Traumaopfer waren Zwillinge. Und ihre Geschwister, denen nichts vergleichbar Schreckliches passiert war, hatten ähnlich kleine Hippocampi – ganz ohne Trauma. Sollte sich diese Beobachtung bestätigen, könnte man besonders verletzbare Menschen künftig womöglich davor warnen, sich einen Beruf zu suchen, der mit großen psychischen Belastungen einhergeht.

DAS RESILIENZ-GEN 5-HTT

In der Tat steht vieles von dem, wie Menschen mit Krisen und Herausforderungen umgehen, schon in ihren Erbanlagen geschrieben. Manche Kinder kommen ängstlich auf die Welt und mögen sich am liebsten ständig an ihre Mutter kuscheln. Andere erkunden schon früh begeistert ihre Umgebung. Dass dies mit jenen Genen zu tun haben könnte, die ihren Hirnstoffwechsel beeinflussen, dachten sich manche Forscher schon lange. Und dann entdeckte Klaus-Peter Lesch von der Universität Würzburg im Jahr 1996 tatsächlich ein erstes »Resilienz-Gen«.

Das Gen 5-HTT enthält die Bauanleitung für den sogenannten Serotonintransporter. Dieser sorgt im Gehirn dafür, die Wirkung des Neurotransmitters Serotonin zu beenden, der im Volksmund gerne als »Glückshormon« bezeichnet wird. In mäßigen Mengen macht Serotonin euphorisch, vertreibt Ängste und hemmt Aggressionen. Wenn zu viel davon im Gehirn herumschwimmt, kann es aber auch Halluzinationen hervorrufen. Der Körper ist also durchaus bemüht, dafür zu sorgen, dass die Wirkung des Serotonins auch wieder ein Ende findet. Deshalb schaffen die Serotonintransporter das Hormon fort.

Die Bedeutung von 5-HTT ist lange bekannt. In seinen Stoffwechsel greifen viele Psychopharmaka ein. Doch Klaus-Peter Lesch entdeckte 1996 etwas völlig Neues: Er erkannte, dass es bei Menschen verschiedene Varianten des 5-HTT-Gens gibt. Und welche Variante man besitzt, hat offenbar Einfluss auf den Gemütszustand: Menschen mit der kurzen Variante reagieren empfindlich auf Stress, sind tendenziell unsicher und traurig und haben viel Angst; Menschen mit der langen Gen-Variante scheinen gegen diese Eigenschaften gefeit zu sein.

Das war ein überaus faszinierender Fund: Ein einziges Gen sollte direkten Einfluss auf die Seele haben! Als Terri Moffitt und Avshalom Caspi das lasen, waren sie wie elektrisiert. Schließlich verfügten die beiden Psychologen über die ideale Datensammlung, um diesen atemberaubenden Zusammenhang von Genetik, Neurobiologie und Psyche bei einer größeren Gruppe von Menschen überprüfen zu können. Sie unterhielten im neuseeländischen Dunedin ein großes Forschungsprojekt, bei dem seit 1972 ein Geburtsjahrgang von mehr als tausend Kindern nachverfolgt wurde. Ähnlich wie einst Emmy Werner auf Kauai ging man in Dunedin einer großen Frage nach: Warum nehmen manche Menschen durch belastende Ereignisse in ihrem Leben dauerhaft Schaden an der Seele, während andere dagegen immun zu sein scheinen?

Dazu erfassten die Wissenschaftler des Dunedin-Projekts Krankheiten, notierten die Widrigkeiten, denen die Kleinen begegneten. Haarklein schrieben sie auf, welche Kinder unter günstigen Bedingungen aufwuchsen und welche ein problematisches Elternhaus hatten. Und sie hielten fest, wie die Kinder, die nach und nach erwachsen wurden und inzwischen schon ihren 40. Geburtstag hinter sich haben, ihr Leben gestalteten – ob sie aggressiv waren oder sozial integriert, ob sie heirateten oder für immer allein blieben.

Nun konnten sie auch noch nach den Genen schauen: Tatsächlich hatten die Kinder mit der kurzen Variante des 5-HTT-Gens mehr depressive Symptome; wenn etwas Schlimmes in ihrem Leben passiert war, wurde bei ihnen häufiger eine Depression diagnostiziert, und sie neigten auch stärker zu Suizidgedanken als die Testpersonen mit der langen Genvariante, die mit ähnlichen Schwierigkeiten zurechtkommen mussten.

Das erste Resilienz-Gen war tatsächlich gefunden. Und mit der Zeit fanden sich weitere, von denen viele, wie 5-HTT, neurobiologische Vorgänge im Gehirn beeinflussen. Nun könnte man meinen, dass die genetische Ausstattung und die Erziehung in früher Kindheit über die Resilienz eines Menschen entscheiden. Doch Gene stehen nie für sich. Sie bilden vielleicht die Bühne des Lebens. Aber was der Mensch auf ihr anstellt, kann er immer noch zum großen Teil selbst bestimmen: Die Gene wirken, wie die moderne Wissenschaft weiß, nicht unabhängig von der Umwelt. Die Umweltbedingungen, die Erfahrungen, die ein Mensch macht – sie können sogar umgekehrt die Gene durch sogenannte epigenetische Prozesse verändern.

So ist auch die Wirkung der Resilienz-Gene nicht so linear, wie ihr Name vermuten lässt: Es ist nicht so, dass Menschen mit der »starken« Gen-Variante stark sind und die anderen schwach. Vielmehr machen die Gene offenbar nur vor dem Hintergrund biografischer Ereignisse verletzlich. So sind Jugendliche mit einer vulnerablen Gen-Variante für den Serotoninrezeptor nur dann anfälliger für Depressionen, wenn sich in ihrem Leben starke Verletzungen ereignen – wenn etwa der Vater prügelt. Jugendliche mit derselben Gen-Variante, die in einer liebevollen Familie aufwachsen, haben hingegen kein höheres Risiko für Depressionen.

So können scheinbar ungünstige, »schwache« Gene in einem besonders liebevollen Umfeld sogar stark machen. Schließlich sind Menschen mit diesen Genen besonders sensibel. Damit sind sie aber auch in großem Maße für positive Einflüsse empfänglich. Wissenschaftler*innen sprechen von robusten »Löwenzahn-Kindern«, die, mit Resilienz-Genen ausgestattet, wie der Löwenzahn auch auf dem Schrottplatz des

Lebens gedeihen. Die verletzbaren »Orchideen-Kinder« hingegen gehen unter diesen Bedingungen ein. Aber in einer guten Umgebung mit viel Pflege treiben sie die schöneren Blüten.

Umwelt und Erbanlagen, lautet das bisherige Fazit der Wissenschaft, haben einen in etwa gleich großen Einfluss auf den Menschen. Die Effekte sind ohnehin oft nur schwer auseinanderzuhalten: Starke Persönlichkeiten entwickeln sich zum Beispiel nicht nur durch eine liebevolle, fördernde Umwelt besonders leicht. Umgekehrt gestalten starke Persönlichkeiten ihre Umwelt meist auch stärker, als dies vulnerable Personen tun.

RESILIENZ ALS STRATEGIE

Längst ist auch klar: Resilienz ist keine für alle Zeiten angelegte Charaktereigenschaft, wie dies noch die ersten Forscher dachten, die sich mit dem Phänomen beschäftigten. Sie nannten resiliente Menschen »die Invulnerablen«, weil sie davon überzeugt waren, dass solche Leute unverwundbar wären. Heute ist der Blick auf die psychische Widerstandskraft differenzierter. Seelische Stärke ist nur am Rande eine Frage der Persönlichkeit. Vielmehr handelt es sich vor allem um eine Strategie. Wer resilient ist, kann sich Wege erschließen, aus einem Schlamassel wieder herauszukommen. Er ist nach einem Schicksalsschlag durchaus geknickt. Aber er steht bald wieder auf.

Wenn Resilienz aber vor allem eine Strategie ist, dann hat das einen unschätzbaren Vorteil: Es bedeutet, dass man Resilienz ein Stück weit lernen kann - selbst in fortgeschrittenem Alter noch. Hier kommt die Kraft der Pädagogen und Psychologen ins Spiel. Schließlich - auch das zeigt die moderne Neurobiologie - sind selbst unsere Gehirne nicht so unveränderlich wie lange gedacht. Viele Jahrzehnte waren Wissenschaftler davon überzeugt, im Gehirn eines erwachsenen Menschen wären neue Verknüpfungen nicht mehr möglich. Doch die Plastizität bleibt erhalten. Sie ist auch eine Chance für mehr seelische Stärke.

So haben Psycholog*innen und Pädagog*innen auf der Grundlage dessen, was die moderne biologische Forschung zusammengetragen hat, ein Training für mehr Resilienz entwickelt. Dabei gilt es vor allem, geistig flexibel zu bleiben, sich offen Veränderungen zu stellen und die Gedanken auf positive Erlebnisse und zurückliegende Erfolge zu lenken, damit man am Ende überhaupt an eine positive Entwicklung glauben kann. Auch neugierig zu bleiben gilt es zu üben. Denn wer neugierig aufs Leben ist, kann sich in einer veränderten Umwelt leichter zurechtfinden als jemand, der damit dauerhaft hadert – auch wenn man diese Veränderungen womöglich gar nicht schätzt und sie auch weder beim lieben Gott noch bei Amazon bestellt hat. Wer grundsätzlich offen für Veränderungen ist, fasst leichter neuen Lebensmut und passt sich neuen Herausforderungen an, gleich ob sich das Leben durch die Diagnose einer Krankheit, den Verlust eines geliebten Menschen, eine veränderte Arbeitswelt oder eben eine Corona-Pandemie plötzlich ganz anders darstellt.

Dass man Resilienz lernen kann, ist die gute Nachricht. Zugegebenermaßen gibt es auch eine unbequeme: Wer lernen will, wie er Krisen und Herausforderungen besser bewältigt, der muss sich, wohl oder übel, auch Krisen und Herausforderungen stellen. Schließlich lassen sich Strategien zur Lösung von Problemen nur dann erproben und weiterentwickeln. »Nietzsche hatte in gewissem Maße recht«, sagt der Persönlichkeitspsychologe Jens Asendorpf, der lange an der Humboldt-Universität in Berlin arbeitete: »Was uns nicht umbringt, macht uns oft stärker.« Übersetzt ins praktische Leben heißt das: »Duck dich nicht weg!« Man muss Herausforderungen auch mal annehmen, um im Training zu bleiben. Das gibt Sicherheit und stärkt die Überzeugung, dass man es auch in anderen schwierigen Situationen schaffen wird. ●

RAKETENSTART

WIE WIR TROTZ TECH-TORNADO GLÜCK UND ERFÜLLUNG FINDEN

Seit Menschengedenken strebt der Mensch nicht nur danach zu überleben. Nein. Er strebt nach Verbesserung, nach Erfolg, Glück, Reichtum – und Sinn. Das ist seine große Sehnsucht, auch wenn jeder unter Glück, Reichtum und Erfolg etwas anderes versteht. Die einen denken dabei an finanzielle Freiheit, die ihnen Gesundheit, Bildung und einen bestimmten Lebensstil ermöglicht. Die anderen an Macht, Einfluss und unendliche Möglichkeiten. Wieder andere verstehen darunter ganz einfach ein angst- und sorgenfreies Leben. Schließlich sind Erfolg und Reichtum mehr als ein wirtschaftliches Konzept. Und Glück ist mehr als eine Einstellung. Es ist auch mehr als ein Zustand: Menschen, die glücklich sind, blicken positiv auf ihr Leben, sie wissen um die Macht der Liebe und der Dankbarkeit. Mithin ist Glück auch eine Art und Weise, das Leben und seine Ereignisse zu interpretieren, und nicht etwas, das in der Vergangenheit verloren ging – oder ein Gipfel, den wir in der fernen Zukunft zu erklimmen gedenken und auf den wir hinarbeiten müssen. Glück ist etwas, das wir in uns selbst finden und entzünden können.

Die Essenz eines glücklichen Lebens besteht also nicht aus einem tollen Auto, einem großen Haus und einem riesigen Gehaltsscheck, auch wenn das vielleicht wichtige Komponenten sind. Vielmehr geht es um das, was den Menschen auszeichnet: die Sehnsucht, voranzukommen, produktiv zu sein und sich und andere damit glücklich zu machen. Es geht um ein bereichertes und bereicherndes Leben voller Freude, Anerkennung und Wertschätzung. Danach sehnen wir uns in

unserem Innersten. Und jeder kann das erreichen. Denn wir sind bemerkenswerte Wesen. Wir können die bemerkenswertesten Dinge
schaffen, erreichen und tun, ungeachtet widrigster Umstände. Kein
anderes Lebewesen auf diesem Planeten kann aus dem Nichts etwas
schaffen. Kein anderer lebender Organismus kann Misserfolg in Erfolg verwandeln, Negatives in Positives. Das alles kann der Mensch,
weil er über bemerkenswerte Fähigkeiten, Talente und Gaben verfügt.
Weil er eine unglaubliche Widerstandskraft, eine unendliche Vorstel-
lungskraft und gewaltige Schöpfer- und Wirkungskraft hat.

IM SOG DES TORNADOS

Allerdings neigen wir dazu, unsere bemerkenswerten Fähigkeiten
nicht auszuschöpfen oder schlichtweg zu vergessen. Erst recht angesichts des Wirbelsturms, der mit halsbrecherischer Geschwindigkeit
über unser Leben hinwegfegt und alles durcheinanderwirbelt. Wir
sind konfrontiert mit egomanen Despoten, die mit den Säbeln ras-
seln. Wir erleben Umweltkatastrophen, Klimaprobleme und giganti-
sche Migrationsbewegungen. Noch dazu stehen wir einer Pandemie
nie gekannten Ausmaßes gegenüber, die uns ratlos zurücklässt. Neben dem Tod vieler Menschen verursacht sie Unsicherheit und Sorge
um Gesundheit, Einkommen, Freiheit und das Einhalten grundle-
gender Bedürfnisse. Was wird sein? Diese bange Frage ist omniprä-
sent und beschäftigt uns umso mehr, da wir auch in unserer Arbeitswelt
den exponentiellen Wandel mit Kurzarbeit und strukturellen Veränderungen spüren. Schließlich ist die Corona-Krise nur eine weitere Spitze
einer tiefer liegenden Revolution, die weltweit für kollektive Verunsicherung sorgt: Die Tech-Transformation veränderte schon vorher, wie
wir leben, arbeiten, wirtschaften und sogar lieben. KI, Robotik und
Automatisierung lösen keine kognitiven Dissonanzen mehr aus, son-

dern gehören ganz selbstverständlich zu unserem Alltag. Die unendlichen technologischen Möglichkeiten und ihre Visionen, die wir bisher nur aus Hollywood-Blockbustern kannten, sind real. »Wir müssen ins All, um die Erde zu retten«, verkündete unlängst Amazon-Chef Jeff Bezos und zeigte, wie das gelingen kann: mit einer permanent bemannten Station auf dem Mond. Sie soll noch in diesem Jahrzehnt errichtet werden. Von dort aus könne der Mars ins Visier genommen und die Industrie und Energieproduktion vollständig ins Weltall ausgelagert werden. Für uns Menschen hat Bezos frei schwebende Weltraumkolonien vorgesehen. Damit – so sein Gedanke – bliebe die Erde als natürlicher Lebensraum erhalten, um sie als eine Art Naturpark hin und wieder zu besuchen. Die Vision des Tesla-Gründers und Milliardärs Elon Musk klingt ähnlich: Sein Ziel ist es, den Mars zu besiedeln und die Menschheit zu einer »multiplanetaren Spezies« zu machen. Jenseits dieser Sci-Fi-Utopien versorgen bereits heute Pflegeroboter Senioren. Andere halten sich einen künstlich-intelligenten Partner zu Hause – den einige sogar geheiratet haben. Anhänger des Transhumanismus experimentieren mit der Verschmelzung von Mensch und Maschine, während wieder andere Forscher daran arbeiten, den Tod abzuschaffen.

Das rüttelt an den Grundfesten des Menschseins und lässt uns rat- und orientierungslos zurück. Die meisten Menschen sind gefangen im Wirbel des Tech-Tornados, der alles bislang Dagewesene auf den Kopf stellt und gefährdet, wonach wir uns sehnen. Sie sind abgelenkt vom Lärm der Welt, getrieben von einer vollen Agenda, gefangen in der operativen Hektik. Sie fürchten um Sicherheit, Freiheit und Zukunft. Die Mehrheit der Menschen reagiert, anstatt zu agieren. Damit machen wir uns zum Spielball der äußeren Kräfte – und verschenken enormes Kapital. Statt Architekt der Zukunft zu sein, ein Leben zu bauen, das wir lieben, verschieben wir unsere bemerkenswerten Fähigkeiten in den reaktiven Modus und leben völlig unter unserem Potenzial. Das passiert, weil wir den falschen Fokus haben: Wir schauen nach außen, anstatt uns mit unserem Inneren zu beschäftigen. Doch wir sind auf dem Holzweg, wenn wir denken, wir könnten den Tornado um uns herum bewältigen. Ein Wirbelsturm lässt sich nicht managen. Stattdessen liegt die Lösung darin, unsere inneren Kräfte zu managen. Der äußere Fortschritt tobt und findet sowieso statt. Aber der innere Fortschritt ist eine Entscheidung.

Das Leben ist zu kurz, um das zu tun, was unsere Seele auffrisst und zerstört. Das Leben ist zu kostbar, um nur im Überlebensmodus zu agieren. Das Leben ist zu wertvoll, um das eigene Potenzial aufzuschieben und nicht die Abenteuer zu erleben, die es für uns bereithält. Es ist auch zu kurz, um die eigenen Talente und Fähigkeiten nicht auszuschöpfen, denn genau dort liegt der Quell ultimativen Glücks.

Allerdings ist es kein Wunder, dass es uns schwerfällt, unsere Kräfte und unser Potenzial zu entfalten. Denn wie das geht, haben wir nie gelernt. Wir lernen zwar Geometrie und Physik. Wir machen einen Plan, wenn wir ein Haus bauen. Aber wenn es darum geht, das eigene Leben zu gestalten und unser Potenzial zu entfalten, müssen wir zusehen, dass wir es irgendwie selbst herausfinden.

ANLEITUNG ZUM GLÜCKLICHSEIN IM TECH-ZEITALTER

Wir haben alle Fähigkeiten, die wir brauchen, um trotz der Unabwägbarkeiten des Lebens unsere Sehnsucht nach einem glücklichen und erfüllten Leben Wirklichkeit werden zu lassen. Vertrödeln Sie Ihre Zeit nicht damit, sich von Tornados umherwirbeln zu lassen. Besinnen Sie sich auf das, was an Ihnen bemerkenswert ist. Wir leben in bemerkenswerten Zeiten, und das braucht bemerkenswerte Taten. Das passt perfekt! Denn niemand außer uns hat die Fähigkeit, von heute auf morgen zu entscheiden, die Richtung seines Lebens komplett zu ändern. Der

Mensch hat stets bewiesen, dass er unter widrigsten Umständen unglaubliche Kräfte mobilisieren kann. Er kann nicht nur sein eigenes Leben verändern und verbessern, sondern auch das anderer Menschen – indem er sie berührt, bewegt und dazu inspiriert, es ihm gleichzutun. Es ist die beste Zeit in der Geschichte, um etwas Bemerkenswertes auf die Beine zu stellen, etwas, das Sie lieben. Also füllen Sie Ihre Tage damit, Ihre innere Welt und damit auch die äußere Welt zu verändern. Gehören Sie zu den fünf Prozent der Bevölkerung, die die eigenen Kräfte mobilisieren, anstatt sich gedankenlos dem Strom des Lebens hinzugeben. Hier ein paar Gedanken, die hilfreich sein können, damit das gelingt:

1. DIE KRAFT DER ENTSCHEIDUNG

Der Mensch hat unendliche Widerstandskraft, Schöpferkraft und Wirkungskraft, aber er muss sein Potenzial und diese Kräfte mobilisieren! Im Gegensatz zu allen anderen Lebewesen auf diesem Planeten ist er das einzige Lebewesen, das nur dann seiner Bestimmung entgegenwächst, wenn er sich aktiv dafür entscheidet. Die Kaulquappe wird zum Frosch. Die Raupe zum Schmetterling. Das Ei zum Vogel. Der Fisch zum Fisch. Der Baum zum Baum. Kein Baum wächst nur halb so hoch, wie er kann. Der Mensch schon – weil er die Gnade hat zu entscheiden. Also entscheiden Sie sich dafür, die beste Version Ihrer selbst zu werden! Sie können sich auch dafür entscheiden, weniger zu sein, als Sie sein können. Weniger zu verdienen, zu erreichen, zu lernen, zu denken und zu versuchen. Doch führt das zu einem leeren Leben. Wir alle haben die Wahl: zu dem zu werden, der wir sein können, oder nicht. Wer sich für das Wachstum entscheidet, ist bereit, ständig seinen Horizont zu erweitern. An den Umständen ohne Wenn und Aber zu wachsen, über sie und sich selbst hinaus und daran zu reifen. Sich nicht mit Mittelmäßigkeit zu begnügen, sondern mehr sein und mehr lernen zu wollen. Die eigenen Fähigkeiten stets zu schleifen und beitragen zu wollen – für sich und für andere. Und das mit Liebe und Engagement und aus vollem Herzen. Die größte Belohnung ist, wenn wir uns und anderen Wert verschaffen als Resultat dessen, zu dem, zu der wir geworden sind und wodurch auch andere ihr volles Potenzial entfalteten. Damit es dazu kommt, braucht es:

2. KLARE ZIELE

Ein weitverbreitetes Problem unserer Zeit ist, dass die meisten Menschen keine Ziele haben. Damit meine ich nicht irgendwelche Ziele, sondern ein großes Ziel. Eine Vision. Ein Traum. Vielleicht hatten Sie einmal Ziele, aber sie sind verblasst, vergessen oder vergraben unter der Hektik des Alltags. Doch wie können wir ein bemerkenswertes Leben führen, wenn wir nicht genau wissen, wohin wir wollen? Das Leben ist zu kurz, um sich einfach treiben zu lassen. Vages Denken bringt vage Produktivität. Vage Ziele ergeben vage Resultate. Präzise Klarheit darüber zu besitzen, was man erreichen will, setzt enorme Energie frei.

Als Neil Armstrong mit seinen Kollegen vom Mond zurückkam, hatten sie die Geschichte der Menschheit verändert. Sie hatten Bemerkenswertes erreicht und wurden als Helden gefeiert. Aber jeder der Astronauten fiel danach in ein Loch. Die NASA hatte sie auf alles vorbereitet, nur nicht auf eines: die eigenen tiefen Gefühlskrater. Was gab es noch zu erreichen, wenn man zum Mond geflogen war? Doch der Mond darf nicht das Ende der Fahnenstange sein: Ein jeder braucht Ziele. Wir alle brauchen etwas, das größer ist als unser Leben. Etwas, das unser Herz bewegt und unsere Seele beflügelt. Etwas, das uns pusht und zieht, vor allem in die Zukunft. Jenseits von heute, morgen oder nächstem Jahr. Etwas Großes! Je größer, desto stärker. Je klarer, desto heller leuchtet es – wie ein Fixstern, vor allem in dunklen Stunden. Sie müssen nicht unbedingt zum Mond fliegen. Aber etwas Großes sollte

Ihr Ziel schon sein. Entgegen allgemeinen Appellen, mit dem Status quo zufrieden zu sein, bitte ich Sie darum, ambitioniert zu sein. Denn je ambitionierter, desto stärker entfesseln wir unsere Kräfte. Da findet Wachstum statt, können wir zu dem werden, zu dem wir fähig sind: Wir werden erfolgreicher und produktiver – vor allem, wenn unsere Seele dabei eine Rolle spielt. Denn erinnern Sie sich: Alle Gamechanger hatten einen Traum. Oder anders ausgedrückt: Der amerikanische Bürgerrechtler Martin Luther King hatte keinen Traum, der Traum hatte ihn. Und es ist nicht die Rakete, die uns auf den Mond gebracht hat, sondern der Mensch und sein Traum. Die Maschine gibt die Schubkraft. Aber der Mensch und sein Traum geben den Sinn. Das ist sehr mächtig.

3. HINDERNISSE UND ANGST ÜBERWINDEN

Haben wir unser großes Ziel erst einmal definiert, erhalten wir – das kennt jeder – unweigerlich Gegenwind. Da sind die Neinsager, mögliche Hindernisse und – unser größter Feind, der viele scheitern lässt – unsere Angst. Aber seien Sie sich bewusst: Alle Menschen haben Angst. Auch Gamechanger, Helden und Menschen, die außerhalb der Norm etwas erreicht haben. Etwas Bemerkenswertes. Daher: Lassen Sie sich nicht aufhalten, sonst sind Sie geliefert. Da Sie nie weiter gehen können als bis zu dem Punkt, an dem die Angst die Bühne betritt. Stellen Sie sich ihr nicht, wird sie zum Hindernis. Wir sind gut darin, die Angst wegzudrücken, sie unter der operativen Hektik zu begraben und uns von allem ablenken zu lassen. Ich bitte Sie, wann immer die Angst Sie bedroht, bedrohen Sie sie zurück. Nur wenn Sie ihr gegenübertreten, können Sie durch sie hindurchgehen. Durchbruch statt Abbruch.

Es gibt eine mächtige Geheimwaffe gegen die Angst, die Sie vielleicht nie beachtet haben. Aus der positiven Psychologie weiß man, dass glückliche Menschen auch dankbare Menschen sind. Man kann nicht dankbar sein und gleichzeitig Angst verspüren. Dankbarkeit ist wie ein Muskel, den man bewusst trainieren muss. Warum? Weil unser Hirn seit Jahrtausenden so verdrahtet ist, dass wir auf Gefahren, Risiken und negative Dinge achten. Neurobiologen nennen das den Negativitätseffekt. Er war hilfreich, um Bedrohungen sofort zu erkennen – zu Zeiten, als wir uns noch vor Säbelzahntigern schützen mussten. Säbelzahntiger sind mittlerweile ausgestorben; nun ist es an der Zeit, unser Gehirn neu zu verdrahten, denn es gibt unendlich viele Dinge, für die wir dankbar sein können. Schließlich haben wir alle ein Dach über dem Kopf, ein warmes Zuhause, genug zu essen und sind trotz Tech-Tornado, der über unseren Köpfen dahinfegt, privilegiert, wie und wo wir leben. Doch fällt es uns schwer, all das zu sehen. Wir strampeln uns permanent ab, um Erfolge zu erzielen. Leider verblasst die Freude darüber nur allzu schnell, weil wir uns daran gewöhnen. Also gilt es, neue Ziele zu erreichen, über die wir uns wieder nur kurz freuen. Psychologen und Wirtschaftswissenschaftler haben diesem Phänomen einen Namen gegeben: die »hedonistische Tretmühle«.

Wie können wir dieser Tretmühle entkommen? Ganz einfach, indem wir uns jeden Tag aufs Neue bewusst machen, wofür wir dankbar sein können. Schreiben Sie zehn Tage lang jeden Tag zehn Dinge nieder, für die Sie dankbar sind. Dadurch lernen Sie, die Welt mit neuen Augen zu betrachten. Das ist nicht leicht, denn wir sehen die Dinge nicht, wie sie sind. Wir sehen die Dinge, wie wir sind. Und dabei entgeht uns vieles, wofür wir dankbar sein können. Aber wenn Sie beginnen, zu schätzen, was Sie alles haben, bescheren Ihnen Botenstoffe, die dadurch ausgeschüttet werden, ein tiefes Glücksgefühl. Denn Dankbarkeit produziert Dopamin, und das wiederum nährt Freude. Folglich generiert Dankbarkeit Energie, Glück und größeres Leistungsvermögen. Um das dauerhaft zu implementieren, braucht es einen gnadenlosen Fokus auf Ihr Ziel.

4. GNADENLOSER FOKUS

Bemerkenswertes zu erreichen fußt weniger auf Expertise und Talent als auf wilder Entschlossenheit. Das zeigten und zeigen uns Jeff Bezos, Steve Jobs, Madonna, Messi, Pablo Picasso oder Thomas Edison. Die meisten denken, diese Menschen wären genial und dass sie vielleicht das Glück hatten, zum richtigen Zeitpunkt am richtigen Ort zu sein. Doch das ist nur die halbe Geschichte. Sie brannten für ihre Sache und erreichten damit Bemerkenswertes. Auch der US-amerikanische Regisseur James Cameron, der mit Filmen wie *Titanic* und *Avatar* Welterfolge feierte. Er sagte, als er von einem Journalisten befragt wurde, wie ihm das gelang: »Durch gnadenlosen Fokus.«

Seine Aufmerksamkeit vollständig auf eine Sache lenken zu können, ist mehr wert als Intelligenz und große Ideen. Wo immer der Fokus ist, dorthin fließt die Energie. Ohne Fokus und Energie passiert nichts. Deshalb: Lassen Sie sich nicht ablenken. Verfolgen Sie nicht zig verschiedene Ziele, sondern fünf Hauptziele. Der spanische Maler Picasso spielte kein Klavier. Die Sängerin Madonna, die als eine der reichsten Personen im Musikgeschäft gilt, wollte nicht auch noch gut Fußball spielen. Das heißt, wer immer Sie inspiriert, erkennen Sie: Sie sind Meister Ihres Faches – und Ihres Fokus. Nutzen Sie diese geniale Stärke.

5. SELBSTDISZIPLIN

Um unser Potenzial zu entfalten, brauchen wir einen langen Atem. Doch die meisten Menschen wollen sofort Ergebnisse sehen, ohne Opfer zu bringen. Ohne Anstrengung. Ohne Training. Ohne Lernen und in die Tiefe zu gehen. Aber das führt nur zu Mittelmäßigkeit.

Wird es hart, sein Ziel zu erreichen? Wird es schmerzvoll? Gibt es Rückschläge? Natürlich. Es ist ein Mythos, dass bemerkenswerte Menschen nicht scheitern. Denken Sie nur an Apple-Gründer Steve Jobs, die Sängerin Madonna, den Golfer Tiger Woods, den japanischen Industriellen Konosuke Matsushita oder an die Freiheitskämpfer Nelson Mandela und Ghandi und viele andere bewunderungswürdige Menschen. Sie alle haben herzzerreißende Geschichten erlebt. Sie alle kennen Höhen und Tiefen. Aber es sind genau diese Höhen und Tiefen, an denen wir wachsen und unser Potenzial entfalten können. Sie sind es, die unser Leben bunt und reich an Erfahrung machen.

Der kritische Punkt, der unverzichtbar ist, um Bemerkenswertes zu erreichen, ist Disziplin. Bemerkenswerte Menschen haben Disziplin: Sie sind gewillt, einen guten Job zu machen. Gewillt zu lernen. Gewillt aufzustehen, wenn alle anderen sitzen oder liegen bleiben – auch wenn sie entmutigt sind. Auch wenn sie Angst haben. Auch wenn sie ausgelacht werden. Doch sie stehen trotzdem auf, weil sie ein Ziel verfolgen. Ein Ziel, den Fokus und den Willen, es zu erreichen, ohne Wenn und Aber! Ihre Leidenschaft treibt sie an, und in diesem Wort steckt »Leiden«. Jeder, der Großes erreicht hat, ist bereit gewesen, den Preis dafür zu zahlen.

Disziplin ist die Brücke zwischen Idee und Erfolg. Disziplin ist das Bewusstsein, dass der Drache nur gegen den Wind fliegen kann. Die Welt mag Sie eigenbrötlerisch, exzentrisch oder komisch nennen. Das ist in Ordnung, denn Sie können nicht herausragend sein und gleichzeitig in die Box passen. Es braucht die Bereitschaft, nicht mit dem Strom des Lebens zu schwimmen, sondern gegen den Strom. Disziplin ist die Basis von allem. Sind Sie gewillt, das zu tun, was es braucht, um ein bemerkenswertes Leben zu schaffen? Für sich? Für andere? Jeder kann den Muskel der Disziplin entwickeln. Schritt für Schritt. Und aus diesem kleinen, unscheinbaren Anfang kann unendlich Großes entstehen.

VERÄNDERN SIE DIE WELT!

Die amerikanische Ethnologin Margaret Mead sagte: »Zweifle nie daran, dass eine kleine Gruppe engagierter Menschen die Welt verändern kann, tatsächlich ist dies die einzige Art und Weise, in der die Welt jemals verändert wurde.«[1] Jeder von uns kann Veränderung herbeiführen. Wir können wählen: Entweder einen Schritt zu machen, der Änderung bringt. Sofort. Nächste Woche. Oder nicht. Wir haben alles, was es dazu braucht: das Bewusstsein, die Fähigkeit und die Bereitschaft, bessere Entscheidungen zu treffen. Vor allem die Entscheidung, mehr aus sich und seinem bemerkenswerten Naturell herauszuholen. Und mehr Freude, Energie und Lebendigkeit ins Leben zu bringen statt Angst und Sorge. Ist das einfach? Natürlich nicht. Sonst wäre der Wandel zu wenig bedeutungsvoll. Persönlicher Wandel ist anstrengend, fordernd und unbequem. Aber es zu tun ist unglaublich belohnend. Weil wir daran wachsen. Und mehr zu werden, der man sein kann, ist der Schlüssel zum Glück und zum Sinn des Lebens.

Lassen Sie es mich zum Abschluss noch einmal betonen: Glück ist nicht etwas, das in der Vergangenheit verloren gegangen ist, oder ein Höhepunkt, den es in ferner Zukunft zu erreichen gilt. Glück ist auch kein Zustand, den man fast nicht erreichen kann, sondern eine Wahl: Will ich Spielball der Umstände sein oder Architekt meines eigenen Lebens? Wir alle sind der Tech-Revolution und Wirbelstürmen in unserem eigenen Alltag ausgesetzt. Doch wir können entscheiden, wie und mit welcher Haltung wir ihnen und unserer Zukunft begegnen wollen. Wir können entscheiden, wie stark wir unsere eigenen Kräfte mobilisieren. Jeder Mensch hat die Freiheit und die Möglichkeit, sich

---

1 Vgl. Frank G. Sommers, Tana Dineen: »Disputed Source // Attributed to Margaret Mead«. In: *Curing Nuclear Madness*, North Yorkshire 1984, Seite 158.

von Angst, Sorge, Hass, Gier, Vorurteilen und von einem geringen Selbstwert zu befreien. Menschen, die sich glücklich schätzen, haben eine besondere Art, das Leben und seine Ereignisse zu interpretieren. Sie setzen sich über die Umstände hinweg. Und sie setzen sich und ihre Talente, Fähigkeiten und Möglichkeiten für sich und für andere ein. Sie handeln mit Intention – mit Herz und Seele. Ohne Herz und ohne Seele sind wir verloren: Sie sind diese unsichtbare, aber bemerkenswerte Magie, die Menschen dazu bewegt, Bemerkenswertes zu tun.

Wussten Sie, dass eine Rakete in den ersten Sekunden mehr Schubkraft benötigt, um in den Orbit zu gelangen, als während der ganzen Erdumrundung? Genauso ist es mit den inneren Kräften. Wenn wir sie mobilisieren, wird so viel mehr möglich. Dann können wir auch ein lebenswertes Leben für uns alle gestalten. Auch mit dem Fokus, Technologie zu nutzen und dem Menschen zu nützen. Nicht umgekehrt. Lassen Sie uns Bemerkenswertes tun – mit dem unerschütterlichen Glauben, es zu schaffen! ●

KONSTRUKTIVE FLUCHTEN

ÜBER DIE KRAFT DES CAMPENS UND DIE NOTWENDIGKEIT EINER ORAL HISTORY OF INNOVATION

Frau Knecht, Ihr Unternehmen Zattoo wird dieses Jahr mit dem Emmy Award for Technology and Engineering ausgezeichnet für die »bahnbrechende Entwicklung im Bereich der massentauglichen, cloud-basierten TV-Übertragungstechnologie«. Herzlichen Glückwunsch!

Danke. Als europäisches Unternehmen mithalten zu können mit den großen Streaming-Unternehmen Netflix, YouTube und Apple ist toll.

Was würden Sie sagen, was ist eine Ihrer größten Stärken?

Ich bin neugierig. Ich habe eine rasche Auffassungsgabe. Bevor ich eine Entscheidung fälle, umschwärme ich ein Thema, recherchiere und hole mir Zweit- und Drittmeinungen ein. Dann entwickle ich eine These und beginne, sie zu testen – mit einer ziemlich ausgeprägten Hartnäckigkeit. Ich entscheide selten aus dem Bauch heraus. Ich will Dinge durchdringen und verstehen. Ich sehe analytisches Denken als Stärke an. Eher selten liegen Unternehmer*innen, die innerhalb von Sekunden entscheiden, immer richtig.

Wie schwierig ist es, sich im hektischen Alltag Zeit zu lassen, Dinge zu hinterfragen, Entscheidungen gar zu vertagen?

Auch wenn Sie nur die Antwort infrage stellen, können sich die Antwortgeber*innen selber infrage gestellt sehen: Vertraust du mir nicht?

Nachhaken kostet Überwindung und Energie. Es erfordert ständige Reparatur der Beziehung. »Wir haben dafür keine Zeit!« ist ein Killer-Satz. Die Schnelligkeit, mit der Behauptungen aufgestellt und Entscheidungen getroffen werden, muss durchbrochen werden. Nicht zuletzt, weil Sie ein Signal an Ihr Umfeld senden, an Ihre Mitmenschen und Mitarbeitenden: Fragen zu stellen ist erlaubt, ja erwünscht. Weil Austausch, Offenheit und konstruktive Kritik essenziell sind und die Basis menschlichen Zusammenlebens und Zusammenhalts.

Was meinen Sie damit?

Es gibt Abläufe, bei denen Hinterfragen alle nur nervt und fehl am Platz ist. Weil sie im Detail bereits verhandelt, etabliert und akzeptiert sind. Zum Beispiel hinterfragen wir nicht bei jedem Artikel an der Supermarktkasse den Preis. Wir mögen es, wenn Handgriffe sitzen und Transaktionen fixiert sind. Es entspricht unserem Naturell, Dinge in einer eingespielten Art und Weise zu erledigen. Wir entwickeln gerne Routinen und Gewohnheiten. Es gibt schon genug im Leben, das ungewiss ist und uns verunsichert: die Gesundheit der Eltern beispielsweise, die Erziehung der Kinder, die Beziehung zum Partner, die eigene Balance. Alles kann jederzeit kippen. Die Gefahr ist jedoch, dass wir Dinge zur Klarheit erheben, die ganz und gar nicht klar sind. Wir müssen wachsam bleiben und erkennen: Wann verlassen wir sicheres Terrain, wann ergibt ein Weiter-wie-bisher keinen Sinn? Das gilt für das Berufliche genauso wie für das Private.

Dinge kippen, Menschen durchleben Krisen, erleiden Niederlagen, scheitern – wie gehen Sie selbst mit solch schwierigen Situationen um?

Große Krisen erlebe ich zum Glück nicht sehr oft – vielleicht alle fünf bis zehn Jahre. Wie nach einem Flugzeugcrash mache ich dann eine

Untersuchung, zu der ich hoffentlich nicht nur selbst beitrage – das wäre eine parteiische Nabelschau. Ziel ist es, mithilfe anderer Menschen einen möglichst objektiven Blick und eine möglichst objektive These zu entwickeln: Was ist passiert, wie konnte es dazu kommen, welche Signale wurden übersehen, welche Abzweigungen fälschlicherweise genommen? Voraussetzung dafür ist es, Menschen zu finden, die einem wirklich helfen wollen und dafür bereit sind, ebenfalls ein Stück weit von ihrer vielleicht vorschnellen, vorgefertigten Meinung abzurücken. Auch wenn eine solche Analyse lange dauern kann, Monate, mitunter Jahre, muss irgendwann der Punkt kommen, an dem man loslässt. Manches lässt sich nicht erklären, nachvollziehen – auch weil manches einem nicht gesagt wird und für immer im Verborgenen bleibt.

Sie beschreiben das Durchleben einer Krise als Prozess, an dessen Ende wir über uns selber hinauswachsen. Können Sie das veranschaulichen?

Wenn sich eine Wespe bei mir auf den Teller setzt, stülpe ich manchmal ein leeres Wasserglas über das Insekt und beobachte seine Reaktion. Zuerst stippt die Wespe noch ein paar Mal gegen die gläserne Wand, dann lässt sie sich nieder und fängt an, sich zu putzen. Vor allem ihre Fühler. Wir Menschen sind ganz ähnlich. Wenn wir gegen eine Wand laufen und auch beim zweiten und dritten Mal kein Durchkommen ist, weil sich vielleicht die Bedingungen und Spielregeln plötzlich verändert haben, gehen wir in Kauerstellung, adjustieren unsere Sensoren und stellen uns selbst infrage. Das alles ist wichtig und gehört zum Prozess dazu. Vor allem in Situationen, in denen Menschen förmlich der Teppich unter den Füßen weggezogen wird und sich sämtliche Orientierungspunkte auflösen: Nichts ist mehr, wie es gerade eben noch war. Die Wespe hat keine Wahl, sie muss darauf warten, dass ich das Glas anhebe und sie in die Freiheit entlasse. Wir Menschen sollten jedoch nach einer gewissen Zeit das Hoffen, Bangen und Zweifeln hinter uns lassen – so schwer das auch fallen mag. Und das Glas über uns anheben und wieder teilnehmen am Leben.

Selbstwirksamkeit ist einer der zentralen Begriffe, wenn es um Resilienz geht. Wie übt man sich darin? Können Sie uns drei, vier Punkte nennen?

Ich versuche, mich daran zu erinnern, welche Aufgaben ich schon erfolgreich gemeistert habe. Ich wende mich Dingen zu, die mir wieder die Kraft geben, nach vorne zu blicken und mir neue Etappenziele zu setzen. Ich trage den inneren Monolog nach außen, indem ich andere Menschen miteinbeziehe in meine Gedanken, was passiert ist und wie es vor allem weitergehen soll – Austausch bringt Menschen nicht nur intellektuell, sondern auch emotional näher. Und ich lenke meine Aufmerksamkeit auf all das, was positiv ist. Ich bin immer wieder baff, was Menschen alles leisten und wie viele Dinge doch so smart, so clever, so gut sind. Das gibt mir Inspiration.

Seit zwei Jahren haben Sie das Campen für sich entdeckt. Was macht für Sie die Faszination aus? Was gibt es Ihnen, mit einem Reisemobil unterwegs zu sein?

Darf ich ein wenig ausholen?

Gerne.

Ich war neun Jahre alt, da wurde bei uns zu Hause am Mittagstisch das elterliche Unternehmen unter meinen Geschwistern aufgeteilt. Der Prozess sollte dann 30 Jahre lang dauern, doch in dem Moment schien es, als ob es schneller geschehe. Als Kind konnte ich nur zum Schluss kommen: Für mich bleibt nichts übrig, ich muss auf eigenen Beinen stehen. Und so bin ich mit 17 für ein Austauschjahr in die USA gegangen und im Anschluss daran nach Berkeley, Kalifornien, zum Studieren. Ich habe diesen Prozess – weggehen, sich behaupten, aus eigener Kraft erfolgreich etwas Neues aufbauen – in meinem Leben öfters durchlaufen. Inzwischen habe ich gelernt, Dinge nicht nur aufzubauen, sondern Dinge auch zu administrieren, zu kontrollieren, weiterzuentwickeln und zu bewahren. Kurz: dranzubleiben. Auch weil man sonst immer wieder von vorne anfängt und über einen gewissen Punkt, eine gewisse Expertise nicht hinauskommt. Campen hilft mir dabei, es ist quasi eine kleine, konstruktive, restaurative Flucht, die es mir erlaubt, am Wochenende alles hinter mir zu lassen. Tür zu, hinters Steuer setzen, losfahren. Welche Ironie im Grunde: loslassen, um danach umso kräftiger zupacken zu können – für mich stimmt das jedenfalls. Und der schöne Nebeneffekt: Mit dem Camper unterwegs, lerne ich mein Land besser kennen, indem ich einfach mal von der Straße rechts oder links abbiege und jedes Mal etwas Neues, Unerwartetes entdecke.

Dranbleiben, Expertenstatus erreichen, sich auf Dauer durchsetzen ... ist das ein Thema, das Frauen stärker betrifft als Männer?

Im Grunde ist es eine einfache Rechnung. Um Expertenstatus zu erreichen, braucht es 10 000 Stunden oder fünf Jahre à 2000 Stunden. Wenn Frauen Kinder bekommen oder aus einem anderen Grund eine Auszeit nehmen müssen, verlängert sich die Zeit, bis sie diese Stunden zusammenhaben. Zumal sie nach der Rückkehr nicht nahtlos an derselben Stelle fortfahren können, an der sie aufgehört haben. Wissen wird mit der Zeit obsolet und muss aktualisiert werden, gerade in meinem Fach, der Informatik, ist die Halbwertszeit sehr kurz. Insofern führt eine Unterbrechung von drei Jahren mitunter dazu, dass Frauen erst nach zehn Jahren dort ankommen, wo Kolleg*innen ohne Unterbrechung schon nach fünf Jahren stehen. Erschwerend kommt hinzu, dass in vielen Gesellschaften und somit auch in vielen Unternehmen Durchhaltewille und Durchsetzungskraft eher mit Männern assoziiert werden. Bedeutet: Man erwartet nicht wirklich, dass Frauen nach einer Auszeit zurückkehren und zielstrebig an ihrer Karriere weiterarbeiten.

Haben Sie einen Ratschlag?

Der berufliche Erfolg von Frauen in Unternehmen ist mir wichtig – und gar Unternehmerin zu werden, halte ich für das Kreativste, was es gibt. Doch Karriere machen, sichtbar sein, einem Team oder auch einer Bewegung voranstehen, ohne sich verstecken zu können, braucht Mut. Und diesen Mut müssen wir früh und im Kleinen einüben. Genauso wie das Aussprechen von dem, was wir wollen. Niemand hat Zeit, herauszufinden, was unsere Karriereambitionen sind. Wir müssen es schon sagen. Frühzeitig, offen und bestimmt. Nicht nur unseren Kolleg*innen und Vorgesetzten, sondern auch unseren Partner*innen. Alle müssen wissen, woran sie sind. Zudem sollten wir uns den langen Weg nach oben gut einteilen, in machbare Zwischenschritte – und nicht gleich aufgeben, nur weil wir auch mal scheitern. Scheitern zu können ist eine wichtige Fähigkeit in einer Welt, in der sich sowieso alles verändert. Wer sich versteift, folgt keinem Zukunftsmodell, sondern zeigt eine Haltung, die verwundbar macht. Letztlich gilt das genauso gut für Männer, wenn nicht sogar mehr. Auch sie stecken in vordefinierten Rollen fest, was sie zu tun und zu sein haben.

Ich würde zum Abschluss gerne auf das Thema zurückkommen, sich von anderen Menschen inspirieren zu lassen ...

Ich lerne gerne, wie Menschen Probleme lösen. Was sind die Schritte, die sie dabei nehmen? Dabei stelle ich fest, dass Erfolg in den allermeisten Fällen das Ergebnis ist von einem Zusammenspiel. Hinter der

Person, die wir ganz gerne auf ein Podest heben, stehen Menschen, die den Weg ebnen. Nehmen wir das Silicon Valley und Apple: Bis heute wissen wir kaum, wie Steve Jobs all das geleistet hat. Selbst wenn wir seine Biografie lesen, sind wir nach der Lektüre ziemlich ahnungslos. Wir erfahren zwar viel über die schwierige Beziehung zu seiner ältesten Tochter Lisa Brennan-Jobs, aber was lernen wir über die Entstehung des iPhones? Welch aufregender und zuweilen auch qualvoller Prozess muss das gewesen sein! Dokumentation hört sich sehr akademisch an, doch aus meiner Sicht wäre es nützlich, zeitnah bei einer Innovation eine mündliche Überlieferung der Umstände zu etablieren, eine *oral history of innovation*: Kraftvolle, authentische Geschichten, die uns begeistern, Zuversicht spenden, positive Energie freisetzen und uns motivieren, uns zu vernetzen und nicht nur als Einzelkämpfer*innen zu sehen. ●

BLAUER PUNKT IM WEITEN ALL

ÜBER DIE BEDEUTUNG DER WELTRAUMFORSCHUNG FÜR UNS MENSCHEN

Frau Ehrenfreund, wie wichtig ist es, unser Leben auf der Erde, unsere eigene menschliche Existenz in einem größeren Kontext zu sehen? Und inwiefern kann die Weltraumforschung dabei helfen?

Woher wir kommen und ob wir alleine im Universum sind, das sind Fragen, die uns alle betreffen. Derzeit zählen wir über 4300 Exoplaneten, davon sind über 700 multiple Planetensysteme. Die unendliche Weite unseres Universums und die große Anzahl von extrasolaren Planetensystemen eröffnen viele Möglichkeiten für Lebensformen. Robuste und einfache Bakterien gab es auf der Erde schon vor gut 3,5 Milliarden Jahren. Und aus diesen simplen, prokaryotischen, anaeroben Organismen hat sich das Leben inzwischen zu hoher Komplexität weiterentwickelt. Erst seit circa zwei Millionen Jahren stehen Menschen an der Spitze der Evolution. Ich denke, solche Erkenntnisse über die Entstehung der Planeten, des Universums sowie unseres Sonnensystems ermöglichen es uns, nicht nur Zusammenhänge und Wechselbeziehungen innerhalb von hochkomplexen Systemen besser zu verstehen – sondern auch unsere eigene Rolle im großen Ganzen.

Ich denke schon, dass der Moment, als die beiden amerikanischen Astronauten Neil Armstrong und Buzz Aldrin an einem Weihnachtsmorgen die Erde über dem Mondhorizont haben aufgehen sehen, die Sichtweise der Menschen auf ihr eigenes Ich verändert hat. Und viele Jahre später gab es dann noch das Bild vom »pale blue dot«, dem blauen Punkt im All. Die Erde liegt genau in der bewohnbaren Zone unseres Sonnensystems. Flüssiges Wasser in der Form unserer Ozeane ist ein ganz wichtiger Bestandteil des Lebens. Eine Atmosphäre und ein Magnetfeld schützen uns vor gefährlicher Strahlung. Unsere Erde ist ein ganz außergewöhnlicher Planet, auf dem Leben möglich und allgegenwärtig ist. Und wir haben die Pflicht, diesen Planeten und unsere Umwelt mit allen Mitteln zu schützen.

Und dennoch geht es der Erde so schlecht wie noch nie. Blicken Sie zuversichtlich in die Zukunft?

Es ist offensichtlich, dass es uns nicht gelingt, gefährliche anthropogene Eingriffe in das Klimasystem zu verhindern. Wir erfahren einige der Konsequenzen mit immer schwereren Stürmen, Überschwemmungen, Dürren und Waldbränden. Unter dem Gesichtspunkt des Weltraums müssen wir den Fortschritt beobachten und messen, um das im Pariser Abkommen festgelegte globale Klimaziel zu erreichen. Satellitenmessungen der Erdtemperatur, der Treibhausgasemissionen, des Meeresspiegels, der atmosphärischen Gase, der schwindenden Eis- und Waldbedeckung, um nur einige Parameter zu nennen, sind unerlässlich, um das Verständnis des Klimawandels zu verbessern und die Zukunft der Erde zu prognostizieren. Die Ambitionen des Green Deals der Europäischen Union werden uns hoffentlich in eine bessere Zukunft führen, die das Problem ganzheitlich angeht. Im Interesse der Gerechtigkeit zwischen den Generationen ist ein gesellschaftlicher Transformationsprozess erforderlich, der keine Verzögerung toleriert. Dies kann nur gelingen, wenn die Entscheidungsträger aus Politik, Gesellschaft und Wirtschaft über wissenschaftlich fundiertes Wissen verfügen. Ohne ein klares Engagement, klare Verpflichtungen und Aktivitäten werden wir scheitern. Es ist Zeit zu handeln.

Woher kam eigentlich Ihr Interesse für die Astrobiologie?

Ich habe mich sowohl für Biologie als auch für die Astronomie interessiert. Deshalb habe ich ein Doppelstudium absolviert. Nach einer Diplomarbeit auf dem Gebiet der Proteinchemie habe ich eine interdisziplinäre Doktorarbeit, die Chemie, Physik und Astronomie vereinte, in Wien und Paris abgeschlossen. Ich habe die Eigenschaften von großen organischen Molekülen im Weltraum untersucht, wie sie entstehen und in welchen Regionen im Weltraum sie besonders häufig sind. Danach habe ich meinen Postdoc in den Niederlanden in der Astrochemie gemacht und mich mit organischen Molekülen in Kometen, Meteoriten und auf Planetenoberflächen beschäftigt. Auch meine Habilitation zum Thema »Kosmischer Staub« war interdisziplinär. Ich habe lange für das NASA Astrobiology Institute (NAI) geforscht und vor allem an vielen Raumfahrtmissionen mitgearbeitet mit dem Ziel, organische Moleküle und Leben in unserem Sonnensystem zu identifizieren.

Das Interesse hat in all den Jahren nie nachgelassen – auch weil die Raumfahrt inzwischen von so großer Bedeutung ist. Stellen Sie sich nur einen Tag ohne sie vor: kein Fernsehen, das ja teilweise per Satellit übertragen wird. Keine präzise Wettervorhersage. Das Navi im Auto funktioniert nicht. Flugzeuge und Schiffe finden ohne Navigationssatelliten nicht sicher zum Ziel. Kurz: Das Leben stünde ohne Raumfahrt still. Unsere Erdbeobachtungssatelliten, unsere Telekommunikationssatelliten und unsere Navigationssatelliten sind für eine funktionierende moderne Gesellschaft von wesentlicher Bedeutung. Weltraumlösungen bieten uns nicht nur unersetzliche Dienste wie die Bereitstellung von Internet für abgelegene Orte, sondern tragen auch dazu bei, Fragen der Ernährungssicherheit, der Energiesicherheit und der wirtschaftlichen Sicherheit anzugehen, um nur einige zu nennen. Zudem leistet die Raumfahrt unschätzbare Dienste in der Klima- und Umweltforschung sowie der Katastrophenhilfe, indem Satelliten rund um die Uhr den Gesundheitszustand unseres Planeten überwachen.

Welche Ihrer Forschungen hat Sie besonders fasziniert?

Ich hatte das Glück, in meiner Karriere an erfolgreichen Raumfahrtmissionen mitzuarbeiten. Meine wissenschaftliche Tätigkeit beschäftigt sich vor allem mit unserem Nachbarplaneten Mars. Dazu gehören Experimente in einer Marskammer, in der die Bedingungen auf dem Mars wie Temperatur, Atmosphäre und Strahlung simuliert werden, um das Verhalten von Biomolekülen und Mikroben in dieser Umgebung zu analysieren. Dazu gehören Feldstudien, zum Beispiel in der Atacama-Wüste in Chile, wo Bodenproben gesammelt und zukünftige Mars-Instrumente getestet werden. Die Atacama-Wüste, oft als der trockenste Ort der Welt bezeichnet, ähnelt der Marsoberfläche sehr. Doch es waren auch die Teams, in denen ich mitarbeiten und die ich führen durfte. Gemeinsam auf ein Ziel hinzuarbeiten, sich dann gemeinsam über die spannenden Daten von Raumfahrtmissionen zu freuen, aber auch Misserfolge zusammen zu verarbeiten. Auch das macht die Faszination der Forschung aus.

Welche Erkenntnisse nehmen Sie mit aus Ihrer Zeit als Astrobiologin?

Die Forschung zum Ursprung des Lebens auf der Erde und möglichem Leben in unserem Sonnensystem hat mit dem Spezialfach Astrobiologie in den letzten Jahrzehnten große Fortschritte gemacht. Und ständig ergeben sich neue Themen und Fragestellungen – Astrobiologie ist eine interdisziplinäre Forschungsrichtung, die Wissenschaftler aus unterschiedlichen Disziplinen wie Biologie, Chemie, Physik, Astronomie, Geologie et cetera weltweit miteinander vernetzt. Auch das Jahr 2020 stellt neue Rekorde auf. Ende Juli und Anfang August 2020 sind drei Missionen zum Mars gestartet. Sie werden das Klima und die Bewohnbarkeit des Mars erforschen und Proben in Kanistern sammeln, um diese bei einem späteren Marsflug auf die Erde zur Analyse zu bringen. Doch es braucht Ausdauer, wir gehen mit unseren Experimenten durch Höhen und Tiefen. Wir arbeiten oft jahrelang, bis unsere Projekte Früchte tragen.

Hat die Weltraumforschung auch Ihren Blick auf unseren Planeten, vielleicht ja auch auf das Leben an sich verändert?

Unsere Erde war in ihrer frühen Evolution lebensfeindlich. Heute sehen wir, dass das Leben auf der Erde allgegenwärtig ist und sich an alle extremen Bedingungen angepasst hat, die wir uns nur vorstellen können. Bakterien können im Eis überleben, hyperthermophile Arten sind in den tiefen Ozeanen zu finden, und es wurden Mikroorganismen identifiziert, die unter hohem Druck oder hohem Säuregehalt munter leben können – einige bauen sogar Metalle und radioaktives Material ab. Das leitet natürlich wieder zu dem Gedanken über, ob sich so etwas auf einem anderen Planeten im Universum genauso wiederholen kann. Ist die Existenz des Lebens auf der Erde ein glücklicher Zufall oder eine unvermeidliche Folge der Naturgesetze? Nur die Erkundung unseres Planeten sowie ferner Welten mithilfe der Weltraumforschung kann uns dabei unterstützen, diese faszinierenden Fragen zu beantworten. Es bleibt spannend. ●

1

1

THESEN
für 2021

Die Corona-Krise wird die jüngsten Fehlentwicklungen in der Welt absehbar noch einmal deutlich verschärfen – dass antiliberale Kräfte fast überall Aufwind bekommen haben; dass auch in Demokratien nunmehr der Rechtsstaat unter Druck geraten ist; dass die Globalisierung bei vielen Leuten so verhasst ist wie die Börse und die Wirtschaft allgemein; dass Nationalismus und völkisches Denken aufs Neue verfangen; dass sich Bürger aufhetzen lassen; dass Fake News und manipulative Narrative die öffentliche Debatte verzerren. Umso mehr gilt es, jetzt vorausschauend zu fragen:

Was machen eigentlich nicht nur so abrupte, existenzbedrohliche Schocks wie die Corona-Krise mit den Menschen, sondern auch so schleichende Umwälzungen wie Alterung, Digitalisierung und Säkularisierung?

Wie könnte eine Politik aussehen, die auf Bedürfnisse jenseits von Angebot und Nachfrage mehr Rücksicht nimmt?

Wie lässt sich Zusammenhalt pflegen, ohne dass man auf die abschüssige Spur von nationaler Identität und ethnischer Homogenität gerät?

Wie kann ein allgemeines Bewusstsein für den Wert wohlgeordneter staatlicher Institutionen in der liberalen Demokratie entstehen?

Wie funktionieren eigentlich die sozialpsychologischen Mechanismen, die offenbar viel schneller, als man es erfasst, eine Verrohung der Sitten nach sich ziehen – und wie lässt sich eine Gegendynamik in Gang setzen?

Wie könnten soziale Normen entstehen, die Fake News besser an uns abprallen lassen?

Was sind Bedingungen für Toleranz und eine Nächstenliebe, die immer auch »Fernstenliebe« ist?

Folgt man dem Democracy Index, lebt nicht einmal die Hälfte der Weltbevölkerung aktuell in einer Demokratie. Auch in Deutschland stellt die Demokratie historisch betrachtet eher die Ausnahme als die Regel dar. Wir sollten deshalb unbedingt Abstand davon nehmen, die Demokratie und ihr Fortbestehen als etwas Selbstverständliches zu betrachten. Vieles, was für heutige Generationen quasi natürlich erscheint, ist und bleibt politisch. Und was politisch ist, ist immer in Bewegung.

In unserer unmittelbaren Umgebung können wir beobachten, wie sich Bürger, Politiker und ganze Staaten von demokratischen Prinzipien und Werten entfernen. Oftmals sind es gerade die kleinen Stellschrauben, die man zunächst gar nicht richtig bemerkt, die am Ende aber einen besonders großen Effekt haben. Deshalb lohnt es sich umso mehr, uns heute mit den potenziellen Bedrohungen von morgen auseinanderzusetzen, um möglichst gut vorbereitet zu sein.

Demokratie ist immer ein Prozess, an dem wir alle beteiligt sind. Nur wenn wir kontinuierlich an ihr arbeiten und sie mit Leben füllen, überholt sie sich nicht und bleibt das, was sie ist: die beste Staats- und Gesellschaftsform, die wir je hatten.

Zur Demokratie gehört die Meinungsbildung ebenso wie der Meinungsaustausch im öffentlichen Raum unter Beteiligung aller gesellschaftlichen Gruppen. Die aktuelle Krise erschwert den Schlagabtausch auf politischer Bühne durch oppositionellen Solidaritätsdruck und weitgehend föderalen Konsens. Dabei werden außerparlamentarisch ausgetragene Debatten zur Bewältigung der allgegenwärtigen Herausforderungen immer stärker anhand von polarisierten, zugespitzten Meinungsbildern ausgetragen. Die Kommunikation dieser Meinungsbilder über die neuen Medien schafft Filterblasen und birgt die Gefahr, gesellschaftliche Entfremdungstendenzen weiter zu stärken. Wie können wir als Gesellschaft einen Raum schaffen, der allgemein akzeptiert Transparenz herstellt und Orientierung in der Meinungsvielfalt bietet?

4 Die Reichhaltigkeit und Fülle an Theatern, Bühnen, Kinos, Festivals und Festspielen hierzulande ist global betrachtet ein einzigartiges Kulturgut, das es unbedingt zu erhalten gilt. Ein erneuter Shutdown dieser Branche würde den Tod vieler dieser kreativen Räume bedeuten. Kultur ist keine entbehrliche Unterhaltungsnische; sie ist RELEVANT für ein zivilisiertes Zusammenleben, denn: »Wo Kultur wegbricht, wird Platz frei für Gewalt!*

* August Everding, 1993

5

Jedes Jahr verlassen 50 000 junge Menschen unsere Schulen ohne qualifizierten Abschluss. Gut 20 Prozent der Neuntklässler können nicht gut genug lesen, um die Grundidee eines Textes zu erkennen oder gar Zusammenhänge zu erfassen. Das ist definitiv keine akzeptable Voraussetzung, um gestärkt in die Zukunft zu gehen. Wir sind eine der reichsten Volkswirtschaften der Welt. Wir haben keine Rohstoffe, umso mehr müssen wir in unsere Menschen investieren, denn nur sie können unser Land erfolgreich machen.

Insofern wünsche ich mir, dass sich Deutschland der Frage stellt: Was müssen wir ändern, um eine chancengerechte Bildung für alle zu ermöglichen? Und anerkennt, dass wir Schulbildung verändern müssen. Jetzt. Denn es gibt da draußen eine Generation, für die es auch noch reichen muss. Statt Machterhalt und Bewahrung des eigenen Status quo brauchen wir Optimismus, Experimentierfreude und Mut, um die Zukunft zu gestalten.

ICH BLICKE IM MOMENT VOR ALLEM AUF DIE GENERATION Z, ALSO
DIE NACH 1995 GEBORENEN. SIE WUCHSEN BIS ZUR CORONA-
KRISE IN EINER ZUTIEFST REICHEN GESELLSCHAFT AUF, WOHL-
BEHÜTET UND OFT ALS EINZELKIND MIT DER GESAMTEN AUF-
MERKSAMKEIT DER FAMILIE VERSEHEN. ALLES WAR IN POSITIVER
SICHT VERHANDELBAR. ZUDEM KANNTE DIE GENERATION Z EINE
ENORME MULTIOPTIONALITÄT: WENN IHNEN ETWAS NICHT GEFIEL,
HÜPFTEN SIE EINFACH ZUR NÄCHSTEN OPTION. NATÜRLICH,
AUCH WEIL WIR SIE SO ERZOGEN HABEN: VERWIRKLICHE DICH
SELBST, NUTZE DEINE CHANCEN UND FREIHEITEN! DU KANNST ES
DIR LEISTEN. AUFGRUND DER DEMOGRAFISCHEN SITUATION
SEID IHR EIN RARES GUT, UM DAS SICH UNTERNEHMEN REISSEN
WERDEN.
JETZT AUF EINMAL, IN NUR WENIGEN WOCHEN UND MONATEN, IST
DIE WELT EINE VÖLLIG ANDERE. ABSCHWUNG, REZESSION, KEINER
WEISS, WIE SCHNELL DIE UNTERNEHMEN DIE ROTEN TEPPICHE
WIEDER AUSROLLEN WERDEN. DIE GENERATION Z WIRD ZUR GE-
NERATION C(ORONA) – UND SICHERHEIT ALS WERT ENTDECKEN,
NICHT ZULETZT, WEIL SICH ZUM ERSTEN MAL IN IHREM LEBEN DER
ARBEITSMARKT ALS EIN ARBEITGEBER-MARKT DARSTELLT. DAMIT
HABEN SIE NICHT GERECHNET, UMSO SCHOCKIERTER REAGIERT
DIE JÜNGERE GENERATION AUF DIE PLÖTZLICHE KRISENBEDINGTE
VERÄNDERUNG DES ARBEITSMARKTES. ZUDEM HINTER-
LÄSST DIE DISRUPTION DES KRISENVERLAUFS SPUREN.
DER GENERATION C WIRD BEWUSST, DASS DER
ALLEINIGE SICHERUNGSANKER IHRE
EMPLOYABILITY IST. AUFGRUND DER
DIGITALEN TRANSFORMATION BEREITS
VERMUTET, WIRD ES NUN IN DER
CORONA-KRISE ZUR GEWISSHEIT.

Wie kann Deutschland ein resilientes, wirtschaftlich erfolgreiches Land bleiben mit eigenständigen, vom Staat unabhängigen Unternehmen unter Wahrung seiner wertebasierten Grundlagen: Rechtsstaatlichkeit, fairer Wettbewerb, Menschenrechte?

Welchen Preis sind Europa, Deutschland und seine Unternehmen bereit, für die Verteidigung dieser Werte zu zahlen?

Wie möchte Europa in Zukunft reagieren, wenn die Werte in einem Mitgliedsland in Gefahr sind – und somit uns alle und jeden in Gefahr bringen?

Wie sieht eine kohärente, schlagkräftige europäische, nicht deutsche Antwort auf die wirtschaftlichen Gefahren von Decoupling, staatlich gelenkten Wirtschaftsakteuren und Wirtschaftsnationalismus aus?

8

Im Zuge von Globalisierung und Digitalisierung sind die Mobilitätskosten für Personen und Kapital deutlich gesunken. Individuen und Unternehmen können sich immer leichter aus einem Rechtssystem heraus- und in ein anderes hineinbewegen – und dadurch Einfluss darauf nehmen, welche Regeln für sie gelten. Dadurch wird Standortwettbewerb letztlich zu Rechtswettbewerb, bei dem sich Staaten zunehmend als kompetitive Vermarkter ihres nationalen Rechts- und Justizsystems sehen und aktiv dafür werben. Neben den Vorteilen – Überprüfung, Anpassung und Modernisierung gesetzlicher Vorgaben, inwieweit sind sie noch zeitgemäß und vertretbar? – sollten wir auch die Nebenwirkungen solcher Dynamiken im Blick behalten. Wenn Gesetzgeber ihre Rechtsprodukte auf die Interessen mobiler Nachfrager zuschneiden – und hier vor allem auf die mobilsten und international begehrtesten –, kann dies auf nationalstaatlicher Ebene dazu führen, dass die politische und rechtliche Realität mit unserem Verständnis von politischen Werten und Strukturprinzipien in Konflikt gerät. Unverbrüchliches Recht, das auf Überzeugungen und Werten fußt, wird zu einem staatlichen Produkt, zu einer einkaufbaren und ablösbaren Dienstleistung – und entwickelt sich als Gegenstand marktähnlicher Prozesse womöglich anders als nach dem Ideal demokratischer Entscheidungsfindung oder den Prinzipien einer sozialen Marktwirtschaft.

FÜR WISSENSCHAFTLER*INNEN AN DEUTSCHEN UNIVERSITÄTEN GIBT ES BIS DATO NUR EINEN KARRIEREWEG – DEN ZUR PROFESSUR. DAS IST ALLES AN-DERE ALS ZUKUNFTSFÄHIG. WIR BRAUCHEN FÜR (NACHWUCHS-) WISSENSCHAFTLER*INNEN DRINGEND KARRIEREWEGE JEN-SEITS DER PROFESSOR*INNEN-LAUFBAHN. NUR WER VIELFALT BIETET, KANN AUCH DIE BESTEN TALENTE IN ALL IHRER VIELFALT FÜR SICH GEWINNEN.

Social Distancing wird unser aller Leben in der kommenden Zeit weiterhin stark prägen. Doch werden die daraus resultierenden Änderungen auch unseren Arbeitsalltag nachhaltig wandeln, oder spiegelt die unternehmensseitig (gezwungenermaßen) gelebte Flexibilität in Bezug auf ortsunabhängiges Arbeiten lediglich eine Momentaufnahme wider? Es bedarf einer ernsthaften Diskussion und gegebenenfalls einer Entwicklung von Konzepten, um der neuen Situation gerecht zu werden und essenzielle zwischenmenschliche Themen wie den Zusammenhalt von Teams bei physischer Distanz nicht außer Acht zu lassen.

10

2020

ist ein Gefühl besonders präsent: die Sehnsucht. Die Sehnsucht nach Begegnungen, Erlebnissen, Reisen, die Sehnsucht nach Verbindlichkeit, nach Euphorie.

2021

sind wir so weit. Wir werden Erlebnisse innovativer inszenieren, Begegnungen anders erleben, Beziehungen kreativer pflegen und Euphorie neu entdecken.

Die Herausforderung besteht darin, dass wir uns auf diese Veränderung einlassen, sie akzeptieren und anfangen, sie zu leben.

EINMAL ZUKUNFT 2050 UND ZURÜCK

Heute Morgen war es so weit. Mit einem letzten Aufblinken quittierte mein langjähriger Haushaltsroboter Tom seinen Dienst. Zuletzt war er schlicht überfordert, weil ich seine fürsorglichen Bemühungen um mein Wohlergehen ignoriert habe. Dank seines Health-Support-Programs wollte er mir abends Kamillentee statt Chardonnay servieren, so weit kommt es noch! Ob es noch lohnt, ihn im Repair-Café überholen zu lassen? Besser wäre es vermutlich, aufzurüsten und mir einen digitalen Assistenten der jüngsten Generation zu gönnen, der leichte bis mittelschwere Pflegetätigkeiten übernehmen kann – auch wenn man mir dank des vorbildlichen Gesundheitswesens mein Alter nicht anmerkt.

Meine Organe werden regelmäßigen digitalen Vitalchecks unterzogen, damit ich sie nach meinem Ableben spenden kann, wozu jeder Bürger verpflichtet ist. Ein Chip unter der Haut meines Unterarms misst meine Vitalfunktionen, die dann per Satellitentechnik direkt an die zentrale Gesundheitsbehörde weitergeleitet werden. Von dort erhalte ich täglich präzise Anweisungen, wie viele Übungseinheiten ich absolvieren muss mit meinem smarten Fitnesscoach, den ich Tag und Nacht bei mir trage. Auch ernährungstechnisch bin ich dank meines Nutri-Organizers optimal eingestellt. Er errechnet meinen täglichen Bedarf an Nährstoffen, den ich wahlweise mit naturnaher Kost oder Ersatzprodukten decken kann. Der größte Teil unserer Lebensmittel entsteht heute sowieso im Labor auf der Basis von Algen- oder Insektenextrakten. Der Life-Robot-Service bringt mir alles Nötige per Drohne ins Haus.

Wir Menschen verschmelzen immer mehr mit der Technik. In 2020 wurden Geräte noch per Sprachbefehl gesteuert, und ich musste ständig ein Smartphone mit mir herumtragen, um mit anderen zu kommu-

nizieren oder ins Internet zu gehen. Heute bin ich selber smart: Erst kürzlich habe ich mir eine Elektrode ins Hirn implantieren lassen. Das erleichtert meinen Alltag enorm, weil ich nun meine technischen Helfer ganz einfach mit meinen Gedanken steuern kann – ohne Worte. Gut, es kommt schon mal vor, dass ich zu viel gleichzeitig denke und dabei etwas durcheinandergerät …

Dank der Schnittstellentechnologie ist es uns möglich, mit der künstlichen Intelligenz Schritt zu halten. Wir können uns beliebig große Datenmengen ins Gehirn überspielen lassen und somit auf nahezu unbegrenztes Wissen zugreifen. Das ist spannend. Ich habe in nur zwei Tagen Japanisch gelernt und mir damit einen Jugendtraum erfüllt!

Die nächste Generation ist da natürlich schon weiter: Sie wächst sozusagen im Cyborg-Modus auf. Vokabeln, Grammatikregeln und chemische Formeln lernen die Kinder buchstäblich im Schlaf. Tagsüber treffen sie sich mit ihren Mitschülern in virtuellen Klassenzimmern, um kreative und gruppendynamische Lernspiele zu machen. Wenn mein Enkel mich besucht, bin ich jedes Mal fasziniert von seinen Kenntnissen – und er mag es, wenn ich aus der guten alten Zeit der digitalen Revolution erzähle …

Mit dem kleinen Exkurs möchte ich Ihnen einen Eindruck davon geben, wie wir am Roman Herzog Institut arbeiten. Neben unseren diskursiven Methoden – Salonstreitgespräche, Experten-Workshops, Werkstattgespräche und Fachsymposien – haben wir uns dank der unnachgiebigen Beharrlichkeit von Randolf Rodenstock in den vergangenen zwei Jahren mit Science-meets-Fiction-Workshops auf neues Terrain gewagt. Im Gegensatz zu unserem Asimov-affinen Vorstandsvorsitzenden war ich zu Beginn skeptisch. Für mich hörte sich die Vorstellung, mit Science-Fiction-Autor*innen, Künstler*innen und Wissenschaftler*innen die Zukunft in Szenarien zu denken, eher erratisch an. Doch Realitätstests haben mich überzeugt. Zukunftsvisionen sind mehr als nur intellektuelle Spielchen. Sie lassen Muster erkennen, zeigen Wege auf, geben Handlungsoptionen vor. Als »Strategien des Handelns« hat unser Namensgeber, der frühere Bundespräsident Roman Herzog, sie in seiner berühmten Ruck-Rede von 1997 bezeichnet. Und er hat uns dazu aufgefordert, erst einmal zu klären, »in welcher Gesellschaft wir leben wollen« – und in welcher nicht. Diese Frage ist für unsere Arbeit am RHI richtungsweisend geworden: Um Weichen in die Zukunft stellen zu können, müssen wir ein Ziel vor Augen haben. Wohin soll die Reise gehen? Welche Berge müssen wir dafür erklimmen, welche Täler durchschreiten und welche Kreuzungen passieren?

Umso mehr freut es mich, dass sich mit dem Zukunftsnavigator so viele kompetente Zukunftsgestalterinnen mit uns zusammen auf den Weg gemacht haben. Dass sie bereitwillig ihre Gedanken und ihre Visionen mit uns teilen und den Lesern die Möglichkeit geben, sich ein eigenes Urteil zu bilden, um letztlich auch handlungsfähig zu bleiben.

»Wir werden improvisieren müssen«, prophezeite ein Virologe zu Beginn der Pandemie. Und improvisieren heißt wörtlich übersetzt: »handeln im Ungewissen«. Dafür braucht es Resilienz, die Fähigkeit, auch unter widrigen Bedingungen neue Wege zu finden. Nicht aus einer defensiven Haltung heraus nach dem Motto: Misserfolge wegstecken und weitermachen. Sondern vielmehr verstanden als eine kreative Suche nach unkonventionellen Lösungen, bei der stets auch der Status quo infrage gestellt wird. Sowie die Bereitschaft zu Wissbegier und Wissneugier entlang der verschiedenen Lebensabschnitte. Natürlich: Wie gut Menschen sich im Leben behaupten, hängt nicht allein von ihrer Anpassungsfähigkeit oder ihrem Durchsetzungsvermögen ab. Es ist eine individuelle und es bleibt eine strukturelle Frage, ob alle gleichermaßen ihr Potenzial entfalten können: So entscheidet bei uns immer noch die soziale Herkunft eines Kindes über seine Bildungschancen und Aufstiegsmöglichkeiten. Corona hat diese mangelnde Chancengerechtigkeit weiter verschärft – auch wenn mich zuversichtlich stimmt, dass diese und weitere offensichtliche Missstände inzwischen ein breites Bewusstsein dafür geschaffen haben, wie sehr umfassende Reformen nicht nur im Bildungssektor nötig sind.

Mehr Mut und eine Kultur der Ermutigung gerade mit Blick auf die junge Generation stünden uns gut zu Gesicht. Genauso wie klar Position beziehen gegenüber den zunehmenden Beleidigungen, Hassbotschaften und verbalen Gewaltausbrüchen vor allem in den sozialen Medien. Eine offene Gesellschaft muss zum einen eine Vielfalt an Meinungen aushalten können, zum anderen aber auch in der Lage sein, unverrückbare Grenzen zu setzen, wenn gegen Minderheiten gehetzt wird und ein neuer Nährboden für Intoleranz und Rassismen entsteht.

Meine persönliche, zugegebenermaßen etwas dystopische Zukunftsvision habe ich Ihnen zu Beginn geschildert. Wie sieht Ihre aus? Vermutlich ganz anders – denn jeder Blick in die Zukunft spiegelt nur *eine* von unzähligen Möglichkeiten wider. In der Realität, hier und jetzt, haben wir die Chance, zu ermöglichen, zu verhindern, Chancen zu ergreifen und Gefahren zu bannen. Dabei dürfen wir uns nicht von Angst, sondern müssen uns von Mut leiten lassen. Ein Anfang ist bereits getan: Durch Corona ist die Digitalisierung im Alltag vieler Menschen angekommen, sie ist sozusagen über Nacht von einer Zukunftsaufgabe zu einer Gegenwartsfrage geworden. Zudem hat uns das Virus bewusst gemacht, dass nationale Abschottung angesichts weltweiter Herausforderungen nichts bewirken kann. Wir alle bilden eine globale Gemeinschaft und können die großen Aufgaben, die vor uns liegen, nur in gemeinsamer Verantwortung lösen.

Das Roman Herzog Institut will auch 2021 Impulse setzen, indem es

- **Gedankenräume öffnet:** Unsere analogen und digitalen Veranstaltungen bieten Raum für Reflexion. Losgelöst von universitären und ökonomischen Zwängen und Abhängigkeiten wollen wir faktenbasiertes Wissen sammeln und zugänglich machen;
- **Verknüpfungen schafft:** Der interdisziplinäre Austausch zwischen Wissenschaft und Wirtschaft, Theorie und Praxis war schon immer unser Anliegen. Denn die Vorherrschaft *einer* Sichtweise kann leicht dazu führen, dass andere Aspekte vernachlässigt werden und bei wichtigen Entscheidungen zu kurz kommen. Auch das ist eine Lehre aus der Corona-Krise. Darum werden wir uns künftig noch mehr als bisher um ganzheitliche und interdisziplinäre Lösungsansätze bemühen;
- **Undenkbares denkt:** Mit unseren Veranstaltungen und Veröffentlichungen wollen wir Gedankenfeuerwerke entfachen, Ideen zünden und ansteckend wirken auf andere. Abseits der eingefahrenen Wege suchen wir nach Nischen für neues Denken.

In diesem Sinne freue ich mich auch auf die nächsten Etappen mit Ihnen und auf eine gemeinsame Zukunft, von der wir in 30 Jahren sagen werden: Schön, dass du da bist. Jeder Austausch, jeder Streit, jedes Nachdenken, Nachhaken und Dranbleiben hat sich gelohnt.

Neşe Sevsay-Tegethoff

Charlotte Bartels ist wissenschaftliche Mitarbeiterin am Deutschen Institut für Wirtschaftsforschung (DIW). Zuletzt erschien *Long-Term Effects of Equal Sharing: Evidence from Inheritance Rules for Land.* SEITE 55

Christina Berndt ist Wissenschaftsredakteurin bei der *Süddeutschen Zeitung* in München. Sie ist Autorin des Bestsellers *Resilienz – das Geheimnis der psychischen Widerstandskraft.* Zuletzt erschien *Individuation – Wie wir werden, wer wir sein wollen.* SEITE 196

Irene Bertschek ist Leiterin des Forschungsbereichs »Digitale Ökonomie« am ZEW – Leibniz Zentrum für Europäische Wirtschaftsforschung in Mannheim. Zudem Professorin für Ökonomie der Digitalisierung an der Universität Gießen und Mitglied der Expertenkommission Forschung und Innovation (EFI) der Bundesregierung. SEITE 164

Nikola Biller-Andorno ist Professorin und Direktorin des Instituts für Biomedizinische Ethik an der Universität Zürich. SEITE 74

Nicole Brandes ist Management-Coach und gilt als Vordenkerin. Zuletzt erschien *Das kann's noch nicht gewesen sein. 9 Strategien für ein Leben, das sie lieben.* SEITE 210

Viktoria Delius-Trillsch ist geschäftsführende Gesellschafterin der Hamburger Veranstaltungsagentur Rehblau Events und Gründerin der Speaker-Agentur Disrupting Minds. SEITE 246

Pascale Ehrenfreund ist Professorin für Astrobiologie und Raumfahrtpolitik sowie Präsidentin der International Astronautical Federation (IAF). Bis September 2020 Vorstandsvorsitzende des Deutschen Zentrums für Luft- und Raumfahrt. SEITE 229

Theresa Eyerund ist Verhaltensökonomin und arbeitet am Kölner Institut der deutschen Wirtschaft (IW) im Projekt »Zukunft der Arbeit«. SEITE 150

Christine Gallmetzer ist bildende Künstlerin im Städtischen Atelierhaus am Domagkpark in München. Zuletzt erschien der Sammelband *The Capture Sky.* Ausstellungen im In- und Ausland. SEITE 114

Isabell Halletz ist Geschäftsführerin des Arbeitgeberverbandes Pflege e.V. (AGVP) in Berlin. SEITE 89

Karen Horn ist Dozentin für ökonomische Ideengeschichte und Wirtschaftsjournalismus an der Universität Erfurt. Zuletzt erschien *Doktor Karen Horns Ökonomische Hausapotheke.* SEITE 236

Franzi von Kempis ist Journalistin und Autorin. Im Netz aktiv unter der Video-Marke *Die besorgte Bürgerin.* Zuletzt erschien ihr Buch *Anleitung zum Widerspruch – Klare Antworten auf populistische Parolen, Vorurteile und Verschwörungstheorien.* SEITE 10

Bea Knecht ist Informatikerin, Unternehmerin und Gründerin von Zattoo, Europas größter Streaming-Plattform für Internetfernsehen und Video-on-Demand. SEITE 222

Janina Kugel ist Managerin, Beraterin und Aufsichtsrätin. Bis 2020 Vorstandsmitglied und Arbeitsdirektorin von Siemens. Seit 2020 Senior Advisor bei der Boston Consulting Group. SEITE 240

Sophie Lücke ist Solokontrabassistin beim Staatstheater am Gärtnerplatz München. SEITE 239

Tina Maier-Schneider ist Politikwissenschaftlerin und wissenschaftliche Referentin am Roman Herzog Institut (RHI). SEITE 238

Judith Niehues ist Volkswirtin und leitet am Kölner Institut der deutschen Wirtschaft (IW) die Forschungsgruppe Mikrodaten und Methodenentwicklung. SEITE 43

Verena Pausder ist Gründerin von Fox & Sheep und den HABA Digitalwerkstätten. 2016 wurde sie vom Weltwirtschaftsforum zum »Young Global Leader« ernannt, 2018 erfolgte die Aufnahme in die »Forbes Europe's Top 50 Women In Tech«-Liste. Zuletzt erschien *Das neue Land. Wie es jetzt weitergeht.* SEITE 61

Claudia Peus ist Professorin für Forschungs- und Wissenschaftsmanagement an der TU München, Geschäftsführende Vizepräsidentin für Talentmanagement und Diversity sowie Gründungsdirektorin des TUM Institute for Life Long Learning (TUM IL³). SEITE 244

Karen Pittel ist Direktorin des Zentrums für Energie, Klima und Ressourcen des ifo Instituts und Professorin für Volkswirtschaftslehre an der LMU München. Zudem Co-Vorsitzende des Wissenschaftlichen Beirats der Bundesregierung Globale Umweltveränderungen (WBGU) und Mitglied des Lenkungskreises der Wissenschaftsplattform Klimaschutz. SEITE 132

Angelique Renkhoff-Mücke ist Gesellschafterin und Vorstandsvorsitzende der Warema Renkhoff SE im fränkischen Marktheidenfeld sowie Tarifverhandlungsführerin des Verbands der Bayerischen Metall- und Elektro-Industrie. SEITE 175

Linda Richter ist Wirtschaftswissenschaftlerin und Impact Officer bei der Climate Endowment Group. Zuvor CEO des Impact Hub München. SEITE 158

Randolf Rodenstock ist Vorstandsvorsitzender des Roman Herzog Instituts (RHI), Geschäftsführender Gesellschafter der Optischen Werke G. Rodenstock, Ehrenpräsident der Vereinigung der Bayerischen Wirtschaft e.V., Vizepräsident des Instituts der Deutschen Wirtschaft Köln e.V. und Honorarprofessor an der Technischen Universität München. SEITE 4

Andrea Römmele ist Kommunikations- und Politikwissenschaftlerin, zudem Professorin an der Hertie School of Governance, Berlin. SEITE 237

Jutta Rump ist Professorin für Allgemeine Betriebswirtschaftslehre mit Schwerpunkt Internationales Personalmanagement und Organisationsentwicklung an der Hochschule Ludwigshafen. Zudem Direktorin des Instituts für Beschäftigung und Employability (IBE). SEITE 241

Dagmar Schipanski war Ministerin für Wissenschaft, Forschung und Kunst in Thüringen und zuvor Rektorin der TU Ilmenau. Zudem ehemalige Vorsitzende des Wissenschaftsrates der Bundesrepublik Deutschland sowie Mitglied der UNESCO-Weltkommission für Ethik in Wissenschaft und Technologie. SEITE 99

Katharina Schüller ist Expertin für Digitalisierung und Data Analytics. Gründerin des Münchener Beratungsunternehmens STAT-UP, Lehrbeauftragte an verschiedenen Hochschulen, Speakerin und Autorin. Zuletzt erschien in Zusammenarbeit mit Hans-Joachim Mittag das Lehrbuch *Statistik – eine Einführung mit interaktiven Elementen*. SEITE 26

Neşe Sevsay-Tegethoff ist Geschäftsführerin des Roman Herzog Instituts (RHI). Davor wissenschaftliche Mitarbeiterin am Extraordinariat für Sozioökonomie der Arbeits- und Berufswelt, Universität Augsburg. SEITE 247

Johanna Stark ist wissenschaftliche Referentin am Max-Planck-Institut für Steuerrecht und Öffentliche Finanzen in München. Ihre Dissertation *Law for Sale. A Philosophical Critique of Regulatory Competition* (Oxford University Press 2019) wurde mit dem diesjährigen Roman Herzog Forschungspreis Soziale Marktwirtschaft ausgezeichnet. SEITE 243

Sabine Stricker-Kellerer ist Rechtsanwältin und berät seit über 30 Jahren europäische Unternehmen bei ihren Geschäftsaktivitäten in China. SEITE 242

Kira Volgmann ist Wirtschaftswissenschaftlerin und absolviert aktuell ihren Master in Marketing an der WU Wien, bei der sie als Tutorin am Institut für Personalmanagement tätig ist. Zudem Editor-in-Chief bei der Internetplattform »Leadership Insiders«. SEITE 245

Ursula Weidenfeld ist freie Wirtschaftsjournalistin und Buchautorin. Zuletzt erschien *Regierung ohne Volk. Warum unser politisches System nicht mehr funktioniert.* SEITE 184

Angelika Zahrnt ist Wirtschaftswissenschaftlerin und Systemanalytikerin sowie ehemalige Vorsitzende des Bundes für Umwelt und Naturschutz Deutschland (BUND). Zuletzt erschien *Tätigsein in der Postwachstumsgesellschaft.* SEITE 132

Klimaneutral
Druckprodukt
ClimatePartner.com/12752-1803-1001

Zum Ausgleich für die entstandene CO$_2$-Emission bei der Produktion dieses
Buches unterstützen wir die Erhaltung und Wiederaufforstung des Kibale-
Nationalparks in Uganda. Das Projekt trägt zum Klimaschutz bei, indem die
Bäume bei der Fotosynthese Kohlenstoff aus der Luft binden, es schützt die
Biodiversität des tropischen Waldes und sichert 260 Arbeitsplätze.

Bibliografische Information der Deutschen Nationalbibliothek
Die Deutsche Nationalbibliothek verzeichnet diese Publikation in der
Deutschen Nationalbibliografie; detaillierte bibliografische Daten sind
im Internet über http://dnb.d-nb.de abrufbar.

Copyright © 2020 Murmann Publishers GmbH, Hamburg
Lektorat, Redaktion: Heike Littger
Druck und Bindung: Steinmeier GmbH & Co. KG, Deiningen
Printed in Germany

ISBN 978-3-86774-671-7

Besuchen Sie unseren Webshop: www.murmann-verlag.de
Ihre Meinung zu diesem Buch interessiert uns!
Zuschriften bitte an info@murmann-publishers.de
Den Newsletter des Murmann Verlages können Sie anfordern unter
newsletter@murmann-publishers.de